NOMOSSTUDIUM

Prof. Dr. Markus Winkler
Universität Mainz

Klausurtraining Besonderes Verwaltungsrecht

3. Auflage

Die Deutsche Nationalbibliothek verzeichnet diese Publikation in
der Deutschen Nationalbibliografie; detaillierte bibliografische
Daten sind im Internet über http://dnb.d-nb.de abrufbar.

ISBN 978-3-8487-6261-3 (Print)
ISBN 978-3-7489-0368-0 (ePDF)

3. Auflage 2022
© Nomos Verlagsgesellschaft, Baden-Baden 2022. Gesamtverantwortung für Druck
und Herstellung bei der Nomos Verlagsgesellschaft mbH & Co. KG. Alle Rechte, auch die
des Nachdrucks von Auszügen, der fotomechanischen Wiedergabe und der Übersetzung,
vorbehalten.

Vorwort zur 3. Auflage

Das Besondere Verwaltungsrecht, das sich aus bundesrechtlichen und voneinander in vielen Details abweichenden landesrechtlichen Regeln zusammensetzt, ist vielgestaltig und heterogen. Die Fälle des vorliegenden „Klausurtraining" sind im Wesentlichen in der Reihenfolge der Sachgebiete Beamtenrecht, Polizei- und Ordnungsrecht, Baurecht und Kommunalrecht angeordnet. Da es jedoch auch kombinierte Klausuren z. B. aus Bau- und Kommunalrecht gibt, das Bauordnungsrecht als besonderes Ordnungsrecht auf dem Polizeirecht aufbaut, das Besondere nicht ohne das Allgemeine Verwaltungsrecht funktioniert und kaum ein verwaltungsrechtlicher Fall ohne prozessuale oder verfassungsrechtliche Elemente auskommt, ist diese Reihenfolge nicht im Sinne strikt voneinander abgeschotteter Lernblöcke zu verstehen. Namentlich umfassen die ersten beiden Fälle relativ große Anteile an staatshaftungsrechtlichen Aspekten. Den Nutzerinnen und Nutzern soll dies den Übergang von den ihnen bereits besser bekannten Bereichen in das Besondere Verwaltungsrecht erleichtern.

Das „Klausurtraining Besonderes Verwaltungsrecht" folgt der Grundkonzeption der Reihe und klammert Nachweise aus der Literatur demgemäß weitgehend aus. Aus der Rechtsprechung hatten diejenigen Entscheidungen Vorrang, an die die Fälle ganz oder teilweise angelehnt sind. Die Nutzerinnen und Nutzer des Buchs sollen so die Möglichkeit erhalten, Klausursachverhalte mit ihren Vorbildern in der Realität zu vergleichen, so dass sie ein Gespür dafür entwickeln, welche Fälle aus der aktuellen Rechtsprechung als Vorlage für Übungs- oder Examensklausuren dienen könnten und wie diese sich auf dem Weg durch die Klausurenwerkstatt verändern: oft nämlich werden einprägsame Konstellationen aus der Wirklichkeit als Rohmaterial benutzt und mit sachlich naheliegenden Standardproblemen und -definitionen angereichert.

Gewidmet ist das Buch erneut meiner Tochter – nunmehr zum Übergang ins Gymnasium. Auch für diese Neuauflage wird noch gelten: Sollte sie einmal Jura studieren, so wird sie es wohl als kurioses Dokument vergangener Zeiten lesen. Allen heutigen Leserinnen und Lesern wünsche ich indes, dass sie auch praktischen Nutzen aus der Lektüre ziehen können.

Wiesbaden, im Juli 2021   Markus Winkler

Inhalt

Vorwort zur 3. Auflage	5
Abkürzungsverzeichnis	15

§ 1 Beamtenrecht — 19

Fall 1   Irrtümlich gewährte Beihilfe   20

- A. Erstattungspflicht der B gegenüber dem Land — 21
  - I. Vermögensverschiebung durch Leistung — 22
  - II. Fehlender rechtlicher Grund — 22
  - III. Wegfall des rechtlichen Grundes — 23
    1. Jahresfrist gemäß § 48 Abs. 4 SaarlVwVfG — 24
    2. Vertrauensschutz gemäß § 48 Abs. 2 SaarlVwVfG — 24
  - IV. Ergebnis — 26
- B. Erfolgsaussichten einer Klage des Landkreises K — 26
  - I. Sachentscheidungsvoraussetzungen — 26
    1. Gerichtsbezogene Voraussetzungen — 26
       a) Verwaltungsrechtsweg — 26
       b) Gerichtszuständigkeit — 26
    2. Statthafte Klageart — 26
    3. Besondere Voraussetzungen der Anfechtungsklage — 27
       a) Vorverfahren — 27
       b) Klagefrist — 27
       c) Klagebefugnis — 27
    4. Form — 27
    5. Beteiligtenbezogene Voraussetzungen — 27
    6. Zwischenergebnis — 27
  - II. Begründetheit — 27
    1. Formelle Rechtswidrigkeit des Bescheids — 28
    2. Materielle Rechtswidrigkeit des Bescheids — 28
       a) Kein gesetzlicher Forderungsübergang — 28
       b) § 105 SGB X — 28
       c) § 8 Abs. 1 Satz 2 SaarlVwVfG — 29
       d) Öffentlich-rechtliche GoA — 29
       e) § 49a SaarlVwVfG — 30
       f) Öffentlich-rechtlicher Erstattungsanspruch — 30
    3. Rechtsverletzung des K — 32
  - III. Gesamtergebnis — 32

§ 2 Allgemeines Polizei- und Ordnungsrecht — 33

Fall 2   Osthessische Jungviehjagd   34

- A. Erstattungsforderungen wegen Ansprüchen des F gegen H — 35
  - I. Folgenbeseitigungsanspruch — 35

Inhalt

- II. § 64 Abs. 1 Satz 2 HSOG ... 35
  1. Maßnahme der Polizei- oder Gefahrenabwehrbehörden ... 35
  2. Rechtswidrige Maßnahme ... 36
  3. Kausalität ... 36
  4. Schutzmaßnahme; Mitverschulden ... 36
  5. Rechtsfolge ... 36
- III. Amtshaftung, Art. 34 GG i. V. mit § 839 BGB ... 37
  1. Ausübung eines öffentlichen Amtes, Art. 34 Satz 1 GG ... 37
  2. Verletzung der einem Dritten gegenüber bestehenden Amtspflicht ... 38
      a) Amtspflicht ... 38
      b) Drittbezogenheit der Pflicht ... 38
  3. Verschulden ... 38
  4. Verweisungsprivileg ... 39
  5. Passivlegitimation ... 39
  6. Zwischenergebnis ... 39
- IV. Erstattungsanspruch des Landes gegenüber L ... 40
  1. § 69 Abs. 1, § 8 Abs. 2 oder § 49 Abs. 1 HSOG? ... 40
  2. Allgemeiner öffentlich-rechtlicher Erstattungsanspruch? ... 40
  3. Ergebnis ... 40
- B. Ersatzforderungen für die Kosten der Bergung ... 41
  - I. Anspruch auf Ersatz der Kosten aus § 49 Abs. 1 HSOG ... 41
  - II. Anspruch auf Aufwendungsersatz aus öffentlich-rechtlicher Geschäftsführung ohne Auftrag ... 42
- C. Ersatzforderungen für die Schädigung des P ... 43
  - I. Anspruch auf Ersatz der Kosten aus § 8 Abs. 2 HSOG ... 43
  - II. Anspruch des Landes H aus übergegangenem Recht gegen L ... 44
    1. Aufwendungsersatzansprüche ... 44
    2. Deliktische Ansprüche ... 44
    3. Ergebnis ... 44

Fall 3 Schulhofüberwachung ... 45

- I. Rechtsnatur der „Schulhofordnung" ... 47
  1. Schulordnung ... 47
  2. Benutzungssatzung ... 47
  3. Gefahrenabwehrverordnung ... 48
  4. Bildaufzeichnung als Standardmaßnahme ... 48
- II. Zulässigkeit der Bildaufzeichnung ... 48
  1. Formelle Rechtmäßigkeit der Bildaufzeichnung ... 49
      a) Zuständigkeit ... 49
      b) Form und Frist ... 50
  2. Materielle Rechtmäßigkeit der Bildaufzeichnung ... 50
      a) Voraussetzungen der Standardermächtigung ... 51
      b) Verhältnismäßigkeit der Bildaufzeichnung ... 51
  3. Ergebnis zu II ... 52
- III. Verfahrensrechtliche Überlegungen ... 52

Inhalt

Fall 4   Public Viewing   54

Teil 1   56

A. Anfechtungsklage, Widerspruch oder Anträge nach § 80 Abs. 4 und 5 VwGO   56
   I. Anfechtungsklage   56
   II. Widerspruch und Aussetzungs- bzw. Wiederherstellungsantrag   57
      1. Vorüberlegungen   57
      2. Prüfung des Widerspruchs   57
         a) Verwaltungsrechtsweg, § 68 Abs. 1 i. V. mit § 40 Abs. 1 VwGO analog   58
         b) Statthaftigkeit, § 68 Abs. 1 Satz 1, Abs. 2 VwGO   58
         c) Ergebnis   59
B. Einstweilige Anordnung im Normenkontrollverfahren   59
   I. Rechtsweg und Zuständigkeit   60
   II. Statthaftigkeit des Antrags   60
      1. Gefahrenabwehrzweck   60
      2. Generell-abstrakter Regelungscharakter   61
      3. Zwischenergebnis   61
   III. Antragsberechtigung und Frist   61
   IV. Antragsbefugnis   61
      1. Alkoholverbot   61
      2. Aufenthaltsverbot   62
   V. Rechtsschutzinteresse   63
   VI. Teilergebnis zur Zulässigkeit   63
   VII. Begründetheit   64
   VIII. Gesamtergebnis zu Teil 1   65

Teil 2   66

A. Zulässigkeit der Klage   66
   I. Verwaltungsrechtsweg und zuständiges Gericht   66
      1. Rechtsweg   66
      2. Gerichtszuständigkeit   66
   II. Statthafte Klageart   66
      1. Anfechtungsklage?   66
      2. Fortsetzungsfeststellungsklage   67
   III. Besonderes Feststellungsinteresse   68
   IV. Beteiligtenbezogene und formale Voraussetzungen   69
      1. Klägerin   69
      2. Beklagte   69
      3. Antragsbezogene Voraussetzungen   69
   V. Ergebnis   69
B. Begründetheit der Klage   69
   I. Rechtswidrigkeit der Durchsuchungsanordnung   69
      1. Ermächtigungsgrundlage   69
      2. Voraussetzungen der Ermächtigungsgrundlage   70
         a) Gegenstände   70
         b) Gefahrverdacht   71
         c) Zwischenergebnis   72
      3. Richtige Maßnahmeadressatin   72

	4. Verhältnismäßigkeit	72
	a) Erforderlichkeit	72
	b) Angemessenheit	73
II.	Rechtsverletzung	74
C. Ergebnis		74
D. Abwandlung		74

§ 3 Bauordnungs- und Bauplanungsrecht   77

Fall 5 Agenda 2020   78

- I. **Zulässigkeit des Widerspruchs**   79
  1. Eröffnung des Verwaltungsrechtswegs,
     § 40 Abs. 1 Satz 1 VwGO analog   79
  2. Beteiligtenbezogene Voraussetzungen, §§ 79, 11, 12 HessVwVfG   79
  3. Statthaftigkeit des Widerspruchs, § 68 Abs. 1 VwGO   80
  4. Widerspruchsbefugnis, § 42 Abs. 2 VwGO analog   80
  5. Form und Frist, § 70 Abs. 1 Satz 1 VwGO   81
  6. Richtige Widerspruchsbehörde, § 73 Abs. 1 VwGO, und Teilergebnis   81
- II. **Begründetheit des Widerspruchs**   81
  1. Beseitigungsanordnung   82
     - a) Aufgabenbereich und Ermächtigungsgrundlage   82
     - b) Formelle Rechtmäßigkeit   82
     - c) Materielle Rechtmäßigkeit   83
       - aa) Verstoß des Vorhabens gegen öffentliches Recht   83
       - bb) Maßnahmerichtung und Verhältnismäßigkeit   83
     - d) Teilergebnis   84
  2. Terminanforderung und Duldungsverfügung für eine Besichtigung   85
     - a) Aufgabenbereich und Ermächtigungsgrundlage   85
     - b) Formelle Rechtmäßigkeit   85
     - c) Materielle Rechtmäßigkeit   86
     - d) Teilergebnis   88
- III. **Gesamtergebnis**   88

Fall 6 Marienerscheinungen in der Pfalz   89

- A. **Zulässigkeit der Klage**   90
  - I. Verwaltungsrechtsweg und zuständiges Gericht   90
    1. Rechtsweg   90
    2. Gerichtszuständigkeit   90
  - II. Streitgegenstand und statthafte Klageart   91
    1. Streitgegenstand   91
    2. Klageart   91
  - III. Durchführung eines (erneuten) Widerspruchsverfahrens   91
  - IV. Klagebefugnis   91
  - V. Beteiligtenbezogene und formale Zulässigkeitsvoraussetzungen   92
    1. Beteiligtenbezogene Voraussetzungen   92
    2. Form und Frist   92

	VI. Zwischenergebnis	93
B.	Begründetheit der Klage	93
	I. Formelle Rechtswidrigkeit des Widerspruchsbescheids?	93
	II. Materielle Rechtswidrigkeit des Widerspruchsbescheids?	93
	1. Fehlende Zuständigkeit der Kreisverwaltung?	94
	2. Fehlende Genehmigungsbedürftigkeit des Vorhabens?	95
	a) Grundsatz	95
	b) Ausnahmen	96
	c) Teilergebnis	96
	3. Fehlende Genehmigungsfähigkeit des Vorhabens	96
	a) Verstöße gegen Bauordnungsrecht	96
	b) Verstöße gegen Bauplanungsrecht	97
	aa) Anwendbarer Maßstab	97
	bb) Privilegierung nach § 35 Abs. 1 BauGB?	98
	cc) Entgegenstehen öffentlicher Belange	100
	dd) Ausreichende Erschließung	101
C.	Ergebnis	102

Fall 7 Auslegeware   103

A.	Genehmigungsfiktion	105
	I. Vorhaben gem. § 62 Abs. 1 Satz 1 HBO	105
	II. Voraussetzungen des § 64 HBO	105
	III. Fristanlauf	106
	1. Ursprünglicher Antrag	106
	2. Ergänzung vom 21.2.2020	106
	IV. Fristablauf	107
	1. Statthaftigkeit einer zweiten Fristverlängerung	107
	2. Rechtmäßigkeit der zweiten Fristverlängerung	107
	3. Wirksamkeit der zweiten Fristverlängerung	108
	V. Rücknahme der fingierten Baugenehmigung	108
	VI. Ergebnis	109
B.	Widerspruch	109
	I. Zulässigkeit	110
	II. Begründetheit	110
	1. Bauordnungsrecht	110
	2. Anwendbarer bauplanungsrechtlicher Maßstab	111
	3. Grundsätzliche bauplanungsrechtliche Zulässigkeitsvoraussetzungen	112
	4. Ausschluss der Zulässigkeit durch § 34 Abs. 3 BauGB	113
	a) Zentrale Versorgungsbereiche	113
	b) Schädliche Auswirkungen	114
	III. Ergebnis	115
C.	Endergebnis	115

§ 4 Kommunalrecht — 117

Fall 8   Granit und Gewissen — 118
- I. Zulässigkeit eines Normenkontrollantrags — 119
  1. Rechtsweg und zuständiges Gericht — 119
  2. Statthaftigkeit — 119
  3. Beteiligtenbezogene Voraussetzungen — 120
  4. Antragsbefugnis — 120
  5. Sonstige Voraussetzungen und Teilergebnis — 121
- II. Begründetheit eines Normenkontrollantrags — 121
  1. Formelle Rechtswidrigkeit der Vorschrift — 121
     a) Zuständigkeit der Stadtverordnetenversammlung — 122
     b) Öffentlichkeit des Satzungsbeschlusses — 123
  2. Materielle Rechtswidrigkeit der Vorschrift — 125
     a) Gesetzliche Grundlage — 125
     b) Verhältnismäßigkeit des Eingriffs — 126
  3. Ergebnis zu I und II — 128
- III. Zusatzfrage: Normenkontrolle gegen die Geschäftsordnungsvorschrift — 128

Fall 9   Das Bürgerbadebegehren — 130
- A. Sachentscheidungsvoraussetzungen — 132
  - I. Gerichtsbezogene Voraussetzungen — 132
    1. Rechtsweg — 132
    2. Zuständiges Gericht — 132
  - II. Richtige Klageart — 132
    1. Feststellungsantrag — 132
    2. Verpflichtungsantrag — 133
       a) Behördeneigenschaft der Stadtverordnetenversammlung — 133
       b) Einzelfall, Regelungscharakter und öffentliches Recht — 134
       c) Außenwirkung — 134
    3. Ergebnis — 135
  - III. Klagebefugnis, § 42 Abs. 2 VwGO — 135
  - IV. Vorverfahren, §§ 68 ff. VwGO — 136
  - V. Klagefrist, § 74 VwGO — 136
  - VI. Beteiligtenbezogene Voraussetzungen — 136
  - VII. Ergebnis — 137
- B. Begründetheit der Klage — 137
  - I. Formale Voraussetzungen des Bürgerbegehrens — 137
    1. Bestimmter Antrag — 137
    2. Durchführbarer Kostendeckungsvorschlag — 138
    3. Sonstige formale Voraussetzungen und Zwischenergebnis — 139
  - II. Materielle Voraussetzungen des Bürgerbegehrens — 139
    1. Wichtige Angelegenheit der Gemeinde — 139
       a) Verbandskompetenz — 139
       b) Bedeutung — 140
    2. Ausgeschlossener Gegenstand? — 141
       a) Gesetzwidriger Zweck — 141

	b)	Haushalt, Abgaben, Tarife	141
	3.	Teilergebnis	143
III.		Rechtsverletzung	143
C. Ergebnis			143
D. Abwandlung			143

Fall 10 St. Wendeler Weihnachtsmarkt   145

Teil 1   146
- I. **Formelle Voraussetzungen einer Entscheidung**   146
  - 1. Zuständigkeit   146
  - 2. Verfahren   147
- II. **Inhalt der Entscheidung**   148
  - 1. Rechtswidrigkeit der Wahl   148
    - a) Legitimationsdefizit   148
    - b) Besetzungsfehler   150
    - c) Verfahrensfehler   150
  - 2. Ermessensausübung und Ergebnis   153

Teil 2   153

A. **Antrag auf Aufhebung der Änderung der Gebührenfestsetzung**   154
- I. **Sachurteilsvoraussetzungen**   154
  - 1. Verwaltungsrechtsweg   154
  - 2. Gerichtszuständigkeit   154
  - 3. Statthafte Klageart   154
  - 4. Beteiligtenbezogene Voraussetzungen   155
  - 5. Klagebefugnis   155
  - 6. Widerspruchsverfahren   155
  - 7. Form und Frist   156
  - 8. Ergebnis   156
- II. **Begründetheit**   156
  - 1. Passivlegitimation   156
  - 2. Formelle Rechtmäßigkeit des Widerspruchsbescheids   156
  - 3. Satzungsvorbehalt für Kommunalabgaben   157
    - a) Wirksame Gebührensatzung   157
    - b) Fehlerfreie Anwendung im Einzelfall   158
  - 4. Rechtsverletzung   158
- III. **Ergebnis**   158

B. **Antrag auf Verurteilung zur Neubescheidung des Zulassungsantrags**   159
- I. **Sachurteilsvoraussetzungen**   159
  - 1. Verwaltungsrechtsweg und Gerichtszuständigkeit   159
  - 2. Statthafte Klageart   159
  - 3. Beteiligtenbezogene Voraussetzungen   159
  - 4. Klagebefugnis   159
  - 5. Widerspruchsverfahren   160
  - 6. Form und Frist   160
  - 7. Ergebnis   160
- II. **Begründetheit**   160
  - 1. Passivlegitimation   160

	2.	Bestehen eines Zulassungsanspruchs	160
		a) Formelle Voraussetzungen	161
		b) Materielle Voraussetzungen	161
		c) Zwischenergebnis	163
	3.	Verletzung von Rechten des Klägers	163
III.	Teilergebnis		163
C. Gesamtergebnis			163

§ 5 KOMMUNALRECHT UND BAURECHT — 165

Fall 11 Wer Wind sät — 165

- A. Zulässigkeit des Widerspruchs — 167
  - I. Statthaftigkeit — 167
  - II. Beteiligtenfähigkeit und Vertretung der V — 167
  - III. Widerspruchsbefugnis — 167
  - IV. Form, Frist, Zuständigkeit und Teilergebnis zu A — 168
- B. Begründetheit des Widerspruchs — 168
  - I. Unzulässigkeit des Vorhabens? — 169
    1. Privilegierung — 169
    2. Erschließung — 169
    3. Entgegenstehen öffentlicher Belange — 170
       - a) Ortsbild — 170
       - b) Denkmalschutz — 171
       - c) Natürliche Eigenart der Landschaft — 171
       - d) Rücksichtnahmegebot — 171
    4. Zwischenergebnis — 172
  - II. Entgegennahme des Antrags der A — 172
  - III. Ordnungsgemäße Behördenbeteiligung — 174
  - IV. Fehlendes Einvernehmen der V? — 174
  - V. Missachtung des Zurückstellungsantrags der V — 176
    1. Gemeindeschützende, hier anwendbare Rechtsgrundlage — 176
    2. Tatbestandsmerkmale der Rechtsgrundlage — 178
    3. Wirksamkeit des Antrags — 179
       - a) Widersprüchlichkeit? — 179
       - b) „Verhinderungsplanung"? — 180
       - c) Zwischenergebnis — 182
- C. Gesamtergebnis — 182

Stichwortverzeichnis — 183

Abkürzungsverzeichnis

AEUV	Vertrag über die Arbeitsweise der Europäischen Union
AktG	Aktiengesetz
AO	Abgabenordnung
AS	Amtliche Sammlung von Entscheidungen der Oberverwaltungsgerichte Rheinland-Pfalz und Saarland (ab 2007: mit Entscheidungen der Verfassungsgerichtshöfe beider Länder)
BauGB	Baugesetzbuch
BauNVO	Baunutzungsverordnung
BauR	Baurecht (Zeitschrift)
BayVBl.	Bayerische Verwaltungsblätter
BeamtVG	Beamtenversorgungsgesetz
BGB	Bürgerliches Gesetzbuch
BGH	Bundesgerichtshof
BImSchG	Bundes-Immissionsschutzgesetz
BImSchV	Verordnung zur Durchführung des Bundes-Immissionsschutzgesetzes
BVerfGE	Entscheidungen des Bundesverfassungsgerichts
BVerwGE	Entscheidungen des Bundesverwaltungsgerichts
BWVGH	Baden-Württembergischer Verwaltungsgerichtshof
DatenVO	Verordnung über die Art der Daten, die nach den §§ 8 und 9 des Bundeskriminalamtgesetzes gespeichert werden dürfen
DÖV	Die Öffentliche Verwaltung (Zeitschrift)
DSGVO	Datenschutz-Grundverordnung
DVBl.	Deutsches Verwaltungsblatt
ELVIS	Elektronisches Vorschriften-Informationssystem (Saarland)
EuGH	Gerichtshof der Europäischen Union
EuGRZ	Europäische Grundrechte-Zeitschrift
Fn.	Fußnote
FSchr.	Festschrift
GbR	Gesellschaft bürgerlichen Rechts
GerOrgG	Rheinland-pfälzisches Gerichtsorganisationsgesetz
GewArch	Gewerbearchiv
GG	Grundgesetz für die Bundesrepublik Deutschland
GmbGHG	Gesetz über die Gesellschaft mit beschränkter Haftung
HBG	Hessisches Beamtengesetz
HBO	Hessische Bauordnung
HessAGVwGO	Hessisches Ausführungsgesetz zur VwGO
HessFBG	Hessisches Friedhofs- und Bestattungsgesetz
HessGO	Hessische Gemeindeordnung
HessVGH	Hessischer Verwaltungsgerichtshof
HessVwVfG	Hessisches Verwaltungsverfahrensgesetz
HSchG	Hessisches Schulgesetz

HStrG	Hessisches Straßengesetz
HGB	Handelsgesetzbuch
HK-VwR	*Michael Fehling/Berthold Kastner/Rainer Störmer* (Hrsg.), Handkommentar Verwaltungsrecht (VwGO, VwVfG, VwZG, VwVG), 5. Aufl. 2020
HSGZ	Hessische Städte- und Gemeindezeitschrift
HSOG	Hessisches Gesetz über die öffentliche Sicherheit und Ordnung
Hufen	*Friedhelm Hufen*, Verwaltungsprozessrecht, 11. Aufl. 2019
JM	Juris-Magazin
KommJur	Der Kommunaljurist (Zeitschrift)
KRA	Kreisrechtsausschuss
KSVG	Saarländisches Kommunalselbstverwaltungsgesetz
LKRZ	Landes- und Kommunalrechtszeitschrift
LT-Drs.	Landtagsdrucksache (Wahlperiode/lfd. Nr.)
Maurer/Waldhoff	*Hartmut Maurer/Christian Waldhoff*, Allgemeines Verwaltungsrecht, 20. Aufl. 2020
NdsOVG	Niedersächsisches Oberverwaltungsgericht
NJW	Neue Juristische Wochenschrift
NuR	Natur und Recht (Zeitschrift)
NVwZ	Neue Zeitschrift für Verwaltungsrecht
NVwZ-RR	Neue Zeitschrift für Verwaltungsrecht-Rechtsprechungsreport
NWOVG	Nordrhein-westfälisches Oberverwaltungsgericht
NWVBl.	Nordrhein-westfälische Verwaltungsblätter
OVG	Oberverwaltungsgericht
Rn.	Randnummer
RPAGVwGO	Rheinland-pfälzisches Ausführungsgesetz zur VwGO
RPGemO	Rheinland-pfälzische Gemeindeordnung
RPImSchRZuVO	Rheinland-pfälzische Zuständigkeitsverordnung zum Immissionsschutzrecht
RPKAG	Rheinland-pfälzisches Kommunalabgabengesetz
RPLBauO	Rheinland-pfälzische Landesbauordnung
RPLV	Rheinland-pfälzische Landesverfassung
RPOVG	Rheinland-pfälzisches Oberverwaltungsgericht
RPVerfGH	Rheinland-pfälzischer Verfassungsgerichtshof
RPVwVfG	Rheinland-pfälzisches Verwaltungsverfahrensgesetz
SaarlAGVwGO	Saarländisches Ausführungsgesetz zur VwGO
SaarlAWG	Saarländisches Abfallwirtschaftsgesetz
SaarlBesG	Saarländisches Besoldungsgesetz
SaarlBG	Saarländisches Beamtengesetz
SaarlBhV	Saarländische Beihilfenverordnung
SaarlKAG	Saarländisches Kommunalabgabengesetz
SaarlKWG	Saarländisches Kommunalwahlgesetz
SaarlOVG	Saarländisches Oberverwaltungsgericht
SaarlStrG	Saarländisches Straßengesetz

Abkürzungsverzeichnis

SaarLV	Saarländische Landesverfassung
SaarlVwVfG	Saarländisches Verwaltungsverfahrensgesetz
SachsAnhOVG	Oberverwaltungsgericht des Landes Sachsen-Anhalt
SGB X	Sozialgesetzbuch 10. Buch
SPolG	Saarländisches Polizeigesetz
VBlBW	Verwaltungsblätter Baden-Württemberg
VerwArch	Verwaltungsarchiv (Zeitschrift)
VG	Verwaltungsgericht
VGH	Verwaltungsgerichtshof
VVG	Versicherungsvertragsgesetz
VwGO	Verwaltungsgerichtsordnung
VwKostO-HMdIS	Verwaltungskostenordnung für den Geschäftsbereich des Ministeriums des Innern und für Sport (Hessen)
VwVfG	Verwaltungsverfahrensgesetz
ZIP	Zeitschrift für Wirtschaftsrecht (urspr.: für die gesamte Insolvenzpraxis)

§ 1
Beamtenrecht

Verwaltungsrechtliche wie auch europarechtliche Probleme erscheinen im Examen oft in ungewohnter Einkleidung – so zB eingebettet in beamtenrechtliche, verfassungsrechtliche oder wirtschaftsverwaltungsrechtliche Fragestellungen. Auch im Pflichtfachbereich stammen die „Aufhänger" des Öfteren aus Rand- und Schwerpunktfächern (vgl. dazu noch Fall 11). Um sich davon nicht überrumpeln zu lassen, sollten Examenskandidatinnen und -kandidaten von vornherein damit rechnen, dass ihnen Aufgaben vorgelegt werden, die aus Versatzstücken kombiniert sind, wie sie den Studierenden im Laufe ihres Studiums zwar bereits an verschiedenen Stellen begegnet waren, welche sie so verbunden aber noch nie in einer Trainingsklausur erlebt haben. Überraschungen dieser Art gehören zum Prüfungsalltag! Sie zielen darauf ab, zu testen, ob die Geprüften nur zur Reproduktion erlernten Wissens fähig sind oder auch kreativ auf dem Bekannten aufbauen können. Denn diese Fähigkeit verlangen auch bisher noch nicht dagewesene Konstellationen in der Berufspraxis den Juristinnen und Juristen ab. Der folgende Fall gehört zu dieser Art von Aufgaben, die auf den ersten Blick verwirren können, bei ruhiger Analyse aber vor allem Kenntnisse des Verfassungsrechts und des Allgemeinen Verwaltungsrechts erfordern – und eben eine gewisse Transferkompetenz.

1 Beamtenrecht

Fall 1 Irrtümlich gewährte Beihilfe

▶ B war als Lehrerin Beamtin des Saarlandes. 2008 trat B in den Ruhestand. Im Jahr 2014 verstarb ihr Ehemann E, ein früherer Beamter des Landkreises K. Danach bezog B neben ihrer eigenen Pension Witwengeld gemäß § 19 BeamtVG vom Landkreis K.
Da mit dem Bezug von Witwengeld gem. § 2 Abs. 1 Satz 1 Nr. 3 der Saarländischen Beihilfenverordnung (SaarlBhVO) ein Recht auf Beihilfe verbunden ist und laut § 2 Abs. 2 SaarlBhVO Versorgungsempfänger mit mehreren Ansprüchen auf Versorgungsbezüge nur von der Stelle Beihilfe erhalten, die für die Festsetzung der neuen Versorgungsbezüge zuständig ist, stand B seit dem Tode ihres Mannes keine Beihilfe mehr aus Mitteln des Landes zu. Gleichwohl beantragte und erhielt B im Jahr 2017 Beihilfeleistungen aus Mitteln des Landes für eine physiotherapeutische Behandlung, der sie sich im Jahr 2016 unterzogen hatte. Dabei war ihr die Vorrangregelung des § 2 Abs. 2 SaarlBhVO unbekannt.
Dass B Witwe eines früheren Kreisbeamten war, fiel erst bei einem Datenabgleich zwischen den Behörden des Landes und der Kreise im Mai 2020 auf. Anfang 2021 nahm die zuständige Behörde des Landes gegenüber B den Beihilfebescheid zurück und forderte die gezahlte Beihilfe zurück. Da die Behörde jedoch nicht sicher war, ob dieser Weg tragfähig ist, erließ sie zugleich einen Leistungsbescheid gegen K. Darin wies sie ihn an, dem Land die an B gezahlte Beihilfe zu erstatten, da in Wirklichkeit nicht das Land, sondern K verpflichtet gewesen wäre, die Aufwendungen der Behandlung zu tragen.
Weder K noch B wollen indes gegenüber dem Land für die geleistete Beihilfe aufkommen. B meint, nachdem der Beihilfebescheid längst unanfechtbar geworden sei und etwaige Ansprüche, die sie gegenüber K vielleicht einmal gehabt habe, inzwischen nach § 17 Abs. 3 Satz 4 SaarlBhVO erloschen seien, dürfe sie wohl darauf vertrauen, dass sie die Beihilfe behalten könne. Sie ficht den Rücknahme- und Erstattungsbescheid daher fristgerecht an. K wiederum sieht weder eine Grundlage für den geltend gemachten Anspruch noch für den Versuch des Landes, ihn gegebenenfalls einseitig und ohne gerichtliche Unterstützung ihm, einem anderen Hoheitsträger, gegenüber durchzusetzen.

1. Muss B dem Saarland die ihr gezahlte Beihilfe zurückerstatten?
2. Kann K nach Durchführung eines Widerspruchsverfahrens mit Erfolg gegen den Bescheid der zuständigen Landesbehörde klagen? ◀

Vorüberlegungen

Hinter einer beamtenrechtlichen Fassade verbergen sich hier Fragen des allgemeinen Verwaltungsrechts, das für die Antwort wiederum auf zivilrechtliche Strukturen verweist. Der Fall erweist sich daher bei näherem Hinsehen als weniger exotisch, als er zunächst scheinen mag; doch zeigt er auch, dass die Bearbeiterinnen und Bearbeiter von Examens- und Übungsklausuren stets auf Querverbindungen zwischen den großen Rechtsgebieten und innerhalb des Öffentlichen Rechts gefasst sein müssen. Nicht gerade einfach ist der Einstieg, der zunächst voraussetzt, dass verschiedene in Frage kommende Anspruchsgrundlagen durchgemustert und nach ihrem Verhältnis zueinander befragt werden.

Fall 1 Irrtümlich gewährte Beihilfe

Gutachten

A. Erstattungspflicht der B gegenüber dem Land

B muss die Beihilfe zurückzahlen, wenn der ergangene Erstattungsbescheid bestandskräftig ist und ein Wiederaufgreifen des Verfahrens nicht in Betracht kommt oder wenn er zwar nicht bestandskräftig ist, die darin postulierte Erstattungspflicht jedoch in der Sache besteht. Da B den Bescheid fristgerecht angefochten hat, ist er nicht bestandskräftig geworden.

Es kommt demnach darauf an, ob B erstattungspflichtig ist. Als Anspruchsgrundlage käme der allgemeine öffentlich-rechtliche Erstattungsanspruch erst zum Zug, wenn es keine ihm gegenüber vorrangige Sonderregelung gäbe. Diese besteht mit § 49a SaarlVwVfG, soweit Geldleistungen aufgrund eines später aufgehobenen begünstigenden Verwaltungsakts gezahlt wurden. Der an B ergangene Beihilfebescheid ist ein mittlerweile zurückgenommener VA (§ 49a Abs. 1 Satz 1 SaarlVwVfG). Die Forderung nach Rückzahlung wurde schriftlich geltend gemacht (§ 49a Abs. 1 Satz 2 SaarlVwVfG). Indes tritt auch § 49a SaarlVwVfG zurück, sofern ihm gegenüber vorrangige Spezialnormen eingreifen. Die speziellen beamtenrechtlichen Vorschriften der §§ 1 Abs. 1 SaarlBesG, 12 Abs. 2 BBesG oder §§ 71 Abs. 3 SaarlBG, 52 Abs. 2 BeamtVG sind zwar nur auf die Rückerstattung zu Unrecht gezahlter Besoldungs- bzw. Versorgungsbezüge anwendbar. Im Gegensatz zu diesen regelmäßigen Unterhaltsbeiträgen an gegenwärtige und frühere Beamte und deren Angehörige sind Beihilfezahlungen besondere Fürsorgeleistungen im Bedarfsfall.

Für die Rückforderung von Beihilfen verweist jedoch § 72 Abs. 1 SaarlBG auf § 12 Abs. 2 BBesG. Dieser wiederum ordnet an, dass die Rückforderung sich nach den Vorschriften des bürgerlichen Bereicherungsrechts richtet. Die tatbestandlichen Voraussetzungen der Rückforderung bezeichnet § 12 Abs. 2 BBesG zwar eigenständig und abschließend. Dienstbezüge sind danach „zuviel gezahlt", wenn sie der Beamtin nach den maßgeblichen Vorschriften nicht zustanden. Hinsichtlich der Rechtsfolgen des Rückzahlungsanspruchs verweist § 12 Abs. 2 Satz 1 BBesG jedoch auf die Vorschriften des BGB.[1] Die Beihilfe stand B danach nicht zu, wenn sie sie ohne rechtlichen Grund durch Leistung oder auf andere Weise erlangt hat und dadurch weiterhin bereichert ist oder sich auf den Wegfall ihrer Bereicherung nicht berufen kann. Allerdings muss in der Billigkeitsentscheidung nach § 12 Abs. 2 Satz 3 BBesG berücksichtigt werden, ob die Behörde die fehlerhafte Zahlung mitverschuldet hat.[2]

I. Vermögensverschiebung durch Leistung

B war zunächst durch die Beihilfe bereichert, die ihr aus Mitteln des Landes gezahlt worden war. Beim Land ist eine Vermögensminderung in gleicher Höhe unmittelbar durch diese Leistung eingetreten. Eine Vermögensverschiebung entsprechend § 812 Abs. 1 Satz 1 BGB liegt demnach vor.

II. Fehlender rechtlicher Grund

Berechtigt ist die Rückforderung nur, wenn die Leistung der Empfängerin nicht zustand. Das ist der Fall, wenn sie ohne rechtlichen Grund erfolgte. Als Rechtsgrund für das Behalten der Beihilfe kommt der zunächst ergangene Beihilfebescheid in Betracht. Solange er wirksam ist, steht er einer Rückforderung entgegen. Der Bescheid könnte jedoch nach § 48 SaarlVwVfG zurückgenommen worden sein. Ein Rücknahmebescheid der zuständigen Landesbehörde liegt vor. Er ist nicht schon deshalb wirkungslos, weil er nichtig wäre (§§ 43 Abs. 3, 44 SaarlVwVfG).

Allerdings ist auch der Rücknahmebescheid nicht bestandskräftig, da B ihn rechtzeitig angefochten hat. Die Anfechtung hat aufschiebende Wirkung (§ 80 Abs. 1 Satz 1 VwGO). Ob der Beihilfebescheid deshalb weiterhin wirksam ist, hängt aber davon ab, was genau dieser Suspensiveffekt aufschiebt.[3] Wäre die Rücknahme – zumindest vorläufig – unwirksam, so würde die Rückforderung je-

---

[1] BVerwG, Urteil vom 16.7.2020 – 2 C 7.19 –, ZBR 2021, 131 ff., Rn. 8.
[2] BVerwG, NVwZ-RR 2012, 930, 932; NdsOVG, DVBl. 2015, 919, 920.
[3] Dazu HK-VerwR/*Bostedt*, § 80 VwGO Rn. 38; *Hufen*, § 32 Rn. 2 f.

denfalls erst dann möglich, wenn die Rücknahme in Bestandskraft erwächst (sofern sie nicht für sofort vollziehbar erklärt wird). Darf die Rücknahme hingegen wegen des Suspensiveffekts nur nicht vollzogen werden, so sperrt er die Rückforderung lediglich dann, wenn es bereits ein „Vollzug" der Rücknahme ist, den Beihilfebescheid als aufgehoben zu behandeln.

Indes ist bei rechtsgestaltenden Verwaltungsakten wie der Rücknahme schwer vorstellbar, wie sie überhaupt „vollzogen" werden könnten, wenn nicht durch jegliche Folgerung rechtlicher oder tatsächlicher Art, die Behörden aus dem Bestand des VA ziehen können. Auch rechtsgestaltende Verwaltungsakte unterliegen indes gemäß § 80 Abs. 1 Satz 2 VwGO dem Suspensiveffekt. Daher wird zB auch die Aufrechnung mit einer durch den angefochtenen VA erhobenen Forderung als durch die Anfechtung gehemmter Vollzug behandelt.[4] Nichts anderes kann für ein Erstattungsverlangen gelten, wenn es voraussetzt, dass der ursprüngliche Rechtsgrund der Zahlung weggefallen ist.

Auch nach der Vollziehbarkeitstheorie besteht daher im Moment ein rechtlicher Grund für die Beihilfezahlung. B muss dem Land die Beihilfe daher nicht zurückerstatten.

III. Wegfall des rechtlichen Grundes

Der rechtliche Grund könnte noch wegfallen, sobald der Anfechtung endgültig ein Erfolg versagt bleibt. Dies hängt davon ab, ob die Rücknahme rechtmäßig war. Der Beihilfebescheid konnte grundsätzlich zurückgenommen werden, da er rechtswidrig war (§ 48 Abs. 1 Satz 1 SaarlVwVfG). Da es sich allerdings um einen begünstigenden VA handelte, ist die Rücknahme durch § 48 Abs. 2 bis 4 SaarlVwVfG begrenzt (§ 48 Abs. 1 Satz 2 SaarlVwVfG). Hier wurde eine Geldleistung gewährt; anwendbar sind mithin § 48 Abs. 2 und 4 SaarlVwVfG.

---

4 *Bostedt*, aaO Rn. 39; *Hufen*, § 32 Rn. 4.

Unter Rechtssicherheitsaspekten ist die Ansicht der Rechtsprechung zwar bedenklich; ihr sollte aber gefolgt werden, da sie mittlerweile völlig gefestigt ist. Das Problem sollte jedenfalls bekannt sein, denn es ist ein Dauerbrenner des Allgemeinen Verwaltungsrechts. Hier kommt es aber ohnehin nicht darauf an, da der Landesbehörde erst 2020 die Tatsache bekannt wurde, dass B Witwe eines früheren Kreisbeamten war.

1. Jahresfrist gemäß § 48 Abs. 4 SaarlVwVfG

Die Rücknahme ist nach § 48 Abs. 4 SaarlVwVfG nur binnen eines Jahres zulässig, nachdem die Behörde von den Tatsachen Kenntnis erlangt hat, die die Rücknahme rechtfertigen. Das BVerwG legt § 48 Abs. 4 SaarlVwVfG großzügig aus. Ihm zufolge enthält er keine Bearbeitungs-, sondern eine Entscheidungsfrist. Die Frist beginne erst zu laufen, wenn die Behörde außer den für die Rücknahmeentscheidung erheblichen Tatsachen auch die Rechtswidrigkeit des Verwaltungsakts erkannt hat. Die Vorschrift unterwirft danach die zuständige Behörde erst dann einer Jahresfrist, wenn der Behörde die Notwendigkeit einer Entscheidung über die Rücknahme bewusst geworden ist.[5]

Mit der Anfang 2017 erfolgten Rücknahme hat B die Frist des § 48 Abs. 4 SaarlVwVfG unabhängig von der Auslegung des Begriffs „die Rücknahme rechtfertigende Tatsachen" gewahrt.

2. Vertrauensschutz gemäß § 48 Abs. 2 SaarlVwVfG

B hat auf den Bestand des Beihilfebescheids vertraut. Die Voraussetzungen des § 48 Abs. 2 Satz 2 SaarlVwVfG liegen ebenfalls vor, da B die Beihilfe zum Ausgleich der Behandlungskosten verbraucht hat. Ob sie Vertrauensschutz genießt, richtet sich indes danach, ob ein Ausschlussgrund nach § 48 Abs. 2 Satz 3 SaarlVwVfG besteht. In Betracht kommt, dass B bei der Antragstellung über wesentliche Tatsachen für die Gewährung der Leistung unvollständige Angaben gemacht hat, nämlich über den Umstand, dass sie Witwe eines früheren Kreisbeamten ist.

Unter „Erwirken" ist aber nicht jede Nichtangabe relevanter Tatsachen zu verstehen, sondern nur das Unterlassen der Angabe von Tatsachen, deren Bedeutung der Begünstigte positiv kannte oder hätte erkennen müssen.[6] B wusste nicht, dass an ihre Witwengeldberechtigung gegenüber dem Landkreis ein weiterer Beihilfeanspruch geknüpft war und dass dieser nach § 2 Abs. 2 SaarlBhVO ihrem An-

---

5 BVerwGE 70, 356, 358 ff.; 112, 360, 362.
6 BVerwG, NVwZ-RR 2012, 930, 931.

Fall 1 Irrtümlich gewährte Beihilfe

spruch gegen das Land aus dem eigenen früheren Beamtenverhältnis vorging. Es kommt daher darauf an, ob B diese Umstände hätte erkennen müssen.

Beamte müssen ihre Besoldungsmitteilungen auf deren Richtigkeit hin überprüfen. Allerdings muss sich ihnen dabei aufdrängen, dass die Mitteilung fehlerhaft ist, damit sie dies „erkennen müssen".[7] Dafür, ob sich die Unrichtigkeit aufdrängt, kommt es auf die individuellen Kenntnisse und Fähigkeiten der jeweiligen Beamtin an.[8] Dasselbe wird auf Beihilfebescheide zutreffen. Eine an die zeitliche Priorität anknüpfende Vorrangregelung wie § 2 Abs. 2 SaarlBhVO drängt sich indes bei unbefangener Betrachtung nicht auf.[9] Näher liegt es, den Vorrang dem Beihilfeanspruch aus den höheren Versorgungsbezügen oder demjenigen aus selbst erworbenen Versorgungsbezügen einzuräumen; in der letztgenannten Weise regelt etwa § 6 Abs. 2 Satz 2 RPBVO die Konkurrenz. Das gilt umso mehr, als bei den Versorgungsbezügen selbst eine andere Konkurrenzregelung eingreift: Witwengeld wird auf die eigene Pension angerechnet und mindert diese (§ 71 Abs. 3 SaarlBG i. V. mit § 54 BeamtVG).

Auch in diesem Zusammenhang wäre ggf. maßgeblich, ob B den Mangel des rechtlichen Grundes hätte erkennen müssen.[10]

B kann daher keine pflichtwidrige Unkenntnis vorgeworfen werden. Sie genießt Vertrauensschutz, so dass der Beihilfebescheid nicht zurückgenommen werden darf und als Rechtsgrund für die Beihilfeleistung fortbesteht. Auf die Frage, ob die Bereicherung weggefallen ist, kommt es mithin nicht mehr an.

3. Rückforderungsvorbehalt?

Ein gesetzesimmanenter Rückforderungsvorbehalt, wie ihn insbesondere § 9a Abs. 2 Satz 1 BBesG enthält,[11] ist § 2 Abs. 2 SaarlBeihVO nicht zu entnehmen. Der Beihilfebescheid wird daher als Rechtsgrund der Zahlung Bestand haben.

---

7 BVerwG, NVwZ-RR 2012, 930, 931.
8 BVerwG (Fn. 1), Rn. 17 mit weiteren Details.
9 So auch NdsOVG, NdsVBl. 2007, 17, 18.
10 BVerwG (Fn. 1), Rn. 17.
11 BVerwG (Fn. 1), Rn. 24.

IV. Ergebnis

Eine Erstattungspflicht der B gegenüber dem Land ist aus Gründen des Vertrauensschutzes nach § 48 Abs. 2 SaarlVwVfG ausgeschlossen.

B. Erfolgsaussichten einer Klage des Landkreises K

I. Sachentscheidungsvoraussetzungen

1. Gerichtsbezogene Voraussetzungen

a) Verwaltungsrechtsweg

Zahlungsansprüche können im Übrigen zwar grundsätzlich nicht nur im Verwaltungs-, sondern auch im ordentlichen Rechtsweg verfolgt werden, selbst wenn sie ihrer Natur nach zum öffentlichen Recht gehören (Art. 14 Abs. 3 Satz 3 und 34 Satz 3 GG, § 40 Abs. 2 Satz 1 VwGO). Selbst wenn der vorliegende VA weggedacht würde, wären die Zivilgerichte jedoch nur zuständig, wenn der vom Land geltend gemachte Anspruch auf Schadenersatz wegen der Verletzung öffentlich-rechtlicher Pflichten gerichtet wäre, die sich nicht aus einem Vertrag ergeben (§ 40 Abs. 2 Satz 1 Var. 3 VwGO). In Betracht kommt zwar, dass das Land mit der Beihilfeleistung an B ohne Auftrag ein Geschäft des K geführt hat. In diesem Fall würde es sich jedoch um einen Aufwendungsersatzanspruch analog §§ 683, 670 BGB handeln, nicht um Schadenersatz aufgrund einer Pflichtverletzung. Abdrängende Sonderzuweisungen greifen folglich nicht ein.

Der öffentlich-rechtliche Charakter der Streitigkeit nach § 40 Abs. 1 Satz 1 VwGO ergibt sich bereits daraus, dass das Land einen Leistungsbescheid erlassen hat. Die von K befürchtete Vollstreckung, der er mit der Klage zuvorkommen möchte, richtet sich nach dem zum öffentlichen Recht zählenden SaarlVwVG. Wird der Leistungsbescheid bestandskräftig oder ist er sofort vollziehbar, so schafft er einen (öffentlich-rechtlichen) Vollstreckungstitel (§ 29 Abs. 1 SaarlVwVG). Der Verwaltungsrechtsweg ist damit eröffnet.

b) Gerichtszuständigkeit

Das Verwaltungsgericht des Saarlandes ist zuständig nach §§ 45, 52 Nr. 3 VwGO i. V. mit § 1 Abs. 1 und 2 SaarlAGVwGO.

2. Statthafte Klageart

Da der Leistungsbescheid ein belastender VA iSd § 35 Satz 1 SaarlVwVfG ist, ist die Anfechtungsklage gem. § 42 Abs. 1 VwGO statthaft.

3. Besondere Voraussetzungen der Anfechtungsklage
a) Vorverfahren
Das Vorverfahren gem. § 68 Abs. 1 Satz 1 VwGO entfällt im Saarland nicht nach § 54 Abs. 2 Satz 3 BeamtStG; es ist hier auch durchgeführt worden.

b) Klagefrist
Danach ist die Monatsfrist des § 74 Abs. 1 Satz 1 VwGO einzuhalten.

c) Klagebefugnis
Als Adressat des Bescheids ist K klagebefugt iSd § 42 Abs. 2 VwGO. Die Adressatentheorie kann bei einer öffentlich-rechtlichen Körperschaft zwar nicht auf Art. 2 Abs. 1 GG gestützt werden, da sie nicht Trägerin der allgemeinen Handlungsfreiheit ist. Doch ist K als Landkreis Träger des Selbstverwaltungsrechts nach Art. 28 Abs. 2 Satz 2 GG, Art. 118 SaarLV und kann durch die Auferlegung einer gesetzwidrigen Zahlungspflicht in seiner Finanzhoheit verletzt werden.

4. Form
Die Form der Klage bestimmt sich nach §§ 81 Abs. 1, 82 Abs. 1 VwGO.

5. Beteiligtenbezogene Voraussetzungen

Im Saarland gilt für die Beteiligtenfähigkeit und die passive Prozessführungsbefugnis das sogenannte Behördenprinzip.[12]

K und die zuständige Landesbehörde sind als juristische Person bzw. als Behörde beteiligtenfähig (§ 61 Nr. 1 Var. 2, Nr. 3 VwGO i. V. mit § 19 Abs. 1 SaarlAGVwGO). Die Behörde ist richtige Beklagte nach § 78 Abs. 1 Nr. 2 VwGO, § 19 Abs. 1 SaarlAGVwGO. K wird vertreten durch die Landrätin oder den Landrat, die Behörde durch ihren Leiter bzw. von ihm beauftragte Stellen (§§ 62 Abs. 3 VwGO, 178 Abs. 1 KSVG).

6. Zwischenergebnis
Die Klage ist insgesamt zulässig.

II. Begründetheit
Die Klage ist begründet, wenn der Leistungsbescheid rechtswidrig ist und K in seinem Selbstver-

---

[12] Dazu *Welsch*, LKRZ 2011, 446 ff.

waltungsrecht (I 3 c) verletzt (§ 113 Abs. 1 Satz 1 VwGO).

1. Formelle Rechtswidrigkeit des Bescheids

Eine Leistung kann nach der actus-contrarius-Lehre durch VA zurückgefordert werden, wenn sie aufgrund eines VA erbracht wurde. Die Ermächtigung zur Leistung durch VA umfasst dann zumindest stillschweigend auch die zur Rückforderung. Typische Anwendungsbereiche für solche durch VA begründeten Leistungsbeziehungen sind Subventionen und beamtenrechtliche Fürsorgemaßnahmen.

Ein solcher Fall liegt hier vor. Allerdings war Adressatin und Begünstigte des Beihilfebescheids B und nicht K. Dieser steht hinsichtlich der Beihilfeleistung weder in einem vertraglichen noch in einem durch VA begründeten Rechtsverhältnis zum Land. Eine K gegenüber tragfähige Ermächtigung zum Erlass eines Leistungsbescheids gibt es nicht. Der Bescheid war daher bereits formell rechtswidrig. Dadurch wurde K auch in seinem Selbstverwaltungsrecht verletzt. Die Klage des K ist schon darum begründet.

2. Materielle Rechtswidrigkeit des Bescheids

Der Bescheid wäre immerhin materiell rechtmäßig, wenn das Land einen Zahlungsanspruch gegenüber K in Höhe der an L gezahlten Beihilfe hätte.

a) Kein gesetzlicher Forderungsübergang

Die Forderung der B gegenüber K ist infolge der Leistung des Landes nicht kraft Gesetzes auf das Land übergegangen, zB entsprechend § 86 Abs. 1 VVG.

b) § 105 SGB X

Die allein auf Sozialleistungen beschränkte Regelung des § 105 SGB X ist im Beihilferecht wegen der grundlegenden Strukturunterschiede zwischen den Sicherungssystemen der beamtenrechtlichen Krankenfürsorge einerseits, der gesetzlichen Krankenversicherung andererseits nicht anwendbar, auch nicht entsprechend.[13] Der Zweck der sozial-

---

13 BVerwG, NVwZ-RR 2008, 270 mwN.

rechtlichen Durchbrechung der Zuständigkeitsordnung liegt darin, dass sozial schwächeren Personen ohne langwierige Zuständigkeitsprüfung Hilfe gewährt werden kann. Dieser Zweck ist nicht ins Beamtenrecht übertragbar. Sonst würde dem zuständigen Hoheitsträger die Auffassung eines unzuständigen Verwaltungsträgers von der Anwendung des materiellen Rechts aufgezwungen, das er selber anzuwenden hätte, und die Verpflichtung zu Leistungen aufgedrängt, ohne dass er nach Ermessen über deren Gewährung und Umfang entscheiden könnte, wie es ihm nach der Kompetenzordnung zustände.[14]

c) § 8 Abs. 1 Satz 2 SaarlVwVfG

Ein Anspruch auf Auslagenersatz im Rahmen der Amtshilfe nach § 8 Abs. 1 Satz 2 SaarlVwVfG scheitert daran, dass K das Land nicht um Zahlung der Beihilfe an seiner Stelle ersucht hat und daher kein Fall der Amtshilfe vorliegt. Eine ungeschriebene Kompetenz zur ungefragten „Spontanhilfe" für andere Verwaltungsträger in deren Aufgabenbereich besteht allenfalls in Notlagen, in denen die Hilfe dem mutmaßlichen oder pflichtgemäßen Willen des zuständigen Trägers entspricht,[15] was bei der Leistung des Landes an B ersichtlich nicht der Fall war.

d) Öffentlich-rechtliche GoA

Eine öffentlich-rechtliche Geschäftsführung ohne Auftrag könnte K als Geschäftsherrn dazu verpflichten, dem Land als Geschäftsführer analog §§ 683, 670 BGB die Aufwendungen zu ersetzen, die ihm aus der Leistung an B entstanden sind.[16] Die Zahlung von Beihilfe an B war objektiv ein Geschäft des K. Indes setzt ein Anspruch aus GoA auch das subjektive Tatbestandsmerkmal eines Fremdgeschäftsführungswillens voraus.[17] Dieser fehlte dem Land im Moment der Zahlung an B, da

---

14 So zu Recht NRWOVG, NWBl. 2007, 16, 17.
15 Dafür *Nedden*, Die GoA im öffentlichen Recht, 1994, S. 87; restriktiver *Kluth* in: Wolff/Bachof/Stober, Verwaltungsrecht, Bd. 2, 5. Aufl. 2010, § 83 Rn. 87.
16 Zur GoA von Tierschutzvereinen, die aufgefundene Tiere beherbergen, BVerwGE 162, 63 ff. und BVerwG, NVwZ 2020, 2487 ff.
17 BVerwG, NVwZ 2020, 2487, 2488; NVwZ-RR 2008, 270; NWOVG, NVwBl. 2007, 16; NdsOVG, NdsVBl. 2007, 17.

es in der Annahme handelte, eine allein ihm selbst obliegende Beihilfeverpflichtung zu erfüllen.

e) § 49a SaarlVwVfG

§ 49a SaarlVwVfG regelt allein die Rückerstattung von Leistungen durch den Leistungsempfänger, nicht den Rückgriff gegenüber Dritten, die an Stelle des tätig gewordenen Hoheitsträgers zur Leistung verpflichtet gewesen wären. Gleiches gilt für § 72 Abs. 1 SaarlBG i. V. mit § 12 Abs. 2 BBesG.

f) Öffentlich-rechtlicher Erstattungsanspruch

Die unter e) genannten Vorschriften sind spezialgesetzliche Ausprägungen des öffentlich-rechtlichen Erstattungsanspruchs. Er wurzelt entweder als „gewohnheitsrechtlich verfestigtes Rechtsinstitut" in einem ungeschriebenen „Allgemeinen Teil der Rechtsordnung"[18] oder, was wegen der größeren Präzision vorzugswürdig erscheint, in einer Analogie zu §§ 812 ff. BGB als Ausdruck der rechtsstaatlichen Wertung, dass rechtsgrundlose Vermögensverschiebungen rückgängig zu machen sind.[19] Da Analogie stets nur eine sinngemäße Anwendung der übertragenen Rechtsgrundsätze ist, führt diese Grundlegung auch nicht zwangsläufig zu der Folge, dass sich der Empfänger auf einen Wegfall der Bereicherung entsprechend § 818 Abs. 3 BGB berufen könnte.[20] Unstrittig ist ohnehin, dass Tatbestand und Rechtsfolge des Anspruchs im Übrigen an die bereicherungsrechtlichen Normen angelehnt werden.

Der Anspruch setzt damit eine rechtsgrundlose Vermögensverschiebung im Rahmen eines öffentlich-rechtlichen Rechtsverhältnisses voraus, sei es zwischen Hoheitsträgern und Privaten oder unter verschiedenen Hoheitsträgern. Da hier eine Beihilfeleistung erstattet werden soll, wie sie nur im Rahmen öffentlich-rechtlicher Dienstverhältnisse gezahlt wird, steht der öffentlich-rechtliche Charakter der Forderung außer Frage.

Verunglückt wirkt die Formulierung des BayVGH, der in einem ähnlichen Fall von einer „Art von Verwendungs-

Indes ist nicht leicht zu erkennen, ob eine Vermögensverschiebung im Verhältnis zwischen K und

---

18 So *Ossenbühl/Cornils*, Staatshaftungsrecht, 6. Aufl. 2013, S. 537 f.
19 *Hufen*, § 28 Rn. 5.
20 Vgl. *Detterbeck*, in: ders./Windthorst/Sproll, Staatshaftungsrecht, 2000, § 23 Rn. 4.

kondiktion" des tätig gewordenen Dienstherrn spricht, also offenbar das Sachenrecht auf (frühere) Beamte anwendet.²¹ Selbst dann würde es sich bei Heilbehandlungskosten idR um die gewöhnlichen Erhaltungskosten handeln, die entsprechend § 994 Abs. 2 Satz 2 BGB nicht ausgleichspflichtig sind.

dem Land stattgefunden hat. Das Vermögen des Landes ist zwar um die an B gezahlte Beihilfe vermindert. Indes hat das Land damit nicht an K geleistet, dh zielgerichtet dessen Vermögen vermehrt, sondern das der B. Auch hat K sich nicht etwas auf Kosten des Landes verschafft, dh es sich durch Eingriff in das Vermögen des Landes erlangt. Überhaupt ist fraglich, ob das Vermögen des K infolge der Zahlung des Landes an B (irgendwann einmal) vermehrt worden ist. Dies setzt auch die dritte anerkannte Form des Erstattungsanspruchs voraus, die Rückgriffskondiktion.²² In ihrer Lage ist der Anspruchsgegner durch die Leistung des Anspruchsinhabers von seiner eigenen Verpflichtung frei geworden.

K ist indes nicht durch die Leistung des Landes von seiner eigenen Verpflichtung frei geworden. Insbesondere ist keine Erfüllungsfiktion im Verhältnis zwischen B und K eingetreten, wie sie § 107 Abs. 1 SGB X für den Fall der Leistung eines nicht zuständigen Sozialleistungsträgers vorsieht. Die Leistung des Landes hat B nur faktisch dazu veranlasst, keine Ansprüche gegenüber K in Erwägung zu ziehen. Erloschen ist ihr Anspruch gegenüber K erst durch Zeitablauf gemäß § 17 Abs. 3 Satz 4 SaarlBhVO ein Jahr nach der Behandlung, nicht schon durch die Leistung des Landes.

Eine ausgleichsfähige Vermögensverschiebung hat daher zwischen dem Land und K nicht stattgefunden. Das Land musste sich vielmehr an die Empfängerin B halten. Steht im Verhältnis zu ihr nach § 48 Abs. 2 SaarlVwVfG der Vertrauensschutz einer Rückforderung entgegen (s. o. A), so kann das Land sich nicht bei dem „eigentlich" zur Leistung verpflichteten K schadlos halten. Durch eine solche Direktkondiktion würden – ähnlich der Lage im Zivilrecht – die einer Rückabwicklung übers Eck entgegenstehenden Leistungshindernisse überspielt, hier also einerseits der Vertrauensschutz, andererseits die Ausschlussfrist des § 17 Abs. 3 SaarlBhVO.²³

---

21 BayVBl. 2007, 403.
22 So auch BVerwG, NVwZ-RR 2008, 270 unter dem Namen „Durchgriffskondiktion".
23 BVerwG, NVwZ-RR 2008, 270, 271; Winkler, Verwaltungsträger im Kompetenzverbund, 2009, S. 312.

3. Rechtsverletzung des K

Das Land hat im Ergebnis keinen Zahlungsanspruch gegen K. Der Bescheid ist damit materiell rechtswidrig und verletzt K in seiner Finanzhoheit.

III. Gesamtergebnis

Eine Anfechtungsklage des Landkreises K gegen den Leistungsbescheid wäre zulässig und begründet und verspricht danach insgesamt Erfolg.

§ 2
Allgemeines Polizei- und Ordnungsrecht

Polizei- und ordnungsrechtliche Klausuren gelten als einfach, da ihre Grundform einem regelmäßigen Prüfungsschema folgt: Der Suche nach einer Ermächtigungsgrundlage für die als belastender Verwaltungsakt identifizierte polizeiliche Maßnahme folgt eine Prüfung der Voraussetzungen für diesen Eingriff; auf der Rechtsfolgenseite ist zu klären, ob unter verschiedenen in Betracht kommenden Adressaten eine zulässige Auswahl getroffen worden ist, der Verhältnismäßigkeitsgrundsatz beachtet und die Grenzen eines etwa bestehenden Ermessens eingehalten sind. Etwas schwerer zu konturieren sind bereits die polizeilichen Realakte; traditionell wird eher versucht, sie – wie das Paradebeispiel des Abschleppens falsch geparkter Autos belegt – mehr oder minder gewaltsam in die Schemata für Verwaltungsakte zu pressen. Die drei folgenden Fälle betreffen neben der klassischen Eingriffsprüfung und dem informationellen Handeln als typischer Unterform des Realaktes drei andere Sonderformen der Polizeirechtsklausur. Ins Staatshaftungsrecht als Teil des Allgemeinen Verwaltungsrechts ragt die erste Konstellation hinüber, in der nach einem polizeilichen Tätigwerden über den Ausgleich von Kosten und Schäden gestritten wird. Ebenfalls eine Frage des Allgemeinen Verwaltungsrechts ist die Abgrenzung von ordnungsbehördlichen Normen in Form von Polizei- bzw. Gefahrenabwehrverordnungen gegenüber Allgemeinverfügungen als einer Art des Verwaltungsaktes. Dieses beliebte Klausurthema ist im zweiten und dritten Fall angesprochen.

Fall 2 Osthessische Jungviehjagd

▶ Der im Landkreis Fulda ansässige Landwirt *Ludger Lockig* (L) ließ am 16.12.2020 drei ihm gehörende Jungrinder durch seinen altgedienten Knecht *Karl Kern* zu dem Viehhändler *Vinzenz vom Vogelsberg* in den Nachbarort transportieren. Beim Abladen vom Viehtransporter riss sich eines der Rinder los und rannte weg. Es durchschwamm die Fulda und gelangte auf die Autobahn A7, wo es einem Unfall haarscharf entkam. Anschließend floh das Rind in die umliegenden Wälder, kehrte aber nach kurzer Zeit auf die Autobahn zurück und graste geruhsam an den buschigen Sträuchern im Bereich der Mittelleitplanke. Die von Autofahrern per Handy herbeigerufenen Polizeibeamten versuchten zunächst, das Tier von der Autobahn zu vertreiben. Als dies nicht gelang, schoss der Beamte *Patrick Penck* (P) mehrfach mit seiner Dienstpistole aus dem geöffneten Fenster der Beifahrerseite des Streifenwagens auf das Rind, bis dieses tödlich getroffen zusammenbrach. Dabei erlitt P ein Knalltrauma an beiden Ohren. Er war wegen dieser Verletzung bis zum 6.1.2021 arbeitsunfähig krank.

Anschließend musste das tote Rind von der Autobahn geborgen werden. Hiermit beauftragte die zuständige Polizeidienststelle das private Bergungsunternehmen *Berger* (B). Der bei B angestellte Arbeiter *Armin Achtlos* (A) hievte den Kadaver mittels einer an einem Kran befestigten schweren grobgliedrigen Eisenkette auf einen Lastwagen und gab anschließend die Fahrbahn wieder für den Straßenverkehr frei. Dabei vergaß A aus Unachtsamkeit, die Eisenkette von der Fahrbahn zu entfernen. Der PKW-Fahrer *Florian Floh* (F) verfing sich mit dem Vorderrad seines Wagens in der Kette und fuhr gegen die Leitplanke. F erlitt keine Verletzungen, an seinem Wagen entstand jedoch ein Schaden in Höhe von 5500 EUR. Auf seine Anzeige des Schadens hin kündigt der zu verbindlichen Zusicherungen nicht befugte Leiter der zuständigen Polizeiinspektion an, der Staat werde für diesen Schaden aufkommen, sobald einige Vorfragen geklärt sind. Das Land Hessen verlangt von L nunmehr die Kosten der Bergung, die für P aufgewendeten Heilfürsorgekosten, einen „Dienstausfallschaden" für dessen Krankheitstage sowie eine Erstattung der an F zu leistenden Entschädigung jeweils in tatsächlich angefallener Höhe. Soweit sich diese Ansprüche nicht schon aus dem HSOG ergäben, könnten sie auf das Institut der Geschäftsführung ohne Auftrag oder auf Forderungen des P gestützt werden, die gem. § 57 HBG auf den Staat übergegangen seien.
Bestehen die vom Land geltend gemachten Ansprüche? ◀

Vorüberlegungen

Die im Sachverhalt angesprochenen Ersatz- und Erstattungsforderungen können in weitgehend beliebiger Reihenfolge auf ihre Berechtigung geprüft werden. Innerhalb der einzelnen Anspruchskomplexe muss aber das Spezialitätsverhältnis verschiedener möglicher Anspruchsgrundlagen beachtet werden. Im Polizei- und Ordnungsrecht sind namentlich der allgemeine öffentlich-rechtliche Erstattungsanspruch und der Anspruch aus Aufopferung, enteignungsgleichem bzw. enteignendem Eingriff speziell normiert, so dass auf die ungeschriebenen Haftungsinstitute hier weder zurückgegriffen werden muss noch darf.[1] Ihnen geht im Fall lückenhafter Regelung durch die Polizeigesetze deren analoge Anwendung vor.

---

1 AA OLG Frankfurt, NVwZ-RR 2014, 142 f.

Gutachten

A. Erstattungsforderungen wegen Ansprüchen des F gegen H

H könnte von L die Erstattung etwaiger Ersatzleistungen an F verlangen, sofern dafür eine Anspruchsgrundlage vorhanden ist (IV). Zuvor ist allerdings zu klären, ob überhaupt Ersatzansprüche des F bestehen (I – III).

I. Folgenbeseitigungsanspruch

Zunächst könnte ein Anspruch des F auf Folgenbeseitigung in Betracht kommen. Dieser ist gewohnheitsrechtlich anerkannt. Er richtet sich jedoch von seiner Rechtsfolge her auf die Wiederherstellung des status quo ante und nicht auf Schadenersatz in Geld. Sein auf Schadensausgleich gerichtetes Begehren kann F damit also nicht befriedigen.

II. § 64 Abs. 1 Satz 2 HSOG

Des Weiteren könnte F einen Entschädigungsanspruch aus § 64 Abs. 1 Satz 2 HSOG gegen das Land H haben. § 64 Abs. 1 Satz 2 HSOG ist eine spezialgesetzliche Ausprägung des Instituts des enteignungsgleichen Eingriffs.[2] Ein Rückgriff auf dieses allgemeine Institut ist daher neben der Anspruchsgrundlage im HSOG nicht möglich.

1. Maßnahme der Polizei- oder Gefahrenabwehrbehörden

Zunächst müsste es sich hierbei um eine Maßnahme der Polizei handeln. Zwar hat A als Angestellter von B die Eisenkette auf der Autobahn vergessen und nicht ein Beamter der Polizei. Doch ist der Begriff der Polizeibehörde hier nicht im formal-organisatorischen Sinn zu verstehen, sondern funktional. A handelt als Verrichtungsgehilfe der B, die wiederum als Verwaltungshelferin der Polizeibehörde in Erscheinung tritt, so dass die Polizei „durch" A tätig wurde. Somit stellt die nicht ordnungsgemäß durchgeführte Bergung des Rindes eine Maßnahme der Polizei dar.

---

[2] *Ossenbühl/Cornils*, Staatshaftungsrecht, 6. Auflage 2013, S. 512.

2. Rechtswidrige Maßnahme

Rechtswidrig sind im Rahmen des § 64 Abs. 1 Satz 2 HSOG jedenfalls Maßnahmen, die eine Verhaltenspflicht verletzen; offen bleiben kann hier, ob rechtswidrige Erfolge eines an sich rechtmäßigen polizeilichen Handelns die Ersatzpflicht auslösen. Das Liegenlassen der schweren Eisenkette verletzt wegen der von diesem Verhalten verursachten konkreten Gefahren die öffentlich-rechtliche Verkehrssicherungspflicht, die auch die Polizei bei der Gefahrenabwehr trifft. Es stellt somit eine rechtswidrige Maßnahme dar.

3. Kausalität

Ferner beruhte der Unfall des F unmittelbar auf dem Verbleib der Kette auf der Fahrbahn, so dass die Maßnahme auch kausal für den Schaden am PKW des F war.

4. Schutzmaßnahme; Mitverschulden

Der Anspruchsausschluss nach § 64 Abs. 2 HSOG greift hier nicht ein. Zwar diente der Abtransport des Rindes ua auch dem Schutz des F in seiner Rolle als Straßenverkehrsteilnehmer; dies gilt aber nicht für das Liegenlassen der Kette, durch das F geschädigt wurde. Für ein Mitverschulden des F (§ 65 Abs. 5 Satz 2 und 3 HSOG) ist nichts ersichtlich; insbesondere hat er nicht Verkehrsregeln missachtet und damit möglicherweise den Schaden mit verursacht.

5. Rechtsfolge

F erhält daher eine Entschädigung für den Schaden an seinem PKW in Höhe von 5 500 EUR in Geld, §§ 64 Abs. 1 Satz 2, 65 Abs. 1 Satz 1, Abs. 3 Satz 1 HSOG.
Allerdings findet ein etwaiger Anspruch des F gegen seine Kaskoversicherung bei der Gewährung der Entschädigung gemäß § 65 Abs. 4 HSOG Berücksichtigung, so dass das Land H die Entschädigung an F nur gegen Abtretung seines Anspruchs gegen die Versicherung leisten muss.

III. Amtshaftung, Art. 34 GG i. V. mit § 839 BGB

F könnte gegen H auch einen Ersatzanspruch aus Amtshaftung gemäß Art. 34 GG i. V. mit § 839 BGB haben. Art. 34 GG bildet die eigentliche Anspruchsgrundlage, deren Voraussetzungen § 839 BGB konkretisiert.[3] Es empfiehlt sich jedoch, sie wie eine einheitliche Anspruchsgrundlage zu prüfen.

1. Ausübung eines öffentlichen Amtes, Art. 34 Satz 1 GG

Zunächst müsste das Bergungsunternehmen B eine hoheitliche Tätigkeit ausgeübt haben. Das Abschleppen des toten Rindes mit der schweren Eisenkette stellt eine Maßnahme im Rahmen der Gefahrenabwehr durch die Polizei, § 11 HSOG, dar. Ein Tätigwerden im Rahmen einer hoheitlichen Tätigkeit liegt somit vor. Der Gebrauch der Eisenkette zum Abtransport des toten Rindes erfolgte ferner auch in Ausübung des Hoheitsaktes und nicht nur bei dessen Gelegenheit.

Fraglich könnte dennoch sein, ob B mit der Bergung des Rindes ein öffentliches Amt ausübte. B ist kein Beamter im statusrechtlichen Sinne, sondern ein privates Bergungsunternehmen. Doch auch im Rahmen des Amtshaftungsanspruchs kommt es nicht auf den statusrechtlichen, sondern auf einen haftungsrechtlichen Beamtenbegriff an.

B unternahm die Bergung des Rindes im Auftrag der zuständigen Polizeibehörde und hatte somit eine gelegentlich anfallende ergänzende Hilfsfunktion inne, ohne dass ihm eigene hoheitliche Befugnisse übertragen wurden. B führte bloß die konkreten Anweisungen der Polizeibehörde aus und wurde dabei derart durch Weisungen dirigiert, dass er als Werkzeug der hoheitlichen Hand bei der Erfüllung der hoheitlichen Aufgabe erschien. B ist somit als Verwaltungshelfer zu qualifizieren. Auch Verwaltungshelfer kommen als Beamte im Sinne des Amtshaftungsrechts in Betracht.

---

3 Vgl. hierzu eingehend *Maurer/Waldhoff*, § 26 Rn. 7; *Ossenbühl/Cornils*, aaO, S. 11.

2. Verletzung der einem Dritten gegenüber bestehenden Amtspflicht

a) Amtspflicht

Ferner müsste B eine Amtspflichtverletzung begangen haben. Dies ist der Fall, wenn der Amtsträger eine gegenüber seinem Dienstherrn obliegende Dienstpflicht verletzt hat. Bei Verwaltungshelfern tritt an Stelle von Dienstpflichten die Vertragspflicht gegenüber dem öffentlichen Auftraggeber. B traf hier die vertragliche Pflicht, die Bergung des toten Rindes durch A ordnungsgemäß vornehmen zu lassen. Das Hinterlassen der schweren Eisenkette war daher nicht nur rechtswidrig (s. o. II 2), sondern auch eine Amtspflichtverletzung.

b) Drittbezogenheit der Pflicht

Die Einhaltung der Amtspflicht müsste weiterhin dem Schutz des Geschädigten dienen (Drittbezogenheit).[4] Die Abwehr einer Gefahr für die öffentliche Sicherheit dient auch dem Schutz der Personen, die vor allem mit der Gefahrenquelle in Berührung kommen; Schutzgut der öffentlichen Sicherheit sind auch Individualrechtsgüter wie namentlich das Eigentum, Art. 14 Abs. 1 GG.[5] Das gilt auch für die ordnungsgemäße Durchführung der Bergung eines Rindes von der Autobahn. Durch die Bergung sollte eine Gefährdung von den Straßenverkehrsteilnehmern abgewendet und gerade keine neue Gefahrenquelle eröffnet werden. Die Pflicht der B zur ordnungsgemäßen Durchführung der Bergungsarbeiten diente daher auch dem Schutz des F. Somit liegt der notwendige Drittbezug der Pflicht vor.

3. Verschulden

§ 839 Abs. 1 Satz 1 BGB fordert vorsätzliches oder fahrlässiges Verhalten des Amtswalters (Verschulden). A vergaß die Kette aus Unachtsamkeit und ließ somit die im Verkehr erforderliche Sorgfalt außer Acht, § 276 Abs. 1 Satz 2 BGB. Hierbei ist ein objektivierter Sorgfaltsmaßstab anzulegen, um die Geschädigten nicht unter einer fehlerhaften Personalauswahl des Staates leiden zu lassen. A hätte

---

4 *Maurer/Waldhoff*, aaO, § 26 Rn. 19.
5 *Ossenbühl/Cornils*, aaO, S. 60.

sich nach Abschluss der Bergungsarbeiten vergewissern müssen, ob alle Gerätschaften aufgeräumt wurden. Die Nichtbeachtung dieser einfachen Sorgfaltsregel begründet den Vorwurf der Fahrlässigkeit.

4. Verweisungsprivileg

Der dem Grunde nach entstandene Anspruch des F könnte gemäß § 839 Abs. 1 Satz 2 BGB ausgeschlossen sein, falls F einen Anspruch gegen seine Versicherung hat. Jedoch ist § 839 Abs. 1 Satz 2 BGB eng auszulegen, da der Schädiger nicht davon profitieren soll, dass das Opfer selbst Vorsorge getroffen hat. Versicherungsansprüche sind daher nicht vom Verweisungsprivileg umfasst.

Auch findet § 839 Abs. 1 Satz 2 BGB infolge der Gleichstellung von Bürger und Staat im Straßenverkehr dort keine Anwendung.[6] Aus Sicht des Geschädigten macht es keinen Unterschied, ob die Gefahr vom Bürger oder vom Staat geschaffen worden ist.

Daher greift der Ausschluss gemäß § 839 Abs. 1 Satz 2 BGB hier aus mehreren Gründen nicht. Für das Vorliegen weiterer Ausschlussgründe, insbes. nach § 839 Abs. 3 BGB, bestehen keine Anhaltspunkte.

5. Passivlegitimation

Richtiger Anspruchsgegner gemäß Art. 34 GG ist die Körperschaft, die B und damit mittelbar A die Bergung anvertraut hatte, dh hier das Land H.

6. Zwischenergebnis

F hat nach alledem gegen H einen Schadenersatzanspruch gemäß Art. 34 GG, §§ 839, 249 ff. BGB iHv 5500 EUR, und zwar insoweit ohne Rücksicht auf seinen etwaigen Ersatzanspruch gegen die eigene Kaskoversicherung. Der Anspruch ist in Geld zu leisten, da der Staat nicht gezwungen sein soll, im Wege der Naturalrestitution Hoheitsakte zu erlassen,[7] und tritt selbstständig neben den aus § 64 Abs. 1 Satz 2 HSOG.

---

[6] BGHZ 118, 368, 370.
[7] BGHZ 34, 99, 105 ff.

IV. Erstattungsanspruch des Landes gegenüber L

1. § 69 Abs. 1, § 8 Abs. 2 oder § 49 Abs. 1 HSOG?

Ein Rückgriff des Landes gegen L kann bereits deshalb nicht auf § 69 Abs. 1 HSOG gestützt werden, weil die Vorschrift nur auf § 64 Abs. 1 Satz 1 und Abs. 3 HSOG, nicht aber auf Abs. 1 Satz 2 verweist. Für den Ausgleich eines Schadens, der durch rechts*widriges* Polizeihandeln entstanden ist, muss der Träger der Polizei selbst aufkommen und kann sie nicht auf Zustands- oder Handlungsverantwortliche abwälzen.

Ebenso wenig können Aufwendungen zum Ausgleich von Schäden Dritter als Kosten einer Ersatzvornahme oder der unmittelbaren Ausführung einer Polizeimaßnahme geltend gemacht werden. Das ergibt sich – unabhängig vom Umfang der nach § 49 Abs. 1 bzw. § 8 Abs. 2 HSOG möglichen Erstattung – schon daraus, dass auch diese Vorschriften ein recht*mäßiges* Polizeihandeln voraussetzen.

2. Allgemeiner öffentlich-rechtlicher Erstattungsanspruch?

Ein Erstattungsanspruch des Landes H gegen L würde voraussetzen, dass in dem zwischen ihnen bestehenden öffentlich-rechtlichen Verhältnis als Träger der Polizei und Verantwortlicher für eine Gefahr eine rechtsgrundlose Vermögensverschiebung eingetreten ist. Dies wäre der Fall, wenn L auf Kosten des Landes etwas erlangt hätte, zB das Freiwerden von eigenen Verbindlichkeiten gegenüber F.

Indes bestanden zu keinem Zeitpunkt Schadenersatzansprüche des F gegen L. Der Schaden an seinem Fahrzeug ist weder von dem L gehörenden Rind verursacht worden, so dass an einen Anspruch aus § 833 BGB zu denken wäre, noch ist der Unfall des F als adäquate Folge einer sonstigen unerlaubten Handlung des L eingetreten.

3. Ergebnis

Da L mithin nichts auf Kosten des Landes erlangt hat, besteht auch kein allgemeiner öffentlich-rechtlicher Erstattungsanspruch. Im Ergebnis kann H

B. Ersatzforderungen für die Kosten der Bergung

I. Anspruch auf Ersatz der Kosten aus § 49 Abs. 1 HSOG

H könnte gegen L einen Anspruch auf Kostenersatz nach § 49 Abs. 1 HSOG haben.[8] Dies wäre der Fall, wenn L eine von ihm geschuldete vertretbare Handlung nicht ausgeführt und die Polizei sie an seiner Stelle vorgenommen hätte (Ersatzvornahme). Für die Gefahr, die von seinem Tier ausging, war L nach § 7 Abs. 1 und 2 HSOG verantwortlich. Er war daher verpflichtet, die Gefahr zu beseitigen. Allerdings war ihm gegenüber keine diese Polizeipflichtigkeit konkretisierende Verfügung ergangen, wie § 47 Abs. 1 HSOG dies im Grundsatz voraussetzt. Doch erlaubt § 47 Abs. 2 HSOG, Zwangsmittel auch ohne vorhergehenden Verwaltungsakt anzuwenden, wenn Maßnahmen gegen den Verantwortlichen keinen Erfolg versprechen oder nicht rechtzeitig möglich sind. Ein solches Zwangsmittel ist nach § 48 Abs. 1 Nr. 1 HSOG auch die Ersatzvornahme.

Die Zustandsverantwortlichkeit ist hier unproblematisch. Gegensätzlich wird sie bei schädlingsbefallenen Bäumen beurteilt von BayVGH, NJW 2019, 3014, 3015 f.; BGH, JZ 2020, 41, 42 mit abl. Anm. *Roth*.

Problematisch ist zwar das Verhältnis von § 47 Abs. 2 HSOG zu § 8 Abs. 1 HSOG. Richtigerweise ist jedoch § 8 Abs. 1 HSOG als Spezialnorm auszulegen, die nur in dem Unterfall der in § 47 Abs. 2 HSOG angesprochenen Lage anwendbar ist, dass der Verantwortliche nicht oder nicht rechtzeitig erreicht werden kann.[9] Bei der Bergung des Rindes war dies nicht der Fall. Da die Firma B beauftragt werden konnte, hätte auch L rechtzeitig zur Gefahrbeseitigung aufgefordert werden können. Anwendbar ist daher allein § 47 Abs. 2 HSOG.

Ob die Ersatzvornahme durch die Fa. B im vorliegenden Fall anstelle einer Heranziehung des L zulässig war, ist allerdings zweifelhaft. Dafür hätte sie zur Gefahrenabwehr erforderlich sein müssen. Es ist insbesondere nicht ersichtlich, dass die Auffor-

---

[8] Zu Polizeikosten bei Fußballspielen (s. auch Fall 4) *Brüning*, NVwZ 2019, 1417 ff.; *Drechsler*, NVwZ 2020, 433 ff.; *Kempny*, DVBl. 2017, 862 ff.; *Leisner-Egensperger*, JM 2019, 290 ff.
[9] HessVGH, NVwZ-RR 1999, 23, 25.

derung an L, sein Rind selbst von der Straße zu schaffen, keinen Erfolg versprochen oder zu einer Verzögerung geführt hätte. Anzeichen dafür, dass L nicht willens oder zB mangels geeigneter Gerätschaften nicht in der Lage gewesen wäre, den Kadaver umgehend selbst zu beseitigen, gibt der Sachverhalt nicht her.

Die Ersatzvornahme war mithin rechtswidrig. H kann – ungeachtet des in Frage kommenden Erstattungsumfangs – ihre Kosten nicht aufgrund von § 49 Abs. 1 HSOG von L einfordern.

II. Anspruch auf Aufwendungsersatz aus öffentlich-rechtlicher Geschäftsführung ohne Auftrag

Ferner könnte H gegen L einen Anspruch auf Ersatz der Kosten aus öffentlich-rechtlicher GoA analog §§ 670, 677, 683 Satz 1 BGB haben. Zweifelhaft ist allerdings, ob diese Anspruchsgrundlage im Verhältnis des Staates zum Bürger generell und insbesondere im Recht der Polizeikosten entsprechend anwendbar ist.

Fraglich ist schon ganz allgemein die Anwendbarkeit der öffentlich-rechtlichen GoA im Verhältnis zwischen einem Hoheitsträger, hier dem Bundesland H, als Berechtigtem und einem Privatmann – L – als Verpflichtetem. Nach zutreffender Auffassung ist das Institut der GoA im öffentlichen Recht zugunsten einer Behörde gegenüber dem Bürger nicht anwendbar, soweit die Behörde eine eigene gesetzlich zugewiesene Aufgabe (Pflicht zum Tätigwerden) nach öffentlichem Recht wahrnimmt. Im Interesse der Rechtssicherheit und des Rechtsschutzes von Privatpersonen dürfen der Verwaltung keine Ansprüche zustehen, die nicht gesetzlich vorgesehen sind. Das folgt aus dem Verfassungsprinzip vom Vorbehalt des Gesetzes, Art. 20 Abs. 3 GG.[10]

Der BGH hingegen hält die §§ 677 ff. BGB zwar im Verhältnis zwischen Verwaltungsträgern und Privatpersonen grundsätzlich für anwendbar. Doch betrachtet auch er die polizeirechtlichen Bestimmungen über die Ersatzvornahme einschließlich der dazu gehörenden Vorschriften über die Erhe-

---

10 *Maurer/Waldhoff*, § 29 Rn. 13 und 15; *Staake*, JA 2004, 800, 801 und 803.

bung von Kosten als eine erschöpfende Sonderregelung, die Ansprüche des Trägers der Polizei aus GoA in diesem Bereich ausschließt.[11] Dem ist zuzustimmen. Da eine Kostenforderung aufgrund von § 49 HSOG an der Rechtswidrigkeit der Ersatzvornahme scheitert, verbietet es sich auch, dass sie auf gesetzlich nicht geregelter Grundlage erhoben wird. Andernfalls würden die bestehenden polizeilichen Eingriffs- und Kostenersatznormen als Spezialregelungen unterlaufen.[12]

Das gilt umso mehr, als die Kostenforderung für eine rechtmäßige Ersatzvornahme nach § 49 Abs. 1 HSOG durch § 1 HessVerwKostO i. V. mit Nr. 544 der Anlage hierzu gerade nicht auf Ersatz der vollen Einsatzkosten gerichtet, sondern nach dem Zeitaufwand pauschaliert ist. Ließe man im Fall einer rechtswidrigen Ersatzvornahme den Rückgriff auf §§ 677, 683 BGB analog zu, so erhielte der Träger der Polizei in diesem Fall mehr als bei einer rechtmäßigen Ersatzvornahme.

Im vorliegenden Fall kann H seine Kostenforderung gegen L mithin auch nicht auf eine analoge Anwendung der §§ 677, 683 BGB stützen. Im Ergebnis besitzt H insoweit keinen Ersatzanspruch gegenüber L.

C. Ersatzforderungen für die Schädigung des P

I. Anspruch auf Ersatz der Kosten aus § 8 Abs. 2 HSOG

H könnte für die Folgekosten der Tötung des Rindes gegen L einen Anspruch auf Kostenersatz aus § 8 Abs. 2 HSOG haben.

Dazu müsste es sich bei der Erschießung des Rindes zunächst um eine rechtmäßige unmittelbare Ausführung im Sinne des § 8 Abs. 1 HSOG gehandelt haben. L als Eigentümer des Rindes (Zustandsstörer iS von § 7 Abs. 1 und 2 HSOG) hätte für die Beseitigung der konkreten Gefahr, soweit das Rind aktiv den Straßenverkehr gefährdete, rechtzeitig in Anspruch genommen werden können, so dass die Polizeibeamten diese vertretbare Handlung nicht

---

11 BGHZ 156, 394 (Ls. 1).
12 *Bamberger*, JuS 1998, 706 (709).

selbst unmittelbar vornehmen durften. Die Erschießung des Rindes war somit auch nicht als unmittelbare Ausführung iS von § 8 Abs. 1 HSOG zulässig. Ein Anspruch des Landes nach § 8 Abs. 2 HSOG besteht daher nicht.

II. Anspruch des Landes H aus übergegangenem Recht gegen L

Das Land könnte zwar auch Ansprüche des Polizeibeamten P gegen L geltend machen, die nach § 57 Satz 1 HBG auf es übergegangen sind. Ob es daraus weitergehende Forderungen gegenüber L ableiten kann, ist indes zweifelhaft.

1. Aufwendungsersatzansprüche

Infrage kommen zunächst Aufwendungsersatzansprüche aus einer privatrechtlichen GoA, §§ 677, 670, 683 S. 1 BGB. Zwar gilt § 57 HBG bereits nur für gesetzliche Schadenersatz-, nicht für Aufwendungsersatzansprüche. Allerdings ordnet die im Zivilrecht herrschende Ansicht auch einen infolge der Geschäftsführung eingetretenen Schaden als „Aufwendung" des Geschäftsführers ein.
Gleichwohl kann eine dienstliche Tätigkeit eines Beamten nicht zugleich eine private Hilfstätigkeit zugunsten des eigentlichen Geschäftsherrn sein. Der Beamte handelt stets *entweder* in Ausübung seines Dienstes *oder* als Privatmann, sei es auch „bei Gelegenheit" der Ausübung seines Dienstes.[13] H hat somit keinen Anspruch gegen L auf Aufwendungsersatz aus GoA aus übergegangenem Recht.

2. Deliktische Ansprüche

Daneben kämen auch deliktische Ansprüche des P in Betracht. Indes kann sich L insoweit exkulpieren, da K als Verrichtungsgehilfe nach § 831 Abs. 1 Satz 2 BGB „altgedient" und offenbar zuverlässig war, und da L hinsichtlich des Rindes als Haustier nach § 833 Satz 2 BGB selbst die erforderliche Sorgfalt hat walten lassen.

3. Ergebnis

Im Ergebnis scheidet daher ein weitergehender Anspruch gegen L wegen der Schäden des P aus.

---

13 Vgl. BGHZ 156, 394, 396.

Fall 3 Schulhofüberwachung

▶ Auf dem Gelände der in der hessischen Gemeinde N (14 000 Einwohner) gelegenen T-Gesamtschule, die in der Trägerschaft des K-Landkreises steht, werden seit 2018 vermehrt Wände beschmiert und Außenanlagen wie Spielgeräte oder Fahrradständer beschädigt, vornehmlich an den Abenden und am Wochenende. Das Gelände ist nicht umzäunt, sondern nur durch einen Grüngürtel von der umliegenden Wohnsiedlung und der Zufahrtsstraße getrennt.

Nach einigen Berichten und Kommentaren in der Lokalzeitung und nach einer erhitzen Debatte im Kreistag beschließt der Kreisausschuss des K-Landkreises im Januar 2020, eine Schulhofordnung zu erlassen. Ihr Urtext wird mit einer Begründung versehen, vom Landrat gezeichnet und gesiegelt und samt der Begründung bei der Kreisverwaltung zur Einsichtnahme für jedermann während der üblichen Öffnungszeiten hinterlegt. Außerdem wird die Schulhofordnung am 1. Februar 2020 durch Schilder nach dem folgenden Muster an allen Zugangswegen des Schulgeländes bekannt gemacht:

Schulhofordnung

Kinder und Jugendliche dürfen den Schulhof und die Grünanlagen der T-Schule außerhalb der Kernunterrichtszeit (montags bis freitags von 8 bis 14 Uhr) zum Spielen und zum Sport nutzen. Im Übrigen ist schulfremden Personen der Zutritt verboten.

Zur Überwachung der Einhaltung der vorstehenden Regelungen sind auf dem Schulgelände Videokameras angebracht. Wer das Schulgelände außerhalb der oben genannten Kernunterrichtszeit betritt, stimmt einer kurzfristigen Speicherung von Bildaufnahmen seiner Person zu.

Der Schulhof wird ebenfalls am 1. Februar 2020 mit 15 Kameras ausgestattet, die gut sichtbar am Gebäude sowie an Masten im Grüngürtel angebracht sind. Fünf dieser Kameras sind funktionsfähig; bei den zehn anderen handelt es sich – ohne dass die Öffentlichkeit von dieser Tatsache unterrichtet würde – um täuschend ähnliche Attrappen.

Rentner Robert Rostig (R) dreht schon seit vielen Jahren nachmittags mit seinem Hund Rudi Runden durch das Viertel. Er nutzt den Grüngürtel des Schulgeländes gern, um Rudi Bewegung zu verschaffen, indem er ihn Stöcke apportieren lässt, was inmitten der dichten Wohnbebauung angesichts zerbrechlicher Fensterscheiben wenig ratsam wäre.

R bemerkt die Schilder und die Kameras am 15. März 2020. Er fühlt sich sowohl in seiner Bewegungsfreiheit als auch in seinem Wunsch, unbeobachtet zu bleiben, verletzt und fragt daher noch am selben Abend die befreundete Rechtsanwältin A, ob er eine Chance hat, die Schulhofordnung aus der Welt zu schaffen.

Bitte erstellen Sie ein Gutachten, um die Beratung des R durch A vorzubereiten. ◀

2 Allgemeines Polizei- und Ordnungsrecht

Vorüberlegungen

Unter den Standardbefugnissen des Polizeirechts nehmen die Ermächtigungen zu Eingriffen in die informationelle Selbstbestimmung einen vergleichsweise breiten Raum ein. Neben ihnen ist in der Praxis stets auch das Datenschutzrecht zu beachten – d. h. seit 2018 die Datenschutz-Grundverordnung sowie ergänzend das Bundesdatenschutzgesetz und die Datenschutzgesetze der Länder –, das allerdings nicht zum Prüfungsstoff im Kernfachbereich zählt. Von manchen Standardbefugnissen kann nur die Vollzugspolizei Gebrauch machen, von anderen auch zivile Verwaltungsbehörden, wenn sie Gefahren abwehren. Darauf muss bei der Anwendung der Eingriffsgrundlagen geachtet werden. Zudem sind Standardmaßnahmen als Verwaltungsakte gelegentlich auch gegenüber Gefahrenabwehrverordnungen abzugrenzen. Dabei handelt es sich um Normen, die auch auf kommunaler Ebene nicht in Form von Satzungen, sondern als Rechtsverordnungen erlassen werden.

Im vorliegenden Fall kann auf den ersten Blick eine Allgemeinverfügung als Form des Verwaltungsakts, die von einer Standardbefugnis Gebrauch macht, oder eine Gefahrenabwehrverordnung vorliegen, daneben aber auch eine Schulordnung oder eine Benutzungssatzung für eine kreiskommunale öffentliche Einrichtung. Die Abgrenzung kann im Rahmen der Zulässigkeitsprüfung erfolgen; dies setzt voraus, dass die Bearbeiterin oder der Bearbeiter sich vorab über die zutreffende Einordnung klargeworden ist und die dafür geeignete Rechtsschutzform gewählt hat. Statthaft sein kann gegen eine Rechtsverordnung oder Satzung die verwaltungsgerichtliche Normenkontrolle, soweit sie landesrechtlich eröffnet ist, oder eine Feststellungsklage. Gegen eine Allgemeinverfügung kommt nur die Anfechtungsklage in Betracht, nach ihrer Erledigung unter Umständen auch die Fortsetzungsfeststellungsklage (selten die Nichtigkeitsfeststellungsklage). Ist die Fallfrage offen formuliert, so wie hier, dann bietet es sich dagegen an, die Rechtsnatur und die Grundlage der Maßnahme vorab zu erörtern.

Gutachten

I. Rechtsnatur der „Schulhofordnung"

1. Schulordnung

Da *Schulordnungen* nach § 129 Nr. 12 HSchG zwar einen geordneten Ablauf des äußeren Schulbetriebs regeln, sich aber ausschließlich an Angehörige der Schulgemeinde richten können und von der Schulkonferenz beschlossen werden, kann die drittgerichtete Schulhofordnung keine Schulordnung sein.

2. Benutzungssatzung

Schulen in kommunaler Trägerschaft sind nicht nur öffentliche Anstalten, wie § 127a Abs. 1 Satz 1 HSchG bestimmt, sondern zugleich auch kommunale öffentliche Einrichtungen.[14] Die Schulträgerschaft gehört zu den Selbstverwaltungsangelegenheiten.[15]

Daher kann der Schulträger die Benutzung der Schulanlagen und -gebäude durch schulfremde Personen nach §§ 5 und 20 HGO sowie §§ 5 und 17 HKO in einer *Benutzungssatzung* regeln, z. B. die Widmung auf außerschulische Zwecke erstrecken oder eine Sondernutzung erlauben. Des Benehmens mit der Schulleiterin oder dem Schulleiter bedarf er dabei nicht, da § 90 Abs. 2 HSchG sich nur auf Einzelfälle bezieht.

Mit der Erlaubnis an Kinder und Jugendliche, das Schulgelände für Spiel und Sport zu nutzen, enthält die Schulhofordnung für eine Benutzungssatzung geeignete Regelungen. Allerdings sind kommunale Satzungen öffentlich bekanntzumachen, und zwar regelmäßig im Volltext,[16] soweit davon nicht Vorschriften wie § 10 Abs. 3 BauGB Ausnahmen vorsehen. Das ist mit der Schulhofordnung nicht geschehen. Als Benutzungssatzung wäre sie also mangels Bekanntmachung unwirksam.

---

14 *Birkenfeld*, Kommunalrecht Hessen, 7. Aufl. 2019, Rn. 194.
15 BVerfGE 138, 1, Rn. 65.
16 *Birkenfeld* (Fn. 14), Rn. 682.

Ob darüber hinaus auch die Formvorschriften des § 78 HSOG verletzt worden sind, lässt der Sachverhalt nicht erkennen, da er die Schulhofordnung nicht im Wortlaut wiedergibt.

3. Gefahrenabwehrverordnung

Die Schulhofordnung könnte vom K-Landkreis nach § 73 HSOG als *Gefahrenabwehrverordnung* erlassen worden sein. Dagegen spricht allerdings, dass sie vom falschen Kreisorgan beschlossen worden wäre und dem Landkreis die Verbandskompetenz für eine solche Verordnung fehlt. Zuständig wäre nach § 73 Satz 2 HSOG der Kreistag, nicht der hier als Beschlussorgan tätig gewordene Kreisausschuss. Eine Gefahrenabwehrverordnung darf der Landkreis nur erlassen, wenn deren Anwendungsbereich sich auf mehrere oder alle kreisangehörige Gemeinden erstreckt. Die Schulhofordnung soll nur in N gelten. Die Kompetenz läge dafür bei der Gemeinde.

4. Bildaufzeichnung als Standardmaßnahme

Mit der Schulhofordnung könnte der Kreisausschuss als Gefahrenabwehrbehörde die offene Beobachtung des Schulhofs als eines öffentlich zugänglichen Ortes angeordnet haben. Da sich die Anordnung an den bestimmbaren Kreis künftiger Passanten richtet, handelt es sich um eine *Allgemeinverfügung* nach § 35 Satz 2 Var. 1 HessVwVfG. In ihrem ersten Teil regelt sie außerdem auch die Benutzung des Schulgeländes durch die Allgemeinheit (§ 35 Satz 2 Var. 3 HessVwVfG).

Da schon die Anordnung der Beobachtung, jedenfalls aber die der kurzfristigen Speicherung der Bilder in das informationelle Selbstbestimmungsrecht der Passanten eingreift,[17] bedarf sie einer spezialgesetzlichen Grundlage. Das Gleiche folgt auch aus Art. 6 Abs. 1 Buchst. e und Abs. 3 DSGVO. Diese gesetzliche Grundlage ergibt sich aus § 14 Abs. 4 Satz 1 HSOG. Im Folgenden ist zu prüfen, ob ihre Voraussetzungen erfüllt sind.

II. Zulässigkeit der Bildaufzeichnung

Neben den materiellrechtlichen Voraussetzungen des § 14 Abs. 4 HSOG sind allerdings auch die formellen Anforderungen an die Rechtmäßigkeit der Maßnahme zu beachten. Außerdem muss ihre An-

---

[17] *Kugelmann*, Polizei- und Ordnungsrecht, 2. Aufl. 2011, Rn. 144; *Mann*, in Erbguth/ders./Schubert, Besonderes Verwaltungsrecht, 13. Aufl. 2019, Rn. 606; *Thiel*, Polizei- und Ordnungsrecht, 4. Aufl. 2019, Rn. 378.

ordnung verhältnismäßig sein. Wer Adressat der Maßnahme ist, ergibt sich hier aus der Ermächtigungsgrundlage.

1. Formelle Rechtmäßigkeit der Bildaufzeichnung

a) Zuständigkeit

Der Kreisausschuss ist als Verwaltungsbehörde des Landkreises nach § 8 Satz 2 und § 41 Abs. 1 Satz 2 HKO für die laufende Verwaltung im Landkreis zuständig, soweit eine Aufgabe nicht spezialgesetzlich dem Landrat allein übertragen ist. Die laufenden Verwaltungsangelegenheiten umfassen auch die Erfüllung ordnungsrechtlicher Aufgaben, es sei denn, es besteht eine Sonderzuständigkeit des Kreistags. Letzteres trifft auf den Erlass von Gefahrenabwehrverordnungen zu (s. o. I.3), nicht aber auf den von Standardmaßnahmen, und sei es auch durch Allgemeinverfügung.

Der Landrat nimmt die Aufgaben der Kreisordnungsbehörde als Auftragsangelegenheit wahr (§ 85 Abs. 1 Satz 2 HSOG, § 4 Abs. 2 Satz 1 HKO). Zu den *Gefahrenabwehrbehörden* gehören aber neben den Ordnungsbehörden auch „Behörden der allgemeinen Verwaltung", wie die Überschriften vor § 82 HSOG zeigen. Soweit ein Landkreis als eine solche allgemeine Verwaltungsbehörde Aufgaben der Gefahrenabwehr ausführt, bleibt es für deren Wahrnehmung bei der Organzuständigkeit des Kreisausschusses.

§ 14 Abs. 4 HSOG ermächtigt anders als Abs. 3 alle Gefahrenabwehrbehörden zur Bildaufzeichnung; die Zuständigkeit des Kreisausschusses ist daher gegeben. Das gilt unabhängig davon, ob hier ein Fall des § 14 Abs. 4 Satz 1 Nr. 2 HSOG vorliegt, in dem aufgrund von § 90 Abs. 1 Satz 3 HSchG neben dem Kreisausschuss auch die Schulleiterin oder der Schulleiter zuständig dafür ist, die Überwachung anzuordnen.[18]

---

18 Dazu *Schönberger*, in: Köller/Achilles, HSchG. Kommentar, § 90 Anm. 5.1, Stand Dezember 2019. Kritisch zur Erweiterung der Zuständigkeit auch auf private Hausrechtsinhaber *Kramer*, Hessisches Polizei- und Ordnungsrecht, 3. Aufl. 2021, Rn. 168.

b) Form und Frist

Die öffentliche Bekanntgabe der Allgemeinverfügung war nach § 41 Abs. 3 Satz 2 HessVwVfG zulässig, wenn ihre individuelle Bekanntgabe untunlich ist. Das ist etwa dann der Fall, wenn sie unmöglich, unverhältnismäßig aufwendig oder mit erheblichen Schwierigkeiten verbunden wäre, etwa weil die Betroffenen zum Erlasszeitpunkt noch nicht feststehen.[19] Letzteres trifft bei der Schulhofordnung zu, die im Laufe ihrer Geltungsdauer einen noch nicht absehbaren Kreis von Personen betreffen wird. Daher war die *öffentliche Bekanntgabe* grundsätzlich zulässig.

Als Mittel der Bekanntgabe reicht es nach § 41 Abs. 4 Satz 1 HessVwVfG aus, wenn der verfügende Teil ortsüblich bekannt gemacht wird. Dies kann durch Aushang oder eben auch durch Aufstellen von Schildern, so wie hier erfolgt, geschehen. Allerdings muss in der ortsüblichen Bekanntmachung angegeben werden, wo der Verwaltungsakt mit Begründung eingesehen werden kann. Daran fehlt es hier. Der Mangel führt nicht zur Nichtigkeit des Verwaltungsaktes, da selbst das völlige Fehlen einer Begründung heilbar ist (§ 45 Abs. 1 Nr. 2 HessVwVfG), erst recht also der fehlende Hinweis auf den Ort, an dem eine vorhandene Begründung eingesehen werden kann. Rechtswidrig ist die Bildaufzeichnung aufgrund dieses Fehlers aber gleichwohl.

Im Übrigen ist die Bildaufzeichnung nach § 14 Abs. 4 Satz 3 in Verbindung mit Abs. 3 Satz 3 HSOG zwar auf zwei Jahre begrenzt. Einer ausdrücklichen Befristung bedarf die Allgemeinverfügung deshalb aber nicht.

2. Materielle Rechtmäßigkeit der Bildaufzeichnung

In materieller Hinsicht könnte die Bildaufzeichnung rechtswidrig sein, wenn die Voraussetzungen der Ermächtigungsgrundlage nicht gegeben sind oder die Anordnung unverhältnismäßig ist.

---

19 *Tegethoff*, in: Kopp/Ramsauer, § 41 Rn. 49; *Maurer/Waldhoff*, § 9 Rn. 77.

a) Voraussetzungen der Standardermächtigung

Als abschließende Spezialregelung, die einen Rückgriff auf die ordnungsrechtliche Generalklausel nach § 11 HSOG für Bildaufzeichnungen ausschließt, setzt § 14 Abs. 4 Satz 1 HSOG drei alternative Zwecke voraus. Davon scheidet Nr. 3 hier offensichtlich aus. Aber auch eine besonders gefährdete öffentliche Einrichtung (Nr. 2) ist nicht betroffen. Die Schule ist zwar, wie bei I.2 angemerkt, eine öffentliche Einrichtung des Landkreises. Als *besonders gefährdet* ist sie aber nicht schon deshalb einzustufen, weil sie vermehrt zum Ziel von Vandalismus wurde. Vielmehr müsste ihre Funktionsfähigkeit auf dem Spiel stehen. Von kleineren Sachbeschädigungen geht keine so weittragende Gefahr aus.

Solche Sachbeschädigungen sind allerdings Straftaten (Nr. 1) nach § 303 StGB. Ihrer Fortsetzung ist zu erwarten, wenn keine Gegenmaßnahme ergriffen wird. Jedoch müsste der Ort der Begehung ein *öffentlicher Platz* oder eine *öffentliche Straße* sein. Das setzt nach § 2 Abs. 1 Satz 1 HStrG voraus, dass die Straße oder der Platz dem öffentlichen Verkehr gewidmet ist, d. h. einer jedenfalls auch auf Fortbewegung gerichteten Nutzung.[20] Beim Schulgelände der T-Gesamtschule ist dies nicht der Fall. Die Zweckbestimmung außerhalb der schulischen Nutzung ist hier beschränkt auf Spiel und Sport von Kindern und Jugendlichen. Ob der K-Landkreis als Träger der Straßenbaulast nach § 4 Abs. 1 Satz 1 HStrG für die Widmung zuständig ist, kann dahinstehen.

Die Voraussetzungen des § 14 Abs. 4 HSOG liegen daher nicht vor. Auch in materiellrechtlicher Hinsicht ist die Bildaufzeichnung schon deswegen rechtswidrig.

b) Verhältnismäßigkeit der Bildaufzeichnung

Darüber hinaus ist zweifelhaft, ob eine dauerhafte Beobachtung und Aufzeichnung von Bildern öffentlicher Orte zur Erreichung der damit angestrebten Zwecke verhältnismäßig sein kann. Dabei

---

[20] *Papier/Durner*, in: Ehlers/Pünder, Allgemeines Verwaltungsrecht, 15. Aufl. 2016, § 40 Rn. 17.

kommt es nicht allein auf die Umstände des Einzelfalls an, so etwa darauf, ob eine Informationserhebung im öffentlichen Raum weniger stark in das Recht auf informationelle Selbstbestimmung eingreift als diejenige in Rückzugsräumen, ob eine folgenlose Kontrolle weniger schwer wiegt als eine, die mit „unmittelbar beeinträchtigenden Folgen" verbunden ist und wie es sich auswirkt, dass eine Informationserhebung sich auf eine unbestimmte Vielzahl von Personen erstreckt, die von vornherein hierzu keinerlei Anlass gegeben haben.[21] Die Kameraattrappen wirken jedenfalls nicht weniger einschüchternd als die funktionsfähigen Geräte.[22]

Unabhängig davon wäre es auch bedenklich, wenn die Kameras weiter betrieben würden, nachdem erneute Beschädigungen unterbleiben. Zwar erlaubt § 14 Abs. 3 Satz 3 HSOG, auf den Abs. 4 Satz 3 verweist, jeweils zwei Jahre über den Wegfall der Voraussetzungen für die Errichtung einer fest installierten Anlage hinaus den weiteren Betrieb. Damit soll der Tatsache Rechnung getragen werden, dass sich die Überwachungsmaßnahme selbst überflüssig macht, wenn sie zu einem Rückgang der zuvor begangenen Straftaten führt. Ein ständiger Ab- und Wiederaufbau der Anlagen soll so vermieden werden. Nach Wegfall des Eingriffszwecks ist ein fortgesetzter Betrieb jedoch unverhältnismäßig.[23]

3. Ergebnis zu II

Die Schulhofüberwachung ist danach nicht nur formell, sondern auch materiell rechtswidrig. Da diese Fehler zwar teilweise besonders schwerwiegend, nicht jedoch offensichtlich sind, ist die Schulhofordnung darum aber noch nicht nach § 44 Abs. 1 VwVfG nichtig, sondern bis auf Weiteres wirksam und für R verbindlich.

III. Verfahrensrechtliche Überlegungen

A wird demnach erwägen, ob R zum Zeitpunkt ihrer Beratung noch mit Erfolg einen Rechtsbehelf gegen die Schulhofordnung einlegen kann. Da

---

21 Vgl. BVerfGE 150, 244, Rn. 97 f.
22 *Thiel* (Fn. 17), Rn. 378.
23 *Kramer* (Fn. 18), Rn. 165.

Maßnahmen nach dem HSOG nicht zu den in § 16a Abs. 1 VwGO mit Nr. 2 der hierzu erlassenen Anlage genannten Gegenständen der öffentlichen Sicherheit und Ordnung gehören, wäre vor Erhebung einer Anfechtungsklage zunächst ein Vorverfahren durchzuführen.

Die reguläre Widerspruchsfrist von einem Monat seit Bekanntgabe der Bildaufzeichnung nach § 70 Abs. 1 VwGO kann R zwar nicht mehr einhalten. Da allerdings dem öffentlich bekanntgegebenen verfügenden Teil keine Rechtsbehelfsbelehrung beigefügt war, ist diese Frist nicht angelaufen. Vielmehr kann R nach § 58 Abs. 2 Satz 1 VwGO den Widerspruch innerhalb eines Jahres nach der Aufstellung der Schilder erheben. Diese Frist ist zum Zeitpunkt der Beratung noch offen. A wird R daher raten, Widerspruch einzulegen.

Fall 4 Public Viewing

▶ Im Laufe der Fußballweltmeisterschaft 2018 waren während der öffentlichen Wiedergabe von Fußballspielen über eine Großleinwand im Bürgerpark Hafeninsel in Saarbrücken einige Male Raketen aus dem Publikum abgeschossen worden. Wie damals ermittelt werden konnte, waren die dafür verwendeten Brennstoffe von französischen Zuschauerinnen am Körper oder in der Unterwäsche eingeschmuggelt worden. Auch hatten nach den Übertragungen wiederholt betrunkene Zuschauer die Straßen in der Innenstadt verunreinigt und Schaufensterscheiben dort eingeschlagen. Auch während der Europameisterschaft 2021 sollte es wieder Public Viewing-Übertragungen der Spiele in Saarbrücken geben.

1. Am 25.5.2021 ordnete die Saarbrücker Oberbürgermeisterin (OB) an, an den Spieltagen dürfe von 15.00 Uhr bis Mitternacht in einem Gebiet, das von den Bahnlinien Saarbrücken-Forbach und Saarbrücken-St. Ingbert, der Saar und der Dudweiler Straße begrenzt wird, Alkohol öffentlich weder konsumiert noch zum Konsum bereit gehalten werden, um Sachschäden wie 2018 diesmal möglichst zu vermeiden, jedenfalls aber in Grenzen zu halten. Personen, die durch ihre äußere Erscheinung, ihre Äußerungen oder ihr sonstiges Auftreten als Fußballfans erkennbar sind, sei in denselben Zeiträumen das Betreten des genannten Gebiets untersagt.

Jurastudent Tobias Torkl (T), der seine Studentenwohnung im Geltungsbereich des Alkohol- und Aufenthaltsverbots hat und in seiner Freizeit, insbesondere an lauen Sommerabenden, gern auf der Bahnhofstraße mit Freunden ein Bierchen zischt, ist empört. Zum Chillen mit Freunden gehöre Alkohol einfach dazu. Er könne sich auch nicht vorstellen, dass zwischen Alkoholkonsum und Vandalismus ein kausaler Zusammenhang bestehe. Er selber werde durch starken Alkoholgenuss eher müde und anhänglich. Obwohl er sich nichts aus Fußball mache, trage er an den Spieltagen der deutschen Mannschaft außerdem gern aus Geselligkeit ein Nationaltrikot. Seiner Ansicht nach ist das Verbot viel zu unbestimmt und unverhältnismäßig. Ihm sei auch gar nicht klar, welche Vorschrift die OB zu derartigen Maßnahmen berechtige. T denkt daher darüber nach, mit welchen Rechtsbehelfen er möglichst noch vor Beginn der EM das Verbot aus der Welt schaffen oder zumindest seine Anwendung stoppen kann.

Zu welchem Ergebnis sollte T dabei kommen?

2. Für das Viertelfinalspiel der EM zwischen England und Deutschland am 29.6.2021 erwartete das Landespolizeipräsidium (LPP) vermehrte Übergriffe französischer Besucher von Public Viewings aus dem südlichen Umland von Saarbrücken. Sie ließ daher auf dem Bahnsteig des Hauptbahnhofs, auf dem die Züge aus Richtung Frankreich einfahren, sowie am Autobahn- und Straßengrenzübergang Goldene Bremm spezielle Kontrollstellen errichten. Stéphanie Stoll (S), wohnhaft in St Avold und Jurastudentin an der Universität des Saarlandes, fährt am 29.6.2021 mit zwei Freunden per Zug nach Saarbrücken, um sich das Halbfinalspiel anzusehen. Beim Betreten des Bahnsteigs wird S von einer Polizeibeamtin in ein Zelt gewiesen. Dort sind durch 1,95 Meter hohe Trennwände Kabinen mit Eingangsöffnungen ohne Türen oder Vorhänge abgeteilt. Die Polizeibeamtin fordert S auf, eine der Kabinen zu betreten und dort ihre Oberbekleidung abzulegen. Ihre Kleidungsstücke und ihre Tasche werden durchsucht. Sodann wird S angewiesen, ihren BH für eine Abtastkontrolle nach oben umzuklappen, ihren Slip bis zu ihren Knien herunterzuziehen und in diesem Zustand eine vollständige Körperdrehung zu vollführen. S kommt den Aufforderungen nach. Brennstoffe werden bei ihr nicht gefunden.

Fall 4 Public Viewing

Während des Spiels werden keine pyrotechnischen Materialien gezündet, abgeschossen oder geworfen. Am 2.8.2021 erhebt S beim Verwaltungsgericht des Saarlandes Klage auf die Feststellung, ihre Durchsuchung sei rechtswidrig gewesen. Die Anordnung, sich vor fremden Personen praktisch vollständig zu entkleiden, habe ihre Intimsphäre verletzt. Sie sei willkürlich aus der Masse der Besucher herausgegriffen worden und habe sich der Maßnahme nicht in zumutbarer Weise entziehen können. Das LPP macht in seiner Klageerwiderung geltend, die Klage sei unzulässig, jedenfalls aber unbegründet. S habe nach ihrem äußeren Erscheinungsbild und ihrer Anfahrtrichtung dem Profil der Transporteurinnen von Pyrotechnika entsprochen. Bevor sie ein Gericht anrufe, hätte sie der Polizei ermöglichen müssen, ihre Maßnahme selbst zu überprüfen. Dies habe sie jedoch versäumt.

Hat die Klage der S Aussicht auf Erfolg?

3. Abwandlung: S ist in der jüngeren Vergangenheit wiederholt bei Ausschreitungen nach verlorenen Fußballspielen der französischen Nationalmannschaft durch das Anzetteln von Prügeleien und durch Flaschenwürfe aufgefallen. Im Jahr 2019 wurde S deshalb wegen Körperverletzung und Sachbeschädigung verurteilt, nachdem mit der Einstellung des Verfahrens verbundene Verwarnungen in den Jahren 2016 und 2018 keine Änderung ihres Verhaltens herbeigeführt hatten. Diese Vorfälle sind in der Gewalttäterdatei Sport registriert. Vier Wochen vor Beginn der Fußball-EM 2016 erhält S vom LPP ein Schreiben auf Deutsch und Französisch, in dem ihr dringend vom Besuch Saarbrückens an den Spieltagen der EM abgeraten wird. Für den Fall, dass sie an einem Spieltag in der Stadt angetroffen würde, stellt ihr das LPP scharfe Kontrollen in Aussicht, die in Extremfällen bis zum Entkleiden bis auf die Unterwäsche und zur Durchsuchung der Körperoberfläche reichen könnten. Das LPP hat vorab die Zustimmung der zuständigen französischen Behörden zur Ansprache französischer Bürgerinnen und Bürger an ihren Heimatorten eingeholt.

Ist dieses Anschreiben rechtmäßig? ◀

Vorüberlegungen

Die beiden Komplexe des Sachverhalts, die zusammen den Umfang einer Examensklausur erreichen, sind ganz unterschiedlich angelegt. Im ersten muss beachtet werden, dass ausschließlich nach geeigneten Rechtsbehelfen für ein bestimmtes Rechtsschutzziel gefragt wird. Diese Fragestellung könnte eng verstanden und allein mit der Angabe statthafter Klage- oder Antragsarten samt der Vorfrage, in welchem Rechtsweg sie zu erheben sind, beantwortet werden. Sicherheitshalber sollte man in solchen Fällen jedoch zumindest die Zulässigkeit des oder der als statthaft erkannten Rechtsbehelf(e) ganz durchprüfen – danach aber auch aufhören, sofern ein Rechtsbehelf eindeutig unzulässig ist. Im vorliegenden Fall könnte der Reiz groß sein, die materielle Rechtmäßigkeit von Alkoholkonsumverboten im öffentlichen Raum zu diskutieren. Das bringt aber allenfalls Zeitverluste, ganz sicher aber keine zusätzlichen Punkte ein, zumal eine Begründetheitsprüfung hier in Bezug auf das Aufenthaltsverbot möglich ist. Geschickte Bearbeiterinnen und Bearbeiter deuten die materiellrechtlichen Gesichtspunkte des Alkoholverbots im Rahmen der Klage- bzw. Antragsbefugnis an (s. Teil 1 unter B IV 1).

Konventioneller kann der zweite Sachverhaltsteil geprüft werden: hier ist auf die Standardfragestellung „hat die Klage Aussicht auf Erfolg?" zunächst ebenso standardisiert zu erwidern: „Die Klage hat Aussicht auf Erfolg, wenn die Sachentscheidungsvoraussetzungen dafür vorliegen und die Klage auch begründet ist". Inhaltlich handelt es sich um einen ganz typischen Polizeirechtsfall, der eine Einzelfallmaßnahme aus dem Repertoire der polizeilichen Eingriffsbefugnisse zum Gegenstand hat – sowie in der Abwandlung die nicht ganz so leicht in das Arsenal der Gefahrenabwehrbehörden einzuordnende Ankündigung einer entsprechenden Maßnahme, verbunden mit einer Verhaltensempfehlung gegenüber der Adressatin. Hier muss materiellrechtlich mehr Begründungsaufwand betrieben werden.

Gutachten

Teil 1

T wird verschiedene Möglichkeiten in Betracht ziehen, um seine Rechtsschutzchancen auszuschöpfen. Da der Sachverhalt eine gewisse Dringlichkeit erkennen lässt, sind primär Eilrechtsbehelfe zu prüfen.

Überblick: Vorläufiger Rechtsschutz

Eilrechtsschutz wird im Verwaltungs(prozess)recht auf zwei strikt alternativen Wegen gewährt, die sich danach unterscheiden, wogegen sich das Rechtsschutzbegehren richtet.

Gegen belastende Verwaltungsakte kann ausschließlich die **aufschiebende Wirkung** des Widerspruchs und der Anfechtungsklage nach § 80 Abs. 1, 4 und 5 VwGO, bei Verwaltungsakten mit Wirkung gegenüber Dritten i. V. mit § 80a VwGO, erreicht werden. Sie besteht entweder von Gesetzes wegen oder wird von der Behörde oder vom Gericht angeordnet bzw., wenn sie von der Behörde ausgeschlossen wurde, wieder hergestellt. Dieser Rechtsbehelf setzt also eine **Anfechtungssituation** voraus.

In **allen anderen** Fällen (dh auch im Zusammenhang mit einem **Verpflichtungsbegehren!**) kann vorläufiger Rechtsschutz ebenso ausschließlich im Wege der **einstweiligen Anordnungen** nach §§ 123 und 47 Abs. 6 VwGO erlangt werden. Wenn in der Hauptsache eine verwaltungsgerichtliche Normenkontrolle statthaft ist, greift der speziellere § 47 Abs. 6 VwGO ein; im Übrigen richtet sich die einstweilige Anordnung nach § 123 VwGO.

Als Mittel, um das Verbot aus der Welt zu schaffen oder jedenfalls seine Anwendung zu stoppen, so wie T es anstrebt, stehen je nach der Rechtsnatur dieses Verbots entweder Anträge nach § 80 Abs. 4 und 5 VwGO zur Verfügung, wenn in der Hauptsache die Anfechtungsklage und ggf. der Anfechtungswiderspruch statthaft sind, oder – sollte dies nicht der Fall sein – einstweilige Anordnungen, sei es nach § 123 VwGO oder nach § 47 Abs. 6 VwGO.

A. Anfechtungsklage, Widerspruch oder Anträge nach § 80 Abs. 4 und 5 VwGO

I. Anfechtungsklage

Wenn der Kläger die Aufhebung eines polizeilichen Verwaltungsaktes begehrt, ist die Anfechtungsklage nach § 42 Abs. 1, 1. Alt. VwGO richtige Klageart. Als Jurastudent wird T allerdings wissen, dass die Zulässigkeit einer Anfechtungsklage voraussetzt, dass ein Vorverfahren durchgeführt wird. T wird sich daher gegen diese Klage entscheiden.

II. Widerspruch und Aussetzungs- bzw. Wiederherstellungsantrag

1. Vorüberlegungen

Auch über einen Widerspruch wird – wenn auch schneller als über eine Klage – oft nicht innerhalb so kurzer Zeit entschieden, wie sie zwischen Erlass des Verbots und Beginn der WM lag. T wird daher auch an den insoweit eröffneten Eilrechtsschutz denken, dh hier namentlich an Anträge auf Aussetzung der Vollziehung nach § 80 Abs. 4 oder auf Wiederherstellung der aufschiebenden Wirkung nach § 80 Abs. 5 VwGO.

Der Antrag bei Gericht nach § 80 Abs. 5 VwGO ist insoweit nachrangig, denn er setzt voraus, dass der Antragsteller zunächst die Behörde um Aussetzung der Vollziehung bemüht hat. § 80 Abs. 6 VwGO errichtet zwar nur für die Anforderung öffentlicher Abgaben und Kosten ausdrücklich ein Zugangshindernis zum Klageverfahren. Im Übrigen fehlt aber das Rechtsschutzbedürfnis, jedenfalls wenn die Behörde nicht selbst den Sofortvollzug angeordnet hat.

Indes erübrigt sich ein Antrag nach § 80 Abs. 4 VwGO, wenn bereits der Widerspruch aufschiebende Wirkung hat (§ 80 Abs. 1 Satz 1 VwGO). Das wäre hier der Fall, da das Verbot weder von Polizeivollzugsbeamten ausgeht (§ 80 Abs. 2 Satz 1 Nr. 2 VwGO) noch für sofort vollziehbar erklärt wurde (§ 80 Abs. 2 Satz 1 Nr. 4 VwGO). Die Oberbürgermeisterin als Ortspolizeibehörde ist Polizeiverwaltungsbehörde und nicht Teil der Vollzugspolizei (vgl. § 1 Abs. 1 und § 75 SPolG).

2. Prüfung des Widerspruchs

Allerdings kann T diesen Effekt nur erzielen, wenn ein Widerspruch zulässig ist.

a) Verwaltungsrechtsweg, § 68 Abs. 1 i. V. mit § 40 Abs. 1 VwGO analog

Der Verwaltungsrechtsweg ist gemäß § 40 Abs. 1 VwGO eröffnet, wenn eine öffentlichrechtliche Streitigkeit vorliegt, die nicht verfassungsrechtlicher Art ist und keinem anderen Gericht zugewiesen ist. Die streitentscheidenden Normen gehören zum Polizeirecht. Der Verwaltungsrechtsweg wäre für ein nachfolgendes Klageverfahren eröffnet.

b) Statthaftigkeit, § 68 Abs. 1 Satz 1, Abs. 2 VwGO

Ein Widerspruch des T wäre nur statthaft, wenn ein Verwaltungsakt begehrt oder angegriffen wird. Demnach müsste es sich bei dem Verbot um einen Verwaltungsakt gem. § 35 SaarlVwVfG handeln. Die Oberbürgermeisterin als Behörde trifft mit ihm eine regelnde Entscheidung auf dem Gebiet des öffentlichen Polizeirechts mit Rechtswirkung nach außen. Fraglich ist allerdings, ob diese Entscheidung einen Einzelfall betrifft. Ist dies nicht der Fall, so liegt eine generell-abstrakte Regelung mit Außenwirkung vor, eine Rechtsnorm. Sie kann nicht mit dem Widerspruch angegriffen werden.

Das Verbot könnte in Anbetracht seines Konkretisierungsgrades eine Allgemeinverfügung sein,[24] die nach § 35 Satz 2 Var. 1 SaarlVwVfG als Verwaltungsakt behandelt werden muss. Dafür spricht, dass sein räumlicher und zeitlicher Geltungsbereich eng begrenzt ist. Letzteres schließt zwar nicht völlig aus, dass die Zahl betroffener Fälle unbestimmt ist. Gerade Verordnungen der Ortspolizeibehörden betreffen allerdings oft einen relativ kleinen Raum, zumal sie aus Gründen der Verhältnismäßigkeit nicht über die Quelle der abzuwehrenden Gefahr hinaus ausgedehnt werden dürfen. Die zeitliche Begrenzung auf einen kurzfristigen Anlass und auch insoweit nur auf einen Zeitraum von jeweils neun Stunden an bestimmten Tagen hingegen deutet eher auf einen VA hin.

Andererseits aber setzt eine personenbezogene Allgemeinverfügung voraus, dass auch der betroffene Personenkreis nach allgemeinen Merkmalen bestimmt oder bestimmbar ist. Das Verbot im vorlie-

---

24 Dazu *Benrath*, DVBl. 2017, 868 ff.; s. bereits Fall 3.

genden Fall betrifft indes eine große Zahl von Personen, nämlich jeden, der sich im Geltungszeitraum in dem in der Anordnung umgrenzten Gebiet aufhält. Es kann während seiner Geltungsdauer auch Personen erfassen, deren Aufenthalt im räumlichen und zeitlichen Anwendungsbereich bei seinem Erlass noch nicht vorhersehbar war. Der Kreis der Adressaten ist vorliegend also unbestimmt.

Er wäre immerhin bestimmbar, wenn nur Zuschauer der Public Viewing-Veranstaltungen erfasst würden. Eine solche Bestimmbarkeit könnte sich daraus ergeben, wenn das Verbot auf den Veranstaltungsort begrenzt wäre. Dies ist jedoch nicht der Fall. Das in der Anordnung umrissene Gebiet umfasst einen deutlich größeren Raum als den Bürgerpark. Dass auch solche Personen wie T es während der Spieltage betreten, bei denen ein etwaiger Alkoholkonsum keinerlei Bezug zum gemeinsamen Fußballerlebnis und anschließenden Ausschreitungen hat, kann nicht mit hinreichender Sicherheit ausgeschlossen werden.

Da sich nicht sicher prognostizieren lässt, welche Personen sich abgesehen von Zuschauern des Public Viewing während der WM-Spieltage im Gebiet um den Bürgerpark herum aufhalten und sich dort wie Fußballfans kleiden oder so äußern, Alkohol trinken oder mitführen werden, ist der Kreis der Betroffenen nicht bestimmbar. Das Verbot ist daher kein VA, sondern eine Rechtsnorm.

c) Ergebnis

Der Widerspruch ist daher im Ergebnis nicht zulässig. T wird auch ihn nicht nutzen.

B. Einstweilige Anordnung im Normenkontrollverfahren

Die Dauer eines Gerichtsverfahrens schließt es realistischerweise zwar aus, dass T mit einem Normenkontrollantrag gegen das Verbot sein Ziel erreicht. Ebenso wie bei Anfechtungsklagen ist jedoch auch im Rahmen eines Normenkontrollverfahrens nach § 47 Abs. 6 VwGO eine einstweilige Anordnung möglich und geht insoweit einem Antrag nach § 123 VwGO vor. Die einstweilige Anordnung unterliegt hier aber strengen Anforderungen, da sich das Außer-Vollzug-Setzen einer Norm auf eine potenziell große Zahl von Sachverhalten und Personen auswirken würde.

I. Rechtsweg und Zuständigkeit

Wie der Normenkontrollantrag in der Hauptsache kann auch der Anordnungsantrag nur im Rahmen der Gerichtsbarkeit des Oberverwaltungsgerichts gestellt werden (§ 47 Abs. 1 VwGO), dh im Verwaltungsrechtsweg. Er ist eröffnet (s. o. A II 2 a). Zuständig ist das OVG des Saarlandes nach § 47 Abs. 1 VwGO i. V. mit § 1 Abs. 1 und 2 Saarl-AGVwGO.

II. Statthaftigkeit des Antrags

Der Anordnungsantrag ist statthaft, wenn in der Hauptsache ein Normenkontrollantrag zulässig wäre. Nicht nötig ist, dass der Antrag bereits gestellt ist.[25] Die Normenkontrolle ihrerseits ist statthaft, um Satzungen nach dem BauGB oder andere Rechtsvorschriften im Rang unter dem Landesgesetz auf ihre Gültigkeit zu prüfen (§§ 47 Abs. 1 VwGO, 18 SaarlAGVwGO). In Betracht kommt hier, dass T eine Polizeiverordnung im Sinne des § 59 Abs. 2 SPolG angreifen möchte. Sie wäre eine der Überprüfung zugängliche Rechtsvorschrift im Rang unter dem Landesgesetz.

1. Gefahrenabwehrzweck

Das Alkoholverbot könnte der Gefahrenabwehr dienen. Es soll verhindern, dass künftig unter Alkoholeinfluss Straßen verunreinigt und Scheiben zerstört werden. Diese Taten sind zumindest tatbestandlich Sachbeschädigungen (§ 303 StGB) und stören damit die öffentliche Sicherheit hinsichtlich der Integrität der Rechtsordnung; auch wenn sie im Zustand der Schuldunfähigkeit begangen werden, schädigen sie zumindest privates und öffentliches Eigentum und damit Gegenstände, deren Unversehrtheit als Individual- und Gemeinschaftsgüter zur öffentlichen Sicherheit zählt.

---

25 *Hufen*, § 34 Rn. 6.

Fall 4 Public Viewing

2. Generell-abstrakter Regelungscharakter

Das Verbot ist auch als Anordnung für eine unbestimmte Anzahl von Fällen an eine unbestimmte Anzahl von Personen gerichtet (vgl. oben A).

3. Zwischenergebnis

Eine Satzung liegt nicht vor. Satzungen sind in der Regel Normen im Selbstverwaltungsbereich; für eine Selbstverwaltungsaufgabe spricht hier nichts. Satzungen in Auftragsangelegenheiten bedürfen einer gesetzlichen Grundlage, die hier ebenfalls nicht ersichtlich ist.

Das Verbot ist mithin eine Polizeiverordnung. Der Antrag nach § 47 Abs. 6 VwGO ist daher statthaft.

III. Antragsberechtigung und Frist

T ist als natürliche Person antragsberechtigt und könnte die Frist von zwei Jahren für den Normenkontrollantrag nach § 47 Abs. 2 Satz 1 VwGO noch einhalten.

IV. Antragsbefugnis

T müsste allerdings zudem antragsbefugt sein. Antragsbefugt ist nur, wer auch im Hauptsacheverfahren nach § 47 Abs. 2 VwGO wegen der Möglichkeit einer Rechtsverletzung antragsbefugt wäre.[26] Darüber hinaus muss die Anordnung zur Abwehr schwerer Nachteile, insbesondere schwerwiegender Grundrechtsverletzungen, oder aus anderen wichtigen Gründen dringend geboten sein.

1. Alkoholverbot

T wohnt und feiert im Geltungsbereich des Alkoholverbots und kann durch es folglich in seiner allgemeinen Handlungsfreiheit aus Art. 2 Abs. 1 GG verletzt sein. Diese mögliche Grundrechtsverletzung wöge allerdings – unterstellt, sie läge vor – nicht schwer, wenn man sie mit dem Vollzugsinteresse vergleicht.[27]
Es wird T nur an wenigen Tagen für jeweils neun Stunden untersagt, in unmittelbarer Nähe seiner Wohnung Alkohol im Freien zu trinken. Er wird weder daran gehindert, sich im Geltungsbereich der Norm aufzuhalten, noch daran, ihn zum Alkoholkonsum zu verlassen oder in seiner Wohnung

---

26 BVerwG, NVwZ 1993, 566.
27 Vgl. BVerfG, GewArch 2010, 413 zu einem ähnlichen Gesetz.

Alkohol zu trinken. Diese Beeinträchtigungen seiner allgemeinen Handlungsfreiheit sind nicht so erheblich, dass das Interesse an der Vollziehbarkeit des Verbots hinter ihr zurücktreten müsste. Es dient dem Schutz bedeutender Sachgüter.[28] Auch Personenschäden wären nicht auszuschließen, wenn es außer Vollzug gesetzt würde. Es kann offen bleiben, ob auch der gesundheitsschützende Nebeneffekt für die potenziellen Konsumenten selbst zu berücksichtigen ist.[29]

Andere wichtige Gründe sind nicht ersichtlich. Insbesondere ist das Alkoholverbot nicht offensichtlich rechtswidrig. In diesem Fall könnte eine Abwägung im Rahmen der Antragsbefugnis zwar unterbleiben, weil der Antrag in der Sache Erfolg haben müsste. Die materielle Rechtmäßigkeit des Alkoholverbots hängt indes von schwirigen Fragen des Polizeirechts ab, namentlich von derjenigen nach der richtigen Ermächtigungsgrundlage.[30] Diese lassen sich im Eilrechtsschutzverfahren nicht ohne Weiteres beantworten. Dass formelle Fehler vorlägen – insbesondere dass die nach § 64 SPolG erforderliche Vorlage der Verordnung vor ihrem Erlass an das zuständige Ministerium unterblieben wäre –, lässt der Sachverhalt nicht erkennen.

Soweit es um das Alkoholverbot geht, ist T daher nicht antragsbefugt und der Anordnungsantrag unzulässig.

2. Aufenthaltsverbot

Das Aufenthaltsverbot hingegen könnte Grundrechte des T in schwerwiegendem Maß verletzen, namentlich sein Recht auf Unverletzlichkeit der Wohnung nach Art. 13 GG. Dieses Recht schützt den persönlichen Rückzugsraum des Menschen als Ort seiner privaten Lebensgestaltung. Eingriffe, bei denen die Wohnung der Verfügung und Benutzung des Inhabers ganz oder teilweise entzogen wird, berühren dann den Schutzbereich des Art. 13 Abs. 1 GG, wenn durch sie die Privatheit der Wohnung

---

28 Vgl. SächsOVG, NJW 2018, 2429, 2430.
29 Vgl. BVerfGE 121, 317, 359 und 388.
30 Dazu *Gröpl/Mertiny/Rupp/Loth*, LKRZ 2011, 395, 398.

ganz oder teilweise aufgehoben wird.[31] Auf Beeinträchtigungen der Nutzungsmöglichkeit, wie sie etwa ein Betretungsverbot verursacht, trifft dies zu.[32] Das Aufenthaltsverbot setzt T dem Risiko aus, falls er an den Spieltagen zwischen 15 und 24 Uhr ein Fußballtrikot trägt, als Fußballfan behandelt und daher am Betreten des Geltungsbereichs der Verordnung gehindert zu werden. Selbst wenn die Verordnung einschränkend dahin ausgelegt würde, dass das Aufenthaltsverbot nur für den öffentlichen Straßenraum gilt, wäre es T in den genannten Zeiträumen untersagt, seine vollständig vom Geltungsbereich umschlossene Wohnung zu erreichen.

Eine schwerwiegende Grundrechtsverletzung, zu deren Abwehr die einstweilige Anordnung erforderlich ist, liegt damit nicht fern. T ist insoweit antragsbefugt.

V. Rechtsschutzinteresse

Im Hinblick auf das Aufenthaltsverbot fehlt T auch nicht das erforderliche Rechtsschutzinteresse. Würde er zunächst Vollzugsmaßnahmen abwarten und angreifen, wie etwa Platzverweise, die auf die Polizeiverordnung gestützt wären, so könnte er damit keinen effektiven präventiven Rechtsschutz erreichen. Sein Widerspruch gegen die Vollzugsmaßnahmen würde nach § 80 Abs. 2 Satz 1 Nr. 2 VwGO zunächst keine aufschiebende Wirkung entfalten. T kann auch nicht zugemutet werden, den Erfolg eines Antrags auf Aussetzung der Vollziehung nach § 80 Abs. 4 VwGO oder Anordnung der aufschiebenden Wirkung nach § 80 Abs. 5 VwGO im Freien abzuwarten.

VI. Teilergebnis zur Zulässigkeit

Der Antrag des T ist damit nicht zulässig, soweit es um das Alkoholkonsum- und Alkoholbesitzverbot geht. Soweit er gegen das Aufenthaltsverbot gerichtet ist, bestehen gegen die Zulässigkeit auch im Übrigen keine Bedenken.

---

31 BVerfGE 89, 1, 12.
32 *Benrath* (Fn. 1), 873; aA – offenkundig ergebnisorientiert – BVerfG, NJW 2008, 2493. Wer dem BVerfG darin folgt, sollte die Rechtmäßigkeit des Verbots hilfsgutachtlich prüfen.

VII. Begründetheit

Der Anordnungsantrag ist begründet, wenn dem Antragsteller durch den Vollzug der Norm ein schwerer Nachteil entstände (Anordnungsanspruch) und ein Normenkontrollantrag offensichtlich begründet wäre (Anordnungsgrund).[33] Selbst irreversible Nachteile sind nicht durchweg „schwer" in diesem Sinn.[34] Doch reichen schwerwiegende Grundrechtsbeeinträchtigungen der hier im Rahmen der Antragsbefugnis angesprochenen Art jedenfalls aus, um den Anordnungsanspruch zu bejahen.

1. T wäre es nicht nur möglicherweise, sondern wirklich verwehrt, während der Spielzeiten der EM Zugang zu seiner Wohnung zu erlangen, sofern er mit einem Trikot bekleidet den Geltungsbereich der Verordnung betreten wollte. Der erforderliche schwere Nachteil würde ihm daher infolge der Anwendung der Norm entstehen.

2. Soweit der Anordnungsantrag zulässig ist, wäre ein hypothetischer Normenkontrollantrag gegen die Polizeiverordnung auch offensichtlich begründet. Denn das Aufenthaltsverbot ist offensichtlich rechtswidrig und damit unwirksam.

Als Ermächtigungsgrundlage für es kommt ausschließlich § 12 Abs. 3 SPolG in Betracht. Auf die polizeiliche Generalklausel kann nicht an dieser abschließenden Standardbefugnis vorbei zurückgegriffen werden. Ihre speziellen Voraussetzungen dienen dem Schutz der Grundrechte aus Art. 11 und 13 GG und sind aus Gründen der Wesentlichkeit für die Ausübung dieser Grundrechte vom Gesetzgeber geregelt worden. § 8 Abs. 1 SPolG fehlt es dazu an der notwendigen Regelungsdichte.

Die Voraussetzungen des § 12 Abs. 3 SPolG sind im vorliegenden Fall aber nicht erfüllt. Das ist evident hinsichtlich der Einschränkung des § 12 Abs. 3 Satz 3 SPolG, der Aufenthaltsverbote insoweit ausschließt, als sie die betroffene Person am Zugang zu ihrer Wohnung hindern würden. Doch selbst

---

33 *Hufen*, § 34 Rn. 10.
34 *Kopp/Schenke*, § 47 Rn. 166.

wenn man die Polizeiverordnung einschränkend auslegen würde in dem Sinn, dass sie nicht auf Personen anzuwenden ist, die im Geltungsbereich wohnen, würde sie an der Voraussetzung des § 12 Abs. 3 Satz 1 SPolG scheitern. Denn sie ist nicht nur auf Personen anwendbar, von denen Tatsachen die Annahme rechtfertigen, dass sie im Geltungsbereich Straftaten begehen würden. Allein der Umstand, dass eine Person nach ihren äußerem Erscheinungsbild oder ihrem Verhalten als Fußballfan einzustufen ist, rechtfertigt diese Annahme keineswegs.[35] Gewaltbereite Ultras pflegen vielmehr äußerliche Attribute der Fans gerade zu meiden und sich unauffällig zu kleiden und zu verhalten. Daher lägen sogar Zweifel an der Geeignetheit solcher Merkmale zur Erreichung des allgemeineren Zwecks der polizeilichen Generalklausel nahe, Gewalttaten zu verhüten.[36] Zudem sind Aufenthaltsverbote mit dem bei Fußballspielen oder – wie hier – Public Viewings üblichen großen räumlichen Anwendungsbereich zur Gefahrenabwehr regelmäßig nicht erforderlich.[37]

Nach alledem ist der Anordnungsantrag des T auch begründet, soweit er das Aufenthaltsverbot betrifft.

VIII. Gesamtergebnis zu Teil 1

T kann mit keinem Rechtsbehelf das Alkoholbesitz- und -konsumverbot zu Fall bringen oder seine Anwendung stoppen. Erfolg verspricht aber ein Antrag auf einstweilige Anordnung nach § 47 Abs. 6 VwGO, soweit sich T gegen das Verbot wendet, den in der Polizeiverordnung der OB genannten Bereich an den Spieltagen der EM zwischen 15 und 24 Uhr „als Fußballfan erkennbar" zu betreten.

---

35 BadWürttVGH, NVwZ-RR 2017, 873, 874; *Siegel*, NVwZ 2013, 1035, 1037; *Hecker*, NVwZ 2016, 1301, 1303; *Böhm/Mayer*, DÖV 2017, 325, 329.
36 *Böhm/Mayer*, DÖV 2017, 325, 330.
37 *Hecker*, NVwZ 2016, 1301, 1304. Zu Meldeauflagen *Kirchhoff*, NVwZ 2020, 1617, 1618.

Teil 2
A. Zulässigkeit der Klage
I. Verwaltungsrechtsweg und zuständiges Gericht

1. Rechtsweg

Der Rechtsweg nach § 40 Abs. 1 Satz 1 VwGO ist eröffnet. Polizeiliche Maßnahmen sind der Prototyp des Gegenstands von Streitigkeiten auf dem Gebiet des öffentlichen Rechts. Lediglich Maßnahmen, die nach ihrem äußeren Erscheinungsbild ebenso der Strafverfolgung dienen könnten wie der Gefahrenabwehr (sogenannte doppelfunktionale Maßnahmen)[38] und Fragen der Staatshaftung für Polizeieinsätze sind abdrängend den ordentlichen Gerichten zugewiesen (§ 839 BGB, Art. 34 GG; §§ 68 ff., 74 SPolG). Darum geht es hier aber nicht, da S nicht entschädigt werden will, sondern die Feststellung der Rechtswidrigkeit verlangt.

2. Gerichtszuständigkeit

Die Zuständigkeit richtet sich nach §§ 45, 52 Nr. 3 VwGO, wenn es sich um eine Anfechtungs-, nach Nr. 5 dieser Vorschrift, wenn es sich um eine andere Klage handelt.

> Umstritten ist die Zuordnung von Fortsetzungsfeststellungsklagen. Praktisch wird dieser Streit nur, wenn eine Behörde Verwaltungsakte außerhalb des Gerichtsbezirks ihres Sitzes erlässt, und wegen der perpetuatio fori nach § 17 Abs. 1 Satz 1 GVG auch dann nur, wenn der VA sich vor Klageerhebung erledigt hat.

Die Klageart kann hier aber noch offen bleiben, da sich im Ergebnis kein Unterschied ergibt. Da die Durchsuchung im Saarland stattfand und dabei die Vollzugspolizei des Saarlandes gehandelt hat, ist nach § 1 Abs. 1 und 2 SaarlAGVwGO in beiden Fällen das VG des Saarlandes zuständig.

II. Statthafte Klageart

1. Anfechtungsklage?

> Hintergrund ist die Fristgebundenheit des Rechtsschutzes gegen Verwaltungsakte. Die Widerspruchsfrist gem. § 70 VwGO soll nicht dadurch umgangen werden können, dass nach ihrem Ablauf noch mit anderen Klagearten ein ähnliches Ergebnis erreicht werden kann.

In Betracht kommt hier, dass S einen Verwaltungsakt angreift. Der Rechtsschutz gegen (belastende und die Ablehnung begünstigender) Verwaltungsakte sowie deren Vollzug ist zur Sicherung des Rechtsfriedens grundsätzlich auf die Klagearten Anfechtungs- und Verpflichtungsklage konzentriert.

---

38 Vgl. NRWOVG, NVwZ-RR 2014, 863 f.

Indem die Polizeibeamtin S in das Zelt wies, traf die Polizei S gegenüber einseitig eine Anordnung in einem Einzelfall auf dem Gebiet des öffentlichen Rechts. Die Durchsuchung, gegen die S sich wendet, ist demnach durch VA iSd § 35 SaarlVwVfG angeordnet worden. S erhebt jedoch ihre Klage zu einem Zeitpunkt, in dem die Anfechtung des VA nicht mehr zulässig wäre. Eine etwaige Widerspruchsfrist wäre am 30.6.2021 an- und am 29.7.2021 um 24 Uhr abgelaufen.

2. Fortsetzungsfeststellungsklage

Eine Feststellung ist von der VwGO nur in Bezug auf die Nichtigkeit des Verwaltungsaktes ausdrücklich vorgesehen. Zulässig ist daneben allerdings auch die Feststellung der Rechtswidrigkeit eines nicht mehr wirksamen, weil erledigten Verwaltungsaktes (Fortsetzungsfeststellungsklage – FFK).

Für die Erledigung eines Verwaltungsaktes im laufenden Prozess sieht § 113 Abs. 1 Satz 4 VwGO vor, dass das Gericht – da es den VA nicht mehr aufheben kann – die Rechtswidrigkeit auf Antrag feststellt. Damit keine Rechtsschutzlücke entsteht, besteht diese Möglichkeit aus verfassungsrechtlichen Gründen (Art. 19 Abs. 4 GG) auch, wenn sich der VA vor Klageerhebung erledigt, zu diesem Zeitpunkt aber die Anfechtung noch nicht durch Ablauf der Widerspruchs- oder der Klagefrist ausgeschlossen war und insoweit eine Klagebefugnis bestand.

Eine Anfechtung der Anordnung vor deren Erledigung war S nicht möglich, da sich die Anweisung, sich auszuziehen und der Musterung durch eine Polizeibeamtin zu unterziehen, mit Beendigung der Nachschau auch erledigt war. Weiterwirkende Rechtsfolgen gingen von ihr nicht mehr aus. Die Erledigung trat noch am Tag der Anordnung ein, mithin in der laufenden Widerspruchsfrist.

S war auch klagebefugt. Allerdings konnte keine mögliche Verletzung der Versammlungsfreiheit ihre Klagebefugnis begründen. Zwar kann sich auch S als nichtdeutsche Unionsbürgerin auf dieses Grundrecht berufen, sei es unmittelbar aufgrund einer erweiternden Interpretation des Art. 8 Abs. 1

GG,[39] sei es durch eine Auslegung des Art. 2 Abs. 1 GG im Lichte des Art. 18 EUV. Doch sind Zusammenkünfte, die nicht durch die Kommunikation über öffentliche Angelegenheiten geprägt sind, sondern bei denen der Spaß-, Tanz- oder Unterhaltungszweck im Vordergrund steht, keine Versammlungen.[40] Bei Fußballspielen steht die Unterhaltung im Vordergrund; auch Diskussionen über Regelverstöße und Leistungen der Sportler und Schiedsrichter ändern daran nichts. Jedoch hatte die Anweisung sie möglicherweise in ihrem allgemeinen Persönlichkeitsrecht verletzt (s. dazu III.).

Gegen die Anweisung ist daher die FFK analog § 113 Abs. 1 Satz 4 VwGO statthaft.

III. Besonderes Feststellungsinteresse

Als Feststellungsklage setzt die FFK ein besonderes Feststellungsinteresse voraus. Es ist anerkannt für die Fallgruppen, dass – im Fall der nachträglich zur FFK umgestellten Anfechtungsklage – der Kläger einen Amtshaftungsprozess einleiten und dafür die „Früchte" des Verwaltungsrechtsstreits nutzen will, dass schwerwiegende Grundrechtseingriffe – insbesondere diskriminierende Wirkungen – eine Rehabilitation erfordern oder dass konkrete Anhaltspunkte dafür bestehen, dass der VA in gleicher Weise wiederholt werden wird.

S wurde einem tiefgreifenden Eingriff in ihr allgemeines Persönlichkeitsrecht unterzogen, indem ihr zugemutet worden war, sich vor Fremden so gut wie vollständig zu entkleiden. Zudem macht sie geltend, dabei in willkürlicher Weise anders behandelt worden zu sein als andere Spielbesucher. Unter dem Gesichtspunkt des Rehabilitationsinteresses bedarf sie daher trotz der Erledigung des VA des Rechtsschutzes.

---

39 Dazu BVerfGE 129, 78, 95 ff. = JZ 2011, 1112 ff. mAnm *Hillgruber*.
40 BVerfG, NJW 2001, 2459.

Fall 4 Public Viewing

IV. Beteiligtenbezogene und formale Voraussetzungen

1. Klägerin

S ist als natürliche Person beteiligtenfähig und verfahrensfähig nach §§ 61 Nr. 1 Var. 1, 62 Abs. 1 Nr. 1 VwGO.

2. Beklagte

Das LPP wurde errichtet durch die Verwaltungsvorschrift (VwV) über Organisation und Aufgaben des Landespolizeipräsidiums der Vollzugspolizei des Saarlandes vom 29.2.2012 in der Fassung der VwV vom 21.9.2018, zuletzt geändert durch VwV vom 1.9.2020 (ELVIS Nr. 3/799). Dass die Leiterin oder der Leiter des LPP die Amtsbezeichnung „Landespolizeipräsidentin" oder „Landespolizeipräsident" führt, ergibt sich aus der Anlage zum SaarlBesG.

Das Landespolizeipräsidium ist beteiligtenfähig nach § 61 Nr. 3 VwGO, 19 Abs. 1 SaarlAGVwGO; es wird gem. § 62 Abs. 3 VwGO vertreten durch die Landespolizeipräsidentin oder den Landespolizeipräsidenten.

3. Antragsbezogene Voraussetzungen

Die Form der Klage richtet sich nach §§ 81 Abs. 1, 82 Abs. 1 Satz 1 VwGO. Fristgebunden ist die Fortsetzungsfeststellungsklage nicht.

V. Ergebnis

Die Klage der S ist als Fortsetzungsfeststellungsklage zulässig.

B. Begründetheit der Klage

Die Fortsetzungsfeststellungklage ist begründet, wenn der angegriffene Verwaltungsakt zum Zeitpunkt der Erledigung rechtswidrig war und die Klägerin in ihren Rechten verletzt hat (§ 113 Abs. 1 Satz 1 VwGO analog).

I. Rechtswidrigkeit der Durchsuchungsanordnung

1. Ermächtigungsgrundlage

Ermächtigungsgrundlage für die Durchsuchung könnte § 17 Abs. 1 Nr. 1 SPolG sein. Er geht der polizeilichen Generalklausel des § 8 Abs. 1 SPolG vor.

§ 9 Abs. 2 Satz 1 Nr. 5 und § 9a Abs. 2 SPolG als speziellere Grundlagen würden zwar ihrerseits § 17 Abs. 1 Nr. 1 SPolG verdrängen. Nicht mehr gedeckt sind von § 17 Abs. 1 Nr. 1 SPolG außerdem körperliche Untersuchungen; diese sind nach § 17a SPolG nur unter strengen Voraussetzungen zulässig, die hier vermutlich nicht vorlagen, wie insbesondere eine gegenwärtige Gefahr für Leib und Leben.

Diese Spezialnormen sind hier jedoch nicht einschlägig. Zielt eine Suche darauf ab, Gegenstände am Körper oder in der Kleidung zu finden, handelt es sich insbesondere nur um eine Durchsuchung; erst wenn Körperöffnungen oder das Körperinnere mit von der Nachschau erfasst sind, liegt eine körperliche Untersuchung vor. Da S zwar betrachtet und auch abgetastet wurde, die Betrachtung und Berührung sich aber auf ihre Körperaußenseite beschränkte, ist diese Grenze nicht überschritten worden.

2. Voraussetzungen der Ermächtigungsgrundlage

§ 17 Abs. 1 Nr. 1 SPolG setzt Tatsachen voraus, die die Annahme rechtfertigen, es könnten Gegenstände bei der durchsuchten Person gefunden werden, die sichergestellt werden können.

a) Gegenstände

Welche Gegenstände dies sein können, ergibt sich aus § 21 SPolG. Gegenstände, wie die Polizei sie sucht, könnten verwendet werden, um die Gesundheit anderer oder fremde Sachen zu beschädigen (§ 21 Nr. 3 Buchst. b und c SPolG). Dass Feuerwerkskörper mit zu den Public Viewings geschmuggelt werden, sollte nicht aus ästhetischen Gründen oder weil sie die Wiedergabe der Fußballspiele behindern können, sondern um ihrer potenziell schädlichen Wirkung willen verhindert werden.

Damit begründet ihr Verbringen zu den jeweiligen Übertragungen indes auch eine Gefahr, dh eine Sachlage, bei deren ungehindertem Verlauf mit dem Eintritt von Schäden für Schutzgüter der öffentlichen Sicherheit und Ordnung zu rechnen wäre. Das ist hier der Fall, denn das Verschießen von Leuchtmunition und Raketen kann die körperliche Unversehrtheit und unter bestimmten Umständen

sogar das Leben von Besuchern des Public Viewings schädigen.
Die Gefahr ist darüber hinaus auch gegenwärtig, wie § 21 Nr. 1 SPolG dies voraussetzt. Eine gegenwärtige Gefahr liegt vor, wenn die Einwirkung des schädigenden Ereignisses bereits begonnen hat oder mit an Sicherheit grenzender Wahrscheinlichkeit bevorsteht. In dem Moment, in dem die möglichen Transporteure pyrotechnischen Materials das Stadion betreten haben, lässt sich dessen Einsatz auch nicht mehr durch polizeiliche Maßnahmen verhindern. Als S sich auf dem Weg zum Bürgerpark befand, war die Gefahr damit gegenwärtig.
Ob S eine Person ist, die „nach diesem Gesetz festgehalten wird" (§ 21 Nr. 3 Buchst. a SPolG), kann neben § 21 Nr. 3 Buchst. b und c SPolG dahinstehen.

b) Gefahrverdacht

Bei S wurden zwar keine Feuerwerkskörper gefunden. Das allein steht aber nicht der Feststellung entgegen, dass Tatsachen diese Annahme rechtfertigten; dies ist aus der ex-ante-Sicht eines sachkundigen und gewissenhaften Polizeibeamten zu beurteilen. Ist es bei vorausgegangenen Übertragungen eines Spiels zu Ausschreitungen gekommen, bei denen aus dem Publikum Raketen abgeschossen worden und ermittelt wurde, dass die dafür verwendetem Brennstoffe am Körper der Besucher eingeschmuggelt wurden, so ist es prinzipiell nicht zu beanstanden, dass die Polizei auch Personen durchsucht, die den Kriterien der potenziellen Transporteure entsprechen.[41]
Im vorliegenden Fall bestanden Anhaltspunkte, dass es bei der Übertragung am 29.6.2021 zu vermehrten Übergriffen französischer Besucher kommen würde. S entsprach dem äußeren Erscheinungsbild derjenigen Personen, die als Transporteure in Betracht kamen. Diese Annahmen waren auf Erkenntnisse bei früheren Spielen gestützt und damit durch Tatsachen gerechtfertigt.

---

41 SaarlOVG, LKRZ 2008, 102 ff., auch zum Folgenden.

c) Zwischenergebnis

Die Tatbestandsvoraussetzungen des § 17 Abs. 1 Nr. 1 PolG lagen damit vor.

3. Richtige Maßnahmeadressatin

S war als eine von den speziellen Regelungen des § 17 Abs. 1 Nr. 1 SPolG erfasste Person auch richtige Maßnahmeadressatin. Ihr kann aufgrund dieser Ermächtigungsgrundlage auch aufgegeben werden, sich zur Vorbereitung der Durchsuchung selbst zu entkleiden. Wollte man mit der Gegenauffassung verlangen, dass Polizeibeamte die Entkleidung vornehmen,[42] würde dies den Eingriff ohne erkennbaren Grund verschärfen.

4. Verhältnismäßigkeit

Auch wenn die tatbestandlichen Voraussetzungen einer Durchsuchung vorliegen, kann diese aber nicht beliebig weit gehen. Vielmehr begrenzt der Grundsatz der Verhältnismäßigkeit (§ 2 SPolG) die Anwendung der Standardbefugnisse wie der Generalklausel auf der Rechtsfolgenseite. Da § 17 SPolG keine besonderen Regelungen zur Verhältnismäßigkeit trifft, ist hier insbesondere auf die Erforderlichkeit (§ 2 Abs. 1 SPolG) und die Angemessenheit (§ 2 Abs. 2 SPolG) der Maßnahme abzustellen.

a) Erforderlichkeit

Es war allerdings erforderlich, dass die Polizei nicht nur diejenigen Personen durchsuchte, die bereits als Verwender von pyrotechnischem Material aufgefallen waren, sondern auch mutmaßliche Gehilfen; auch waren die konkreten Aufforderungen, die Unterwäsche zu verschieben, aus der maßgeblichen ex-ante-Sicht notwendig, um solches Material zu entdecken. Eine Durchsuchung mittels Abtastens des bekleideten Körpers ist in Anbetracht der uU geringen Größe und der Beschaffenheit der Materialien, denen die Nachsuche in erster Linie gilt, kein gegenüber einer mit Entkleiden verbundenen Durchsuchung gleich gut geeignetes milderes Mittel. Erforderlich war daher auch eine mit Entkleiden verbundene Durchsuchung von Personen, die

---

42 So VG Gießen, LKRZ 2010, 463, 464.

aufgrund entsprechender Vorfeldinformationen als Transporteure in Frage kamen.

b) Angemessenheit

Jedoch darf die Durchsuchung nicht zu einem Nachteil führen, der erkennbar außer Verhältnis zu dem erstrebten Erfolg steht. Zu vergleichen sind hier die Tiefe des Eingriffs in das allgemeine Persönlichkeitsrecht der Betroffenen einerseits und die Schwere der von möglichen Feuerwerkskörperschüssen ausgelösten Rechtsgutsverletzungen andererseits, wobei auch die Wahrscheinlichkeit in Rechnung zu stellen ist, dass gerade bei einer einzelnen betroffenen Person pyrotechnisches Material gefunden wird.

Da einerseits das Profil potenzieller Transporteure naturgemäß unscharf ist und sich von den zur Durchsuchung ausgewählten Personen deshalb schon ex ante erkennbar der deutlich überwiegende Teil als harmlose Spielbesucher herausstellen, sich also letztlich als Nichtstörer erweisen würde, andererseits aber die mit Entkleiden verbundene Durchsuchung einen schwerwiegenden Eingriff in das Persönlichkeitsrecht darstellt, darf das Entkleiden nur verlangt werden, wenn und soweit ein Abtasten über der Kleidung kein eindeutiges Ergebnis erwarten lässt und wenn das danach zulässige Entkleiden in der Regel allenfalls bis zur Unterwäsche geht, während das Freilegen des Intimbereichs nur unter besonderen Umständen durchzuführen ist.

Diesen Voraussetzungen genügte die Aufforderung an S nicht. Besondere Umstände lagen bei ihr nicht vor. Selbst unter der Voraussetzung, dass pyrotechnisches Material in bestimmten Fällen klein und unauffällig ist und daher nicht durch Abtasten allein entdeckt werden kann, hätte von ihr daher allenfalls ein Entkleiden bis zur Unterwäsche verlangt werden dürfen, das Umklappen ihres BH nur, sofern dieser gepolstert war und daher als Versteck in Betracht kam, nicht aber das Herunterziehen des Slips. (Zumindest) die letztgenannte Aufforderung verstieß gegen § 2 Abs. 2 SPolG.

II. Rechtsverletzung

Als Adressatin des erledigten VA, die von den begrenzenden Tatbestandsmerkmalen der polizeirechtlichen Befugnisnormen geschützt werden soll, und als in ihrem Persönlichkeitsrecht betroffene Grundrechtsträgerin ist S durch die rechtswidrige Anordnung auch in ihren Rechten verletzt worden.

C. Ergebnis

Die Klage der S ist daher zulässig und begründet.

D. Abwandlung

Das sogenannte Gefährderanschreiben ist nicht bereits mangels einer gültigen Rechtsgrundlage für die Speicherung der zu seiner Vorbereitung genutzten Daten rechtswidrig. Die Gewalttäterdatei Sport basiert auf § 9 Abs. 1 Nr. 3 Buchst. b DatenVO.[43] Infrage kommt jedoch, dass das Anschreiben selbst mangels einer dafür geeigneten Ermächtigungsgrundlage rechtswidrig ist.

Standardbefugnisse für Warnungen und Empfehlungen gegenüber möglichen Störern enthalten die Polizeigesetze nicht;[44] das SPolG stellt insoweit keine Ausnahme dar. Es kommt daher darauf an, ob die Generalklausel des § 8 Abs. 1 SPolG die Versendung eines „Gefährderanschreibens" erlaubt. Nach dieser Vorschrift kann die Polizei die notwendigen Maßnahmen treffen, um eine Gefahr abzuwehren, soweit nicht speziellere Vorschriften die Befugnisse der Polizei besonders regeln. Maßgeblich ist also, ob eine Gefahr vorgelegen hat und S diese Gefahr verursacht hat, so dass das Gefährderanschreiben gegen sie als Verhaltensstörerin zu richten war.

Notwendig ist eine konkrete Gefahr, dh eine Sachlage, bei der im einzelnen Fall die hinreichende Wahrscheinlichkeit besteht, dass in absehbarer Zeit ein Schaden für die öffentliche Sicherheit eintreten wird. Der damit erforderlichen Gefahrenprognose ist das Tatsachenwissen zugrunde zu legen, das der Polizeibehörde zum Zeitpunkt ihres Einschreitens bekannt war. Anhand dieses Tatsachenwissens muss aus Sicht eines objektiven, besonnenen Amts-

---

43 Kritisch *Schiffbauer*, DVBl. 2014, 1173, 1175 f.
44 Kritisch dazu *Kießling*, DVBl. 2012, 1210, 1214 und 1217.

walters das Vorliegen einer Gefahr bejaht werden können. Die Teilnahme an Schlägereien und der Wurf mit harten Gegenständen auf Personen sind nach §§ 227, 223, 223a StGB strafbar und verletzen die Rechtsordnung. Es ist anhand der früheren Vorfälle auch hinreichend wahrscheinlich, dass ähnliche Rechtsverletzungen wieder eintreten, wenn sich S nach einem verlorenen Spiel der französischen Fußball-Nationalmannschaft in der Öffentlichkeit aufhält.

Außerdem müssen die vorliegenden Erkenntnisse die Annahme rechtfertigen, dass die Person, an die eine Gefährderansprache gerichtet wird, diese Gefahr verursachen wird.[45] Vortaten des Adressaten müssen im Sachzusammenhang mit dem Gegenstand des Anschreibens stehen; so können etwa nur versammlungsbezogene Straftaten einen Anlass bieten, um vor der Teilnahme an Demonstrationen zu warnen. Wenn frühere Strafverfahren bereits lange Zeit zurückliegen oder inzwischen eine durchgreifende Verhaltensänderung erkennbar ist, bieten sie keinen hinreichenden Grund mehr für eine Gefahrenprognose.[46]

Anlassbezogene Vortaten lagen bei S vor. Als Grund für die Warnung können sie auch insoweit herangezogen werden, als S ihretwegen noch nicht verurteilt wurde. Im Rahmen des Auswahlermessens konnte die Polizei sich darüber hinaus an S als potenzielle Gefahrverantwortliche halten. Sie musste nicht etwa vorrangig den gastgebenden Verein zu Abwehrmaßnahmen gegen die Teilnahme gewaltbereiter Fans auffordern,[47] zumal diese Personen für den Verein weniger leicht zu identifizieren sind als für die Polizei.

Das Schreiben an S war daher rechtmäßig.

---

45 *Hebeler*, NVwZ 2011, 1364, 1366; SAnhOVG, NVwZ-RR 2012, 720 f.
46 NdsOVG, NJW 2006, 391 ff.
47 Vgl. HambOVG, NJW 2012, 1975, 1976 ff.

§ 3
Bauordnungs- und Bauplanungsrecht

Da die beiden Teilgebiete des öffentlichen Baurechts denselben tatsächlichen Gegenstandsbereich betreffen, werden sie in der akademischen Lehre regelmäßig gemeinsam behandelt. Das darf aber nicht darüber hinwegtäuschen, dass es sich in systematischer Hinsicht um zwei ganz unterschiedliche Rechtsmaterien handelt. Während die Strukturen des Bauordnungsrechts, das zum besonderen Recht der öffentlichen Sicherheit und Ordnung zählt, sich aus den polizei- und ordnungsrechtlichen Mustern für typische Verwaltungsakte entwickelt haben, mit denen Verbote und Erlaubnisse erteilt werden, werden Studierende im Bauplanungsrecht mit einer ihnen sonst kaum begegnenden Handlungsform der Verwaltung mehr konfrontiert denn vertraut gemacht: dem Plan.

Die planende Verwaltung soll zukünftige Entwicklungen steuern, dabei berührte Belange aufeinander beziehen und in möglichst schonender Weise ausgleichen. Sie hat mit anderen Worten gestalterische Aufgaben, die über den bloßen Normvollzug und auch über das gewöhnliche Verwaltungsermessen hinaus gehen. Gerechtfertigt ist diese planerische Freiheit im Bauplanungsrecht durch das Selbstverwaltungsrecht der Gemeinden, denen die Bauleitplanung als eigene Angelegenheit obliegt. Prüfungstechnisch schlägt sie sich in weniger strengen Rechtsmaßstäben nieder, als sie für Verwaltungsakte gelten, und zudem in prozessrechtlichen Beschränkungen der gerichtlichen Kontrolle.

Diese grundsätzliche Zweiteilung sollten Bearbeiterinnen und Bearbeiter baurechtlicher Fälle sich vergegenwärtigen. Sie kann zB dann, wenn für ein Vorhaben, dessen planungsrechtliche Zulässigkeit sich nach einem Bebauungsplan richtet, eine Genehmigung beantragt oder von einem Nachbarn angefochten worden ist, einen Perspektivwechsel im Laufe der Klausur gebieten: Genehmigungsvoraussetzungen aus dem Bauordnungsrecht sind mehr oder weniger technisch durchzuprüfen (in einem doppelten Sinn, weil sie oft technische Anforderungen an bauliche Anlagen betreffen); die Wirksamkeit des zugrunde liegenden Plans hingegen kann nur an den relativ großzügigen Rahmenvorgaben der planungsrechtlichen Grundsätze, Leitsätze und Leitlinien gemessen werden.

3 BAUORDNUNGS- UND BAUPLANUNGSRECHT

Fall 5 Agenda 2020

▶ Der 1949 geborene Lehrer Gerhard Griller (G) hatte kurz nach seiner Lebenszeitverbeamtung im Jahr 1980 für sich und seine erste Ehefrau ein unterkellertes, quadratisches Wochenendhaus am Rande der hessischen kreisfreien Stadt O gebaut, dessen Außenwände je 6 m lang sind und das bis zum Dachfirst ca. 3,5 m hoch ist. Das Grundstück lag damals wie heute im Außenbereich. Die Errichtung war gleichwohl genehmigt worden, nachdem G – als Beamter ein von Natur aus ordnungsliebender Mensch – sie der Bauaufsichtsbehörde der Stadt im Nachhinein „angezeigt" hatte. Im Zuge seiner Scheidung im Jahr 1998 zog G ganz in das Wochenendhaus und meldete es der Stadtverwaltung als Hauptwohnsitz. Nachdem er 2007 in der aus Sachsen stammenden neuen Kollegin Doris Deez wieder eine Lebensgefährtin gefunden hatte, begann G, das zwischenzeitlich etwas verwilderte Haus allmählich zu renovieren und auf die dauernde Anwesenheit einer zweiten Person einzurichten. 2014 trat G in den Ruhestand.

Im Jahr 2019 beschloss der Magistrat von O im Rahmen einer „Agenda 2020", baurechtswidrige Zustände in der Stadt flächendeckend zu erheben und sukzessive zu beseitigen. Im Zuge dieser Erhebung betrachteten Beamte der Bauaufsichtsbehörde im Frühjahr 2019 auch das Anwesen des G. Bei der Außenbesichtigung stellten sie fest, dass auf dem Grundstück ein ungenehmigtes Gartenhäuschen mit Flachdach von 2 x 2,5 m Grundfläche und 2,5 m Höhe stand, dass die Kellerfenster größer waren als ursprünglich genehmigt und dass davor entsprechend größere Lichtschächte sowie Rollläden angebracht worden waren. Sie schlossen daraus, dass G die Kellerräume jedenfalls teilweise zu Wohnräumen umgebaut habe. Der Magistrat gibt G daher durch einen mit einer Begründung versehenen Bescheid, der ihm am 30.4.2019 zugeht, auf, das Gartenhäuschen „unverzüglich" zu beseitigen und ihr bis zum 29.5.2019 einen Termin zu nennen, zu dem ihre Mitarbeiter die Innenräume des Hauses besichtigen könnten. Am 31.5.2019 geht beim Magistrat ein Schreiben ein, in dem G keinen Besichtigungstermin vorschlägt, aber sich von der „plötzlichen und überfallartigen" Aufforderung überrascht zeigt. Das Gartenhäuschen stehe immerhin schon seit zwölf Jahren am gleichen Fleck. Selbstverständlich werde er als rechtstreuer Bürger keinen Widerstand leisten, wenn sein Haus durchsucht werden solle, aber er erwarte schon, dass die Stadt dabei seine Grundrechte achte und sich den erforderlichen richterlichen Beschluss beschaffe. Auf Gefahr im Verzug könne sie sich so lange nach der Renovierung, die er schon 2011 abgeschlossen habe, jedenfalls nicht berufen.
Wie sollte der Magistrat auf das Schreiben des G reagieren? ◀

Vorüberlegungen

Ungeachtet des vorgenannten Unterschieds in den Prüfungsmaßstäben kann auch ein rein bauordnungsrechtlich geprägter Fall wie der vorliegende Einfallstore für das Verfassungsrecht enthalten. Sie dürfen nicht freischwebend – vor oder nach einer schematischen Baurechtsprüfung – erörtert werden, sondern müssen an geeigneter Stelle in die rigiden bauordnungsrechtlichen Normgefüge eingepasst werden. Geeignet bedeutet: an solchen Stellen, an denen die einfachgesetzlichen Normen verfassungswidrig zu werden drohen würden, wenn nicht ein korrigierender Blick ins Grundgesetz, uU auch in die Landesverfassung ihre Auslegung und Anwendung in eine bestimmte Richtung lenken würde. In Betracht kommen dafür hier zunächst die Vorüberlegungen, die wie stets im Rahmen der Klagebefugnis zur Frage potenzieller Rechtsverletzungen angestellt werden müssen, sodann bei der Prüfung der Begründetheit die Eingriffsbefugnisse der Bauordnung, durch deren fehlerhafte Auslegung und Anwendung Rechtsverletzungen des Klägers aktuell erfolgt sein könnten.

Gutachten

Der Magistrat könnte verpflichtet sein, in seiner Rolle als Ausgangsbehörde dem Widerspruch, sofern er ihn für begründet hält, gem. § 72 VwGO abzuhelfen und über die Kosten zu entscheiden. Allerdings entfällt die Abhilfe, wenn die Ausgangsbehörde zugleich für die Widerspruchsentscheidung zuständig ist. In dieser Lage ist die Abhilfe nicht nötig, um der Ausgangsbehörde eine Selbstkontrolle zu erlauben.[1]

Der Magistrat ist in der kreisfreien Stadt O nicht nur nach § 60 Abs. 1 Satz 1 Nr. 1 Buchst. a HBO Bauaufsichtsbehörde, sondern insoweit nach § 73 Abs. 1 Satz 3 VwGO i. V. mit § 16a Abs. 4 Satz 1 HessAGVwGO auch Widerspruchsbehörde, da nächsthöhere Behörde nach § 60 Abs. 1 Satz 1 Nr. 2 HBO das Regierungspräsidium ist.

Der Magistrat muss daher einen Widerspruchsbescheid erlassen und darin über die Kosten entscheiden (§ 73 Abs. 1 Satz 1, Abs. 3 Satz 3 VwGO), und zwar auch dann anstatt einer Abhilfe, wenn der Widerspruch durchweg zulässig und begründet ist.

I. Zulässigkeit des Widerspruchs

1. Eröffnung des Verwaltungsrechtswegs, § 40 Abs. 1 Satz 1 VwGO analog

Für ein anschließendes Klageverfahren wäre der Verwaltungsrechtsweg eröffnet, da die streitentscheidenden Normen zum öffentlichen Baurecht gehören. Denn der Magistrat ist als Bauaufsichtsbehörde gem. § 60 HBO mit Maßnahmen nach den §§ 61 Abs. 6 und 82 Abs. 1 Satz 1 HBO gegenüber G als Bauherrn iSd § 56 HBO vorgegangen.

2. Beteiligtenbezogene Voraussetzungen, §§ 79, 11, 12 HessVwVfG

Für den Widerspruch gelten nach § 79 Halbs. 2 HessVwVfG die §§ 11 und 12 HessVwVfG, da die VwGO eigene beteiligtenbezogene Regelungen nur für das Gerichtsverfahren enthält. Der Wider-

---

[1] *Kopp/Schenke*, § 72 Rn. 1.

spruchsführer G ist als geschäftsfähige natürliche Person beteiligungs- und handlungsfähig (§§ 11 Nr. 1, 12 Abs. 1 Nr. 1 HessVwVfG).

3. Statthaftigkeit des Widerspruchs, § 68 Abs. 1 VwGO

Ein Widerspruchsverfahren ist ua vor Erhebung einer Anfechtungsklage regelmäßig durchzuführen, dh nach § 42 Abs. 1 Var. 1 VwGO, wenn die Aufhebung eines Verwaltungsakts begehrt wird.

Das Schreiben des G richtet sich sowohl gegen die Aufforderung, das Gartenhäuschen zu beseitigen, als auch gegen die Ankündigung einer Besichtigung. Beide Teile des Bescheids vom 30.4.2019 enthalten verfügende Regelungen. Insbesondere ist das Verlangen, einen Besichtigungstermin zu nennen, nicht nur als höfliche Bitte zu verstehen, sondern als verbindliches Gebot. Das ergibt sich vor allem daraus, dass es mit einer Fristsetzung verbunden ist. Konkludent verpflichtet es G darüber hinaus auch dazu, die Besichtigung zu dulden. Ohne Duldungspflicht hätte die Anordnung, einen Termin für die Besichtigung anzugeben, keinen Sinn. Beide Aufforderungen erfüllen auch die übrigen Merkmale eines Verwaltungsakts iSd § 35 VwVfG.

Der Widerspruch ist daher in beiden Teilen statthaft.

4. Widerspruchsbefugnis, § 42 Abs. 2 VwGO analog

Als Adressat der angegriffenen Verwaltungsakte könnte G durch die darin enthaltenen Belastungen in Grundrechten verletzt werden, falls die Verwaltungsakte rechtswidrig sind. Einfachgesetzliche Baurechtsnormen, deren mögliche Verletzung vorrangig geprüft werden müsste, kommen hier nicht in Frage, da die bauordnungsrechtlichen Eingriffsbefugnisse, um deren Anwendung gestritten wird, nicht dem Interesse des Einzelnen, sondern dem öffentlichen Interesse dienen.

G ist Bewohner und vermutlich auch Eigentümer des von den Bescheiden betroffenen Grundstücks. Damit berührt ihn jedenfalls das Gebot, eine Besichtigung zu dulden, in seinem Grundrecht aus Art. 13 GG. Der Wohnungsbegriff des Art. 13

Abs. 1 GG umfasst alle Räume, die dem privaten Leben und Wirken dienen und dafür dem öffentlichen Zugang entzogen sind. Die Anordnung zum Abriss des Gartenhauses tangiert wohl das Eigentum (Art. 14 Abs. 1 GG), zumindest aber die allgemeine Handlungsfreiheit (Art. 2 Abs. 1 GG) des G. Er ist daher widerspruchsbefugt.

5. Form und Frist, § 70 Abs. 1 Satz 1 VwGO

Mit seinem Schreiben hat G die von § 70 VwGO als Regelfall angeordnete Schriftform erfüllt. Die Monatsfrist lief nach § 31 Abs. 1 HessVwVfG i. V. mit §§ 187 Abs. 1, 188 Abs. 2 Var. 1 BGB am 1.5.2019 an und am 30.5.2019 ab; da aber auf den 30.5.2019 der Feiertag Christi Himmelfahrt fiel, verschob sich das Fristende nach § 31 Abs. 3 Satz 1 HessVwVfG auf den Ablauf des 31.5.2019. G hat die Frist mithin durch sein an diesem Tag beim Magistrat eingegangenes Schreiben gewahrt.

> Da die Monatsfrist aufgrund von § 188 Abs. 2 Var. 1 BGB kürzer ist als der Monat Mai, ist eine genaue Fristberechnung wichtig.

6. Richtige Widerspruchsbehörde, § 73 Abs. 1 VwGO, und Teilergebnis

Der Magistrat ist für die Entscheidung über den Widerspruch zuständig (s. o. vor I.). Der Widerspruch ist danach insgesamt zulässig.

II. Begründetheit des Widerspruchs

Der Widerspruch ist begründet, soweit die angefochtenen Verwaltungsakte rechtswidrig sind und G dadurch in seinen Rechten verletzt ist (§ 113 Abs. 1 Satz 1 VwGO analog). Sind sie rechtswidrig, so verletzt ihn die Beseitigungsanordnung in seinem Eigentumsrecht und das Gebot, eine Besichtigung zu dulden, in seinem Wohnungsgrundrecht (vgl. bereits I. 4.).

> **Überblick: Bauaufsichtliche Eingriffsbefugnisse**
> Während die zentralen Eingriffsbefugnisse, mit denen die Bauaufsichtsbehörden die Verwirklichung rechtswidriger Vorhaben im Direktzugriff verhindern, stoppen oder rückgängig machen können, vielen Studierenden bekannt sind, führen weitere Befugnisse oft ein Schattendasein, die diesem Kernbestand gegenüber Hilfs- und Ergänzungsrollen ausfüllen. Zu unterscheiden sind die Eingriffsbefugnisse darüber hinaus auch von den *Erlaubnis*tatbeständen, die zB in den §§ 74 Abs. 1, 76 Abs. 1, 77 Abs. 1 und 78 Abs. 2 Satz 1 HBO enthalten sind.
> Die Anordnung im Gesetz ist durchweg wenig systematisch, jedoch in allen Bauordnungen sehr ähnlich, da sie an eine Musterbauordnung angelehnt sind, die von der Arbeitsgemeinschaft der für das Baurecht zuständigen Lan-

desminister erarbeitet und von ihren Ministerien den Gesetzesvorlagen an die Landtage zugrunde gelegt worden ist.

(Subsidiäre) Generalklausel:
§ 61 Abs. 2 Satz 2 HBO

Überwachungsbefugnisse:
§§ 61 Abs. 6, 83 Abs. 1, 84 Abs. 3 HBO

Baueinstellungsverfügung:
§ 81 HBO

Nutzungsuntersagung:
§ 82 Abs. 1 Satz 2 HBO

Beseitigungsanordnung:
§ 82 Abs. 1 Satz 1 HBO

Nachträgliche Anforderungen:
§§ 61 Abs. 3, 77 Abs. 2 HBO

Im vorliegenden Fall sollte der gesamte Bestand an Ermächtigungsgrundlagen bekannt sein und systematisch korrekt überblickt werden. Relevant ist namentlich § 61 Abs. 6 HBO, der mit seiner Zitierklausel auch auf seinen verfassungsrechtlichen Hintergrund hinweist.

Für diese Rechtsfolge darf nach dem Spezialitätsgrundsatz nicht auf die bauaufsichtliche Generalklausel des § 61 Abs. 2 Satz 2 HBO zurückgegriffen werden. Sie ist immer dann gesperrt, wenn die in den Spezialbefugnissen erlaubten Rechtsfolgen erreicht werden sollen. Genutzt werden kann sie insbesondere, um einen Eigentümer zu Instandhaltungsarbeiten zu verpflichten.

Achtung: das ist grundsätzlich bei der Baugenehmigung anders – hier verlangt § 74 Abs. 3 Satz 1 HBO die Schriftform. Diese kann allerdings nach § 62 Abs. 4 und 5 HBO durch die elektronische Form ersetzt werden.

1. Beseitigungsanordnung

a) Aufgabenbereich und Ermächtigungsgrundlage

Der Magistrat ist in der Funktion als Bauaufsichtsbehörde nach § 60 Abs. 2 Satz 1 HBO tätig geworden, da das Gartenhäuschen eine bauliche Anlage iSd § 2 Abs. 2 Satz 1 und 2 HBO ist und möglicherweise im Widerspruch zu öffentlich-rechtlichen Vorschriften errichtet worden war. Die Anordnung, das Häuschen zu beseitigen, konnte auf die Ermächtigung in § 82 Abs. 1 Satz 1 HBO gestützt werden.

b) Formelle Rechtmäßigkeit

Der Magistrat war für eine Beseitigungsanordnung als untere Bauaufsichtsbehörde in der kreisfreien Stadt O zuständig gem. § 60 Abs. 1 Satz 3 i. V. mit Satz 1 Nr. 1 Buchst. a HBO. Die gewählte Schriftform reicht aus, da § 82 Abs. 1 Satz 1 HBO insoweit keine besonderen Formerfordernisse aufstellt. G ist allerdings entgegen § 28 Abs. 1 HessVwVfG nicht vor Erlass der Verfügung angehört worden. Ausnahmen vom Anhörungsgebot lagen nicht vor, namentlich nach § 28 Abs. 2 Nr. 1 HessVwVfG. Nach zwölf Jahren schadensfreier Nutzung geht von dem Gartenhäuschen ersichtlich keine Gefahr im Verzug aus.

Die unterbliebene Anhörung wird jedoch durch die Einlassung des Betroffenen im Widerspruchsverfahren gem. § 45 Abs. 1 Nr. 3 HessVwVfG nachgeholt. Der ursprünglich vorliegende Formfehler ist deshalb geheilt.

c) Materielle Rechtmäßigkeit

aa) Verstoß des Vorhabens gegen öffentliches Recht

Das Gartenhäuschen ist zwar eine bauliche Anlage (s. o. bei a), seine Errichtung war jedoch nach § 63 i. V. mit Teil I Nr. 1.1. der Anlage 2 zur HBO genehmigungsfrei, da es keine Aufenthaltsräume umfasst, nur Aufbewahrungszwecken dient und weniger als 30 m³ misst, nämlich nur 2 m x 2,5 m x 2,5 m = 12,5 m³. Dieses Vorhaben war also formell mit dem öffentlichen Recht vereinbar. Für einen Verstoß gegen materielles Bauordnungsrecht ist gleichfalls nichts ersichtlich.

Hingegen ist das Gartenhäuschen mit § 35 Abs. 2, Abs. 3 Satz 1 Nr. 7 BauGB nicht vereinbar, da seine Errichtung auch ein bodenrechtlich relevantes Vorhaben nach § 29 BauGB ist und dazu beigetragen haben kann, dass sich eine Splittersiedlung verfestigt hat. Das Grundstück des G liegt im Außenbereich und wurde ursprünglich nur zur Wochenenderholung genutzt; eine Außenbereichssatzung nach § 35 Abs. 6 Satz 1 BauGB, die eine Beeinträchtigung öffentlicher Belange ausschlösse, besteht nicht. Für das illegal errichtete Häuschen genießt G keinen Bestandsschutz nach § 35 Abs. 4 BauGB.

bb) Maßnahmerichtung und Verhältnismäßigkeit

Die Beseitigungsanordnung ist an G als Bauherrn gerichtet worden, wie § 56 Abs. 1 Satz 1 Halbs. 2 HBO dies vorschreibt. Soweit erkennbar, hätte es im Rahmen des Auswahlermessens der Behörde nach § 40 HessVwVfG keine weniger belastende Maßnahme gegeben, die geeignet gewesen wäre, um rechtmäßige Zustände herzustellen (§ 82 Abs. 1 Satz 1 Halbs. 2 HBO).

Allerdings bestehen schon Zweifel daran, dass die gewählte Maßnahme zur Erreichung dieses Ziels geeignet ist. Denn ihre Vollstreckbarkeit könnte nach § 2 HessVwVG daran scheitern, dass sie weder bestandskräftig geworden noch sofort vollziehbar ist. Nach dem Wortlaut des Bescheids soll die Beseitigungsanordnung unverzüglich befolgt werden. Der Widerspruch des G hat jedoch gem. § 80 Abs. 1 Satz 1 VwGO aufschiebende Wirkung, da die sofortige Vollziehbarkeit weder nach § 80 Abs. 2 Satz 1 Nr. 4 VwGO angeordnet wurde noch nach Satz 1 Nr. 3 oder Satz 2 dieser Regelung von Gesetzes wegen eintritt. Weder § 212a Abs. 1 BauGB, der nur bauaufsichtliche Zulassungen betrifft, noch § 16 HessAGVwGO schließt bei repressiven bauaufsichtlichen Maßnahmen die aufschiebende Wirkung von Rechtsbehelfen aus. Die Beseitigungsanordnung ist daher nicht mit dem in ihr angeordneten Inhalt durchsetzbar und folglich zur Zielerreichung ungeeignet. Ihre Eignung zur Zielerreichung könnte allenfalls dadurch hergestellt werden, dass der Magistrat nachträglich die sofortige Vollziehbarkeit anordnet.

Das ist auch im Widerspruchsverfahren noch möglich, setzt aber ein überwiegendes öffentliches Interesse am Vollzug voraus. Ein öffentliches Interesse besteht zwar daran, während des Verlaufs etwaiger weiterer Rechtsbehelfsverfahren (hier einer Klage des G) die weitere Verfestigung einer Splittersiedlung zu vermeiden. Mit Blick auf den mit dem Abbruch verbundenen Substanzeingriff und die lange Zeit, in der das Gartenhäuschen bereits störungsfrei vorhanden war, überwiegt jedoch im vorliegenden Fall das Bestandsinteresse des G das öffentliche Interesse.

d) Teilergebnis

Die Beseitigungsanordnung ist daher – unheilbar – unverhältnismäßig und muss auf den Widerspruch des in seinen Grundrechten verletzten G hin aufgehoben werden.

2. Terminanforderung und Duldungsverfügung für eine Besichtigung

a) Aufgabenbereich und Ermächtigungsgrundlage

Der Magistrat ist auch hinsichtlich des Wochenendhauses, einer baulichen Anlage iSd § 2 Abs. 2 Satz 1 und 2 HBO, in der Funktion als Bauaufsichtsbehörde nach § 60 Abs. 2 Satz 1 HBO tätig geworden, da G das Haus möglicherweise im Widerspruch zu öffentlich-rechtlichen Vorschriften umgebaut hat. Die Anordnung, eine Besichtigung zu dulden, konnte hier auf die Ermächtigung in § 61 Abs. 6 HBO gestützt werden. Denn die spezielle Befugnis, bauliche Anlagen nach § 83 Abs. 1 HBO zu überprüfen, besteht nur während der Bauausführung, und auch diejenige, Gebäude nach § 84 Abs. 3 HBO zu besichtigen, endet mit dem Ablauf der in § 84 Abs. 7 HBO genannten Frist.

b) Formelle Rechtmäßigkeit

Der Magistrat war für die Besichtigung als untere Bauaufsichtsbehörde in der kreisfreien Stadt O zuständig gem. § 60 Abs. 1 Satz 3 i. V. mit Satz 1 Nr. 1 Buchst. a HBO. Die gewählte Schriftform reicht hier ebenfalls aus, da auch § 61 Abs. 6 HBO keine besonderen Formerfordernisse aufstellt.

Eine richterliche Anordnung war entgegen der Auffassung des G entbehrlich. Art. 13 Abs. 2 GG schreibt sie nur für Durchsuchungen vor. Eine Durchsuchung setzt voraus, dass staatliche Organe gezielt nach Personen, Sachen oder Sachverhalten forschen, die der Wohnungsinhaber nicht von sich aus offenlegen oder herausgeben will.[2] Betreten Behördenmitarbeiter eine Wohnung und nehmen sie dabei Sachverhalte wahr, die dem Blick nicht entzogen sind, so handelt es sich nur um eine Nachschau; sie fällt unter die sonstigen Eingriffe iSd Art. 13 Abs. 7 GG.[3] Eine solche Nachschau ist hier angeordnet worden.

G als Betroffener ist zwar auch insoweit entgegen § 28 Abs. 1 HessVwVfG nicht vor Erlass der Verfügung angehört worden. Ausnahmen vom Anhö-

---

[2] BVerfGE 51, 97, 106 f.; 76, 83, 89.
[3] BVerwG, BauR 2006, 1460 f.

rungsgebot, namentlich nach § 28 Abs. 2 Nr. 1 HessVwVfG, lagen auch hier nicht vor. Acht Jahre nach Abschluss der Umbauten geht von dem geänderten Räumen ersichtlich keine Gefahr im Verzug aus. Das Unterbleiben der Anhörung ist aber auch insoweit durch die Einlassung des G im Widerspruchsverfahren gem. § 45 Abs. 1 Nr. 3 HessVwVfG geheilt.

c) Materielle Rechtmäßigkeit

Das Wochenendhaus ist eine bauliche Anlage (vgl. a). Die Nachschau gem. § 61 Abs. 6 HBO dient erst noch der Gewinnung von Erkenntnissen über einen aus der objektiv nachvollziehbaren Sicht der handelnden Beamten denkbaren Verstoß gegen öffentlich-rechtliche Vorschriften. Als Gefahrerforschungseingriff setzt sie daher nicht deren sichere Kenntnis von Tatsachen voraus, die mit hinreichender Wahrscheinlichkeit auf einen solchen Verstoß schließen lassen, sondern nur Anhaltspunkte für einen Gefahrverdacht.

Doch muss der vermutete Verstoß über das schlichte Bestehen rechtswidriger Zustände hinausgehen und eine *dringende* Gefahr für die öffentliche Sicherheit und Ordnung begründen. Diese in Art. 13 Abs. 7 GG enthaltene Voraussetzung sonstiger Eingriffe in die Unverletzlichkeit der Wohnung muss in § 61 Abs. 6 HBO hineingelesen werden, damit die Vorschrift verfassungskonform ist.[4] Die bei einer Außenbesichtigung festgestellte Veränderung der Kellerfenster begründet hinreichende Anhaltspunkte für den Verdacht, dass die Kellerräume zu Aufenthaltszwecken genutzt werden.

Wenn mit der Nutzungsänderung eine baurechtliche Genehmigungspflicht verletzt wird, begründet dies allerdings noch keine dringende Gefahr im Sinne des Art. 13 Abs. 7 GG. Vielmehr muss die Befürchtung bestehen, dass ähnlich hochrangige Rechtsgüter wie die in Art. 13 Abs. 7 GG beispielhaft genannten Schaden nehmen könnten.[5] Solche Rechtsgüter sind etwa das Leben und die Gesundheit von Menschen oder Sachgüter von bedeuten-

---

4 OVG Koblenz, BauR 2006, 971, 972, auch zum Folgenden.
5 Vgl. zu einer Durchsuchung BVerfG, NJW 2018, 1240, 1241.

Anders läge der Fall, wenn G und D gemeinsam das Haus erworben hätten, nachdem bereits eine Besichtigung gegenüber ihrem Rechtsvorgänger angeordnet worden war. Die Besichtigungsverfügung ginge dann auf beide Erwerber über;[6] D wäre ebenso unmittelbar in die Duldungspflicht des Rechtsvorgängers nach § 61 Abs. 5 HBO eingerückt wie G.

Allerdings könnte ein Zweitbescheid, verbunden mit einer neuen Fristsetzung, ergehen. Da insoweit das öffentliche Interesse an einer sofortigen Vollziehung in Anbetracht des hohen Rangs der uU gefährdeten Gesundheit von Bewohnern das Interesse des G und der D an der Wahrung ihrer Privatsphäre überwiegt, wäre es möglich, erneut einen ähnlich nahe liegenden Fristablauf anzuordnen und für sofort vollziehbar zu erklären.

dem Wert. Jedoch besteht bei einem Umbau von Keller- zu Wohnräumen die Möglichkeit, dass die für Aufenthaltsräume in Kellergeschossen angeordnete Mindesthöhe von 2,20 m (§ 50 Abs. 1 Satz 1 HBO) unterschritten wurde. Diese Norm dient auch der Erhaltung der Gesundheit von Menschen bei der Benutzung von Wohnräumen. Ihre Durchsetzung kann daher eine Nachschau in Kellerräumen grundsätzlich rechtfertigen.

Auch in diesem Zusammenhang ist aber nur die Wahl einer Maßnahme verhältnismäßig, die sich zur Zweckerreichung überhaupt eignet. Klarheit über die Nutzungsweise und die Raumhöhe im Kellergeschoss des Wochenendhauses kann der Magistrat sich indes nur verschaffen, wenn er eine Duldungsverfügung nicht allein an G, sondern auch an D richtet. D könnte andernfalls als Mitinhaberin der Wohnung den Bediensteten der Bauaufsichtsbehörde den Zutritt verwehren.[7] Die nur an G gerichtete Duldungsverfügung ist schon deshalb ungeeignet, um den Sachverhalt aufzuklären.

Die Aufforderung zur Benennung eines Termins litt – ähnlich wie die Beseitigungsanordnung – daran, dass sie infolge der aufschiebenden Wirkung des Widerspruchs gegenstandslos wurde. Das Ende der genannten Frist, der 29.5.2019, lag in der Widerspruchsfrist. Die nicht für sofort vollziehbar erklärte Aufforderung erledigte sich daher mit Ablauf dieses Tages, ohne dass G sie je hätte befolgen müssen, war daher ebenfalls zweckuntauglich und nach gegenwärtigem Stand unverhältnismäßig.

Eine Duldungsverfügung gegenüber D ließe sich zwar noch während des Widerspruchsverfahrens nachholen. Hingegen ist die unzulängliche Fristsetzung im Nachhinein nicht mehr reparabel. Selbst wenn die sofortige Vollziehbarkeit rückwirkend angeordnet werden dürfte, ist doch der genannte Tag des Fristablaufs irreversibel verstrichen.

---

6 Vgl. NdsOVG, NJW 2011, 2228, 2229.
7 Vgl. OVG Greifswald, NVwZ-RR 2016, 896; noch weitergehend im Zusammenhang mit Beseitigungsanordnungen *Beckermann/Wenzel*, DVBl. 2017, 1345, 1350 arg. § 44 Abs. 2 Nr. 5 VwVfG; zu eng *Michl*, NVwZ 2014, 1206, 1208.

d) Teilergebnis

Auch insoweit kann im Widerspruchsverfahren keine Mangelheilung mehr erfolgen. Der Widerspruch des G ist daher auch im zweiten Punkt ebenso begründet wie zulässig.

III. Gesamtergebnis

Der Magistrat der Stadt O muss in seiner Funktion als Widerspruchsbehörde die mit dem Bescheid vom 30.4.2019 erlassenen Verwaltungsakte auf den Widerspruch des G hin aufheben und über die Kosten entscheiden.

Fall 6 Marienerscheinungen in der Pfalz

▶ Am Hang des in der pfälzischen kreisangehörigen Gemeinde M gelegenen D-Berges, an einer landschaftlich besonders reizvollen Stelle, an der heute ein Wanderweg aus dem Wald heraustritt und sich am Waldesrand entlang dem Tal entgegen schlängelt, sollen sich zu Anfang der fünfziger Jahre des 20. Jahrhunderts wiederholt Marienerscheinungen zugetragen haben. Der Ort wurde daher seit den sechziger Jahren zu einer Stätte inniger, von Seiten der katholischen Kirche allerdings mit Skepsis betrachteter Marienverehrung. Der Überlieferung zufolge hat die Mutter Gottes bei ihrem Erscheinen gefordert, ihr zum Andenken eine Kapelle am Platz der Erscheinung zu errichten, und gewarnt, wenn dies nicht geschehe, werde „etwas Schweres kommen". Um das Gebot zu erfüllen, wurde in den zehner Jahren die Bürgerinitiative Kapelle D-Berg eV gegründet. Sie versuchte erfolglos, eine kirchliche Anerkennung der Marienerscheinungen zu erwirken. Das Bistum Speyer lehnte es auch ab, den Bau einer Kapelle zu unterstützen, sei es finanziell oder durch Feststellung eines gottesdienstlichen Bedürfnisses im Sinne von § 1 Abs. 6 Nr. 6 BauGB.

Die Bürgerinitiative sammelte daher Spenden, um das Grundstück zu erwerben und die Kapelle auf eigene Faust zu bauen. Nachdem ihr der Erwerb gelungen ist, beantragte sie im Jahr 2020 bei der Gemeindeverwaltung, ihr die Errichtung einer etwa 4 m hohen, offenen Kapelle mit einer Nutzfläche von etwa 16 m² und einem Rauminhalt von etwa 60 m³ zu gestatten. Die Kapelle sollte eine lebensgroße Marienstatue sowie zwei Reihen schlichter Holzbänke aufnehmen und den Betenden einen ruhigen Platz für die Andacht und Schutz vor Regen und Wind bieten. Die Gemeinde M leitete den Antrag gemäß § 63 Abs. 5 RPLBauO an die zuständige Kreisverwaltung weiter. Der Gemeinderat versagte jedoch fristgemäß sein Einvernehmen zu der beantragten Genehmigung. Zur Begründung gab er an, die Kapelle könne neue Besucher der Andachtsstätte anziehen, für deren Zustrom und Betreuung der vorhandene Wanderweg nicht ausreiche, so dass mit der Errichtung unabsehbare Erschließungslasten auf die Gemeinde zukämen. Die Kreisverwaltung lehnte den Bauantrag daraufhin ab und begründete dies außer mit dem Fehlen des gemeindlichen Einvernehmens auch damit, die Kapelle sei geeignet, die überaus idyllische Landschaft am vorgesehenen Standort zu verschandeln.

Auf den Widerspruch der Bürgerinitiative hin ersetzte der Kreisrechtsausschuss, nachdem er die Gemeinde M angehört hatte, das Einvernehmen und verpflichtete die Kreisverwaltung dazu, die beantragte Baugenehmigung zu erteilen. Das Vorhaben könne wegen seiner religiösen Zweckbestimmung und seiner besonderen Anforderungen an die Umgebung nur am Ort der angeblichen Marienerscheinungen verwirklicht werden. Die Gemeinde habe ihr Einvernehmen rechtswidrig verweigert, da sie keine konkretisierten Planungen benenne, die durch das Vorhaben vereitelt zu werden drohten. Ihr fiskalisches Interesse daran, Erschließungskosten zu vermeiden, sei von den in § 36 Abs. 2 Satz 1 BauGB genannten Tatbeständen nicht umfasst. Eine Beeinträchtigung der natürlichen Eigenart der Landschaft drohe nicht, da die vorhandenen Bäume die Kapelle zur Talseite hin vollständig verdecken würden. Der Widerspruchsbescheid wird den Beteiligten und der örtlich zuständigen Struktur- und Genehmigungsdirektion (SGD) am 4.9.2020 zugestellt. Die SGD hält den Widerspruchsbescheid für rechtswidrig, da die Kapelle das Landschaftsbild verunstalten würde. Sie greift den Widerspruchsbescheid daher mit einer Klage an, die am 5.10.2020 beim Verwaltungsgericht Neustadt/Weinstraße eingeht.

Ist die Klage der SGD zulässig und begründet? ◀

Vorüberlegungen

Materiellrechtlich geht es in diesem Fall, wie sich leicht erkennen lässt, im Wesentlichen um bauplanungsrechtliche Fragen der Zulässigkeit eines Außenbereichsvorhabens. Der prozessuale Einstieg ist vielen Leserinnen und Lesern sicher weniger geläufig, denn dabei geht es um eine Besonderheit der Länder Rheinland-Pfalz und Saarland. Hier entscheiden über Widersprüche im kommunalen Bereich unabhängige, gerichtsähnliche Verwaltungseinrichtungen: die Stadt- und Kreisrechtsausschüsse. Da diese Ausschüsse nicht an Weisungen gebunden sind, können übergeordnete Verwaltungsbehörden auf rechtswidrige Widerspruchsbescheide nicht mit aufsichtlichen Maßnahmen reagieren. Ihnen ist daher eine ungewöhnliche Spielart der Anfechtungsklage eingeräumt, die Beanstandungs- oder Aufsichtsklage genannt wird. Anders als Adressaten oder Drittbetroffene muss die klagende Behörde nicht geltend machen, sie oder ihr Rechtsträger – das Land – sei in eigenen Rechten verletzt, denn im Gegensatz zur typischen Anfechtungsklage dient die Aufsichtsklage nicht dem Individualrechtsschutz, sondern soll sicherstellen, dass Widerspruchsbescheide objektiv rechtmäßig sind. Dies wirkt sich bei der Beteiligtenfähigkeit, der Klagebefugnis und in der Begründetheit darin aus, dass eine Behörde im eigenen Namen klagen kann und ihre Verletzung in eigenen Rechten nicht zu prüfen ist.

Gutachten

A. Zulässigkeit der Klage

I. Verwaltungsrechtsweg und zuständiges Gericht

1. Rechtsweg

Der Verwaltungsrechtsweg ist gemäß § 40 Abs. 1 Satz 1 VwGO gegeben, wenn eine öffentlich-rechtliche Streitigkeit nicht verfassungsrechtlicher Art vorliegt, die nicht durch Bundesgesetz einem anderen Gerichtszweig zugewiesen ist. Ob die Streitigkeit öffentlich-rechtlich ist, bestimmt sich danach, ob die streitentscheidenden Normen zum öffentlichen Recht gehören.

Die entscheidenden Normen gehören hier – unabhängig von der zugrunde gelegten Abgrenzungstheorie[8] – zum öffentlichen Baurecht. Weder für den verfassungsrechtlichen Charakter der Streitigkeit noch für eine abdrängende Sonderzuweisung sind Anhaltspunkte zu erkennen. Der Verwaltungsrechtsweg ist mithin eröffnet.

2. Gerichtszuständigkeit

Die Gerichtszuständigkeit richtet sich nach §§ 45, 52 Nr. 1 VwGO, da das Recht, zu bauen, ein

---

8 Vgl. dazu *Hufen*, § 11 Rn. 14 ff.

grundstücksbezogenes Recht ist. Zuständig ist nach § 3 Abs. 2 Nr. 3 GerOrgG das VG Neustadt/Weinstraße, da das Grundstück, um dessen Bebauung es geht, in der Pfalz liegt und der Bezirk dieses Gerichts die (linksrheinische) Pfalz umfasst.

II. Streitgegenstand und statthafte Klageart

1. Streitgegenstand

Gegenstand der Klage ist allein der Widerspruchsbescheid, nicht etwa die Ablehnung des Bauantrags in Gestalt des Widerspruchsbescheids. Denn die SGD hält den Widerspruchsbescheid im Gegensatz zum Ausgangsbescheid für rechtswidrig und greift ihn deshalb isoliert an. Dies ist nach § 79 Abs. 1 Nr. 2 VwGO zulässig.

2. Klageart

Es handelt sich dabei um eine Anfechtungsklage (§ 42 Abs. 1 VwGO), denn der Widerspruchsbescheid erfüllt die Merkmale eines Verwaltungsakts iSd § 1 Abs. 1 RPVwVfG i. V. mit § 35 Satz 1 VwVfG.

III. Durchführung eines (erneuten) Widerspruchsverfahrens

Da bereits ein Widerspruchsverfahren durchgeführt wurde und sich die Klage gegen dessen Ergebnis, den Widerspruchsbescheid, richtet, ist ein erneutes Widerspruchsverfahren gemäß § 68 Abs. 2 Nr. 2 VwGO entbehrlich, ja nicht einmal zulässig.

IV. Klagebefugnis

Bei Anfechtungsklagen ist nach § 42 Abs. 2 VwGO grundsätzlich erforderlich, dass der Kläger eine Verletzung in eigenen Rechten geltend macht. Popularklagen sind dadurch ausgeschlossen. Auch im Fall der Aufsichtsklage – wie sie hier vorliegt – ist eine Klagebefugnis nicht entbehrlich. Deren Voraussetzungen sind aber aufgrund der Ermächtigung in § 42 Abs. 2 VwGO gesetzlich modifiziert durch § 17 Abs. 1 RPAGVwGO, da Behörden nicht über Rechte verfügen, sondern über Kompetenzen.[9] Es genügt insoweit, dass die Aufsichtsbehörde den

---

9 *Hufen*, § 14 Rn. 107.

Widerspruchsbescheid für rechtswidrig und die Klage im öffentlichen Interesse für geboten hält. Ausschlaggebend ist jeweils die subjektive Bewertung der klagenden Behörde.[10]

Die SGD ist für das vorliegende Verfahren zuständig als obere Bauaufsichtsbehörde im Rahmen der fachaufsichtlichen Zuständigkeit nach § 58 Abs. 1 Nr. 2 RPLBauO. Sie beruft sich ausdrücklich auf die Rechtswidrigkeit des Widerspruchsbescheids und substantiiert diese Auffassung genügend, um ihre Klagebefugnis damit zu untermauern.

V. Beteiligtenbezogene und formale Zulässigkeitsvoraussetzungen

1. Beteiligtenbezogene Voraussetzungen

Die SGD ist selbst beteiligtenfähig und prozessführungsbefugt nach § 61 Nr. 3 VwGO, § 17 Abs. 1 RPAGVwGO. Auf Klägerseite gilt also statt des Rechtsträgerprinzips das Behördenprinzip. Die SGD wird vertreten durch ihre Präsidentin oder ihren Präsidenten nach § 62 Abs. 3 VwGO oder durch von ihr oder ihm beauftragte Beamte. Passiv prozessführungsbefugt gem. § 78 Abs. 1 Nr. 1, Abs. 2 VwGO ist der Landkreis als Rechtsträger des Kreisrechtsausschusses, der den Widerspruchsbescheid erlassen hat. Der Landkreis ist nach § 61 Nr. 1 Var. 2 VwGO beteiligtenfähig und wird vertreten durch die Landrätin oder den Landrat, § 62 Abs. 3 VwGO i. V. mit § 41 Abs. 1 Satz 2 RPLKO.

Teile der Literatur sehen in § 78 VwGO eine Regelung der Passivlegitimation und prüfen ihn daher erst zu Beginn der Begründetheit.[11] Dies überzeugt vor allem aus kompetenzrechtlichen Gründen nicht, denn der Bundesgesetzgeber kann in der VwGO nicht Fragen des materiellen Landesrechts mit regeln.[12] Die Sachlegitimation in Rechtsverhältnissen, die durch Landesgesetze gestaltet sind, ist aber eine Frage des Landesrechts.

2. Form und Frist

Die Form der Klage richtet sich nach §§ 81 Abs. 1, 82 Abs. 1 Satz 1 VwGO. Von einer formgerechten Klage ist mangels entgegenstehender Indizien im Sachverhalt auszugehen. Die Klage ist gemäß § 74 Abs. 1 VwGO innerhalb eines Monats nach der Zustellung des Widerspruchsbescheids zu erheben. Die Monatsfrist ist nach §§ 57 Abs. 2 VwGO, 222 Abs. 1 und 2 ZPO, 187 f. BGB zu berechnen und endet hier am 5. Oktober 2020 um 24 Uhr, da der reguläre Fristablauf am 4. Oktober auf einen Sonn-

---

10 *Kintz*, LKRZ 2009, 5, 6.
11 So *Kintz*, LKRZ 2009, 5, 8.
12 *Hufen*, § 12 Rn. 29 f.

Fall 6 Marienerscheinungen in der Pfalz

tag fiel. Die Klage ist also rechtzeitig erhoben worden.

VI. Zwischenergebnis

Die Klage ist zulässig.

B. Begründetheit der Klage

§ 113 Abs. 1 Satz 1 VwGO ist insoweit nur in seiner ersten Voraussetzung „entsprechend" anwendbar gemäß § 115 VwGO. Denn die Aufsichtsklage erfordert keine Verletzung eigener Rechte der klagenden Behörde oder des Landes.

Die Klage ist begründet, wenn und soweit der Widerspruchsbescheid rechtswidrig ist.

I. Formelle Rechtswidrigkeit des Widerspruchsbescheids?

Der Widerspruchsbescheid wäre formell rechtswidrig, wenn er die Regeln über die Zuständigkeit, das Verfahren oder die einzuhaltende Form verletzen würde.

Die Zuständigkeit des Kreisrechtsausschusses ergibt sich aus § 6 Abs. 1 Nr. 1 Buchst. a RPAGVwGO. Das Verfahren ist nach § 71 VwGO, § 1 Abs. 1 RPVwVfG, §§ 79 und 9 ff. VwVfG durchzuführen. Die gemäß § 71 VwGO gebotene Anhörung der Gemeinde M im Widerspruchsverfahren hat stattgefunden.

Gemäß § 73 Abs. 3 Satz 1 VwGO, § 16 Abs. 7 RPAGVwGO ist der Widerspruchsbescheid in schriftlicher Form und mit einer Begründung versehen zu erlassen und den Beteiligten sowie der zuständigen Aufsichtsbehörde zuzustellen. Diese Voraussetzungen sind eingehalten.

Der Widerspruchsbescheid ist damit im Ergebnis formell rechtmäßig.

II. Materielle Rechtswidrigkeit des Widerspruchsbescheids?

Der Widerspruchsbescheid wäre materiell rechtswidrig, wenn die Kreisverwaltung nicht zur Erteilung der Baugenehmigung verpflichtet werden dürfte. Dies könnte der Fall sein, wenn sie nicht zur erneuten Entscheidung über den Bauantrag zuständig wäre, wenn das Bauvorhaben der Bürgerinitiative keiner Genehmigung bedürfte oder wenn es nicht genehmigungsfähig wäre.

1. Fehlende Zuständigkeit der Kreisverwaltung?

Regelmäßig sind die Kreisverwaltungen als untere Bauaufsichtsbehörden zuständig für die Entscheidungen über Bauanträge nach §§ 60, 58 Abs. 1 Nr. 3 RPLBauO.

Allerdings könnte der Kreisrechtsausschuss für die Erteilung der Baugenehmigung hier ausnahmsweise selbst zuständig gewesen sein; diese spezielle Zuständigkeit könnte dann diejenige der Kreisverwaltung verdrängen. Nach § 15 Abs. 1 Satz 1 RPAGVwGO „entscheidet" der Rechtsausschuss über den Widerspruch. Ob er im Fall des erfolgreichen Verpflichtungswiderspruchs selbst entscheiden muss oder das Verfahren an die Kreisverwaltung zurückverweisen kann, lässt das Gesetz aber offen. Auch aus § 73 Abs. 1 VwGO folgt nicht, dass die Widerspruchsbehörde verpflichtet wäre, in der Sache selbst zu entscheiden. Dies ist vielmehr eine Frage des Landesrechts.[13]

Aus § 71 Abs. 5 Satz 1 RPLBauO ergibt sich, dass der Rechtsausschuss jedenfalls dazu befugt und verpflichtet ist, ein rechtswidrig versagtes Einvernehmen zu ersetzen. Dass die Erteilung der Genehmigung es uU nötig macht, das gemeindliche Einvernehmen zu ersetzen, ändert zwar die Zuständigkeit für die Genehmigung selbst nicht. Es lässt aber zumindest darauf schließen, dass der Rechtsausschuss anschließend bzw. uno actu auch selbst die Sachentscheidung treffen *darf*. Ob er dies auch tun *muss*, ist jedoch dem Gesetz nicht direkt zu entnehmen.[14]

Aus praktischer Sicht spricht jedoch viel dafür, dass eine Rückverweisung zulässig ist. Als reines Rechtskontrollgremium kann der Rechtsausschuss zwar beurteilen, ob im Verfahren Rechtsfehler aufgetreten sind, so insbesondere, ob die Verweigerung des gemeindlichen Einvernehmens rechtswidrig war. Die abschließende Beurteilung eines Bauantrags kann aber weitere fachliche Prüfungen er-

---

13 BVerwGE 130, 113, 116.
14 AA *Kintz*, LKRZ 2009, 5, 7.

fordern, die nach dem Grundsatz funktionsgerechter Organisationsstruktur besser von der Bauaufsichtsbehörde in der Kreisverwaltung als vom Rechtsausschuss durchgeführt werden können.[15] In vielen Fällen würde es auch nicht der Verfahrensbeschleunigung dienen, wenn die Widerspruchsbehörde gezwungen wäre, komplizierte Ermittlungen, Berechnungen uä anstelle der sachnäheren Ausgangsbehörde anzustellen.

Gegen die Zulässigkeit der Rückverweisung spricht auch nicht die Geschichte des RPAGVwGO. Zwar wurde die frühere Fassung des § 16 Abs. 4 RPAGVwGO, die davon ausging, dass der Kreisrechtsausschuss „die Behörde zum Erlass eines abgelehnten Verwaltungsakts verpflichtet", 2003 in § 16 Abs. 7 RPAGVwGO nF zum unspezifischen „Hat der Widerspruch ... Erfolg, ..." geändert. Dies sollte aber nicht die Rückverweisung ausschließen, sondern nur klarstellen, dass der Rechtsausschuss auch bei Verpflichtungswidersprüchen selbst „durchentscheiden" darf.

Eine fehlende Zuständigkeit der Kreisverwaltung steht der Rückverweisung danach nicht entgegen.

2. Fehlende Genehmigungsbedürftigkeit des Vorhabens?

Zweitens könnte der Widerspruchsbescheid rechtswidrig sein, falls das Vorhaben gar nicht genehmigungsbedürftig ist. Zu einer unzulässigen, weil überflüssigen Baugenehmigung darf die Bauaufsichtsbehörde nicht verpflichtet werden.

a) Grundsatz

Genehmigungsbedürftig sind nach § 61 RPLBauO grundsätzlich alle Vorhaben, die auf die Errichtung, Änderung oder Nutzungsänderung einer baulichen Anlage abzielen. Die vorgesehene Kapelle soll aus Bauprodukten bestehen und mit dem Erdboden verbunden sein. Sie erfüllt damit die Merkmale einer baulichen Anlage gemäß § 2 Abs. 1 Satz 1 RPLBauO; ihre erstmalige Herstellung ist eine Errichtung. Diese ist grundsätzlich genehmigungspflichtig.

---

15 Ebenso *Oster*, LKRZ 2009, 211, 212; vgl. zur Geschichte *Jutzi*, LKRZ 2008, 212, 214 f.

b) Ausnahmen

Ausnahmen von der Genehmigungsbedürftigkeit finden sich in § 62 RPLBauO, außerdem können bestimmte Vorhaben nach § 67 RPLBauO von der Gemeinde genehmigungsfrei gestellt werden. Letzteres ist hier aber weder geschehen noch wäre es möglich, da die Voraussetzungen einer Freistellung nicht erfüllt sind. So liegt das Vorhaben bereits nicht im Geltungsbereich eines Bebauungsplans. Es handelt sich auch nicht um ein bauaufsichtsfreies Vorhaben des Bundes oder des Landes nach § 83 RPLBauO.

Das Vorhaben könnte aber nach § 62 Abs. 1 RPLBauO genehmigungsfrei sein, da es um die Errichtung einer baulichen Anlage geht. Sie soll zwar nicht nur vorübergehend aufgestellt werden (§ 62 Abs. 1 Nr. 9 RPLBauO). infrage kommt jedoch § 62 Abs. 1 Nr. 1 Buchst. a RPLBauO. Indes überschreitet die Kapelle die dort genannte größere Rauminhaltsgrenze von 50 m³ und ist deshalb nicht genehmigungsfrei, ohne dass es hier schon darauf ankäme, in welchem Gebiet das Vorhaben errichtet werden soll.

c) Teilergebnis

Das Vorhaben der Bürgerinitiative ist also genehmigungsbedürftig, die Verpflichtung zur Genehmigungserteilung mithin nicht aus diesem Grund rechtswidrig.

3. Fehlende Genehmigungsfähigkeit des Vorhabens

Der Widerspruchsbescheid könnte auch dann rechtswidrig sein, wenn die Genehmigung des Vorhabens ihrerseits rechtswidrig wäre, weil es nicht genehmigungs*fähig* ist. Bei der Prüfung der Genehmigungsfähigkeit ist der religiösen Zweckbestimmung des Vorhabens Rechnung zu tragen (unter b bb und cc).

a) Verstöße gegen Bauordnungsrecht

Falls die Kapelle hier das Landschaftsbild verunstalten würde, käme zwar ein Verstoß gegen § 5 Abs. 2 Satz 1 Var. 3 RPLBauO in Betracht. Die Genehmigung wäre aber nur dann aus diesem Grunde

Nur wegen *evidenter* Verstöße des Vorhabens gegen Bauordnungsrecht kann ein Bauantrag im vereinfachten Verfahren abgelehnt werden – dann allerdings bereits als unzulässig. Denn an der Baugenehmigung besteht in solchen Fällen kein Sachbescheidungsinteresse; die Bauaufsichtsbehörde müsste die Genehmigung umgehend zurücknehmen und eine Baueinstellung verfügen, so dass der Antragsteller nicht von der Genehmigung Gebrauch machen könnte. Diese Rechtslage ist in § 64 Abs. 1 Halbs. 2 HBO – wie zuvor in Art. 68 Abs. 1 Satz 1 Halbs. 2 BayBO – auch ausdrücklich klargestellt worden.[16]

rechtswidrig, wenn die Bauaufsichtsbehörde prüfen müsste, ob das Vorhaben mit der genannten Vorschrift übereinstimmt.

Dazu kann sie nur verpflichtet sein, wenn sie dies überhaupt prüfen dürfte. Im vereinfachten Genehmigungsverfahren klammert indes § 66 Abs. 3 Satz 1 RPLBauO das Bauordnungsrecht aus dem Prüfungsprogramm aus. Im vorliegenden Fall ist nach § 66 Abs. 1 Satz 1 Nr. 4 RPLBauO das vereinfachte Verfahren anzuwenden. Denn die Kapelle ist ein nicht gewerblich genutztes Gebäude von bis zu 300 m³ umbauten Raums.

Ein etwaiger Verstoß gegen § 5 Abs. 2 Satz 1 Var. 3 RPLBauO wäre daher für die Rechtmäßigkeit des Widerspruchsbescheids irrelevant.

b) Verstöße gegen Bauplanungsrecht

aa) Anwendbarer Maßstab

Das Vorhaben ist nur dann *überhaupt* nach Bauplanungsrecht zu beurteilen, wenn es die Errichtung einer baulichen Anlage im Sinne des § 29 BauGB betrifft. Dieser Begriff setzt neben den Merkmalen, die auch in § 2 Abs. 1 Satz 1 RPLBauO aufgezählt sind, aus kompetenzrechtlichen Gründen zusätzlich voraus, dass das Vorhaben eine „bodenrechtliche Relevanz" besitzt, dh dass es neue Nutzungskonflikte auslösen oder vorhandene Nutzungskonflikte verstärken kann.

Der vorgesehene Platz für die Errichtung der Kapelle befindet sich weder innerhalb eines im Zusammenhang bebauten Ortsteils (§ 34 Abs. 1 BauGB) noch im Geltungsbereich eines Bebauungs-

---

16 *Hornmann*, LKRZ 2011, 213, 214; VG Frankfurt/M., LKRZ 2012, 284, 285 f.

plans (§ 30 BauGB). Er liegt damit im Außenbereich. Außenbereichsvorhaben lösen in aller Regel bodenrechtliche Spannungen aus, da sie dem Grundsatz widersprechen, dass der Außenbereich von Bebauung freizuhalten ist. Nur ganz ausnahmsweise kann bei kleinen, unauffälligen Vorhaben auch dort die bodenrechtliche Relevanz entfallen. Zu bestimmen ist dies anhand des Katalogs von Belangen in § 1 Abs. 6 BauGB, die auch bei der Bauleitplanung zu berücksichtigen sind.

Das hier in Rede stehende Vorhaben ist von mehr als ganz untergeordneter Größe. Es berührt im Außenbereich jedenfalls die Gestaltung des Landschaftsbildes (§ 1 Abs. 6 Nr. 5 BauGB) und kann unter Umständen auch Auswirkungen auf Tiere, Pflanzen, Boden und die Landschaft in ihrer ökologischen Funktion haben (§ 1 Abs. 6 Nr. 7 Buchst. a BauGB). Die §§ 30 ff. BauGB sind daher auf es anwendbar. Da das Vorhaben, wie bereits festgestellt, im Außenbereich verwirklicht werden soll, richtet sich seine Zulässigkeit in bauplanungsrechtlicher Hinsicht nach § 35 BauGB.

bb) Privilegierung nach § 35 Abs. 1 BauGB?

Privilegierte Vorhaben iSd § 35 Abs. 1 BauGB sind aufgrund bestimmter tatsächlicher Gegebenheiten typischerweise auf den Außenbereich angewiesen oder sollen auf ihn verwiesen werden. Sie unterscheiden sich von nicht privilegierten Vorhaben im Hinblick darauf, in welchem Maße ihre Erschließung gesichert sein muss, und können sich in der nachvollziehenden Abwägung der Bauaufsichtsbehörde leichter gegen öffentliche Belange durchsetzen als nicht privilegierte.[17]

(1) Eine Privilegierung nach § 35 Abs. 1 Nr. 3 BauGB ist fernliegend. Die Kapelle ist bereits keine Versorgungseinrichtung und kein Gewerbebetrieb. Sie ist darüber hinaus aber auch nicht deshalb ortsgebunden, weil sie am Ort der Marienerscheinungen errichtet werden soll. Mit „Ortsgebundenheit" ist hier allein eine besondere geographische oder geologische Eigenart des Standortes gemeint, wie

---

[17] Zu den Voraussetzungen des § 35 Abs. 1 Nr. 1 BauGB anschaulich SachsAnhOVG, NVwZ-RR 2020, 965 ff.

etwa typischerweise ein Rohstoffvorkommen im Boden.

(2) Aus demselben Grund ist die Kapelle auch nicht etwa wegen ihrer besonderen Anforderungen an die Umwelt privilegiert nach § 35 Abs. 1 Nr. 4 Var. 1 BauGB. Solche Anforderungen sind nur gegeben, wenn das Vorhaben seine Funktion *nur* im Zusammenwirken mit Eigenschaften der Umgebung erfüllen kann, wie zB ein Aussichtsturm an einem erhöhten Standort.

(3) Privilegiert sein könnte das Vorhaben jedoch nach § 35 Abs. 1 Nr. 4 Var. 3 BauGB, wenn es wegen seiner Zweckbestimmung nur im Außenbereich errichtet werden soll. Um diese Ziffer nicht zum Auffangtatbestand für beliebige Vorhaben ausufern zu lassen, wird sie allerdings restriktiv ausgelegt. Ein Vorhaben „soll" danach nur im Außenbereich errichtet werden, wenn ein Allgemeininteresse an seiner Errichtung das Interesse an der Freihaltung des Außenbereichs von Bebauung überwiegt und es außerdem singulären Charakter besitzt, dh eine Nachahmung nicht zu befürchten ist.[18]

Letzteres mag zwar im Fall der Marienkapelle anzunehmen sein, sofern sich nicht andere Glaubensgemeinschaften mit ihren Bauwünschen auf den Präzedenzfall der Kapelle beziehen könnten. Fraglich ist allerdings, ob hier ein Allgemeininteresse besteht, das die Errichtung im Außenbereich rechtfertigen könnte.

Die Zweckbestimmung der Kapelle ist religiöser Art. Insoweit ist die verfassungsrechtliche Wertentscheidung der Religionsfreiheit zu berücksichtigen. Art. 4 Abs. 1 und 2 GG schützt auch nicht allein die von einer korporierten Glaubensgemeinschaft oder einer sonstigen religiösen Institution, die mit dem Staat kooperiert, anerkannten Glaubensinteressen. Dass die katholische Amtskirche den Marienerscheinungen ihren Segen versagt hat, ist daher nicht schon per se ein Grund, eine für die Privilegierung geeignete Zweckbestimmung auszuschließen.

Indes kann vertreten werden, das religiöse Interesse an der Errichtung der Kapelle sei grundsätzlich ein

---

18 BVerwGE 96, 95, 103 f.

bloß partikularer Belang der Mitglieder der Bürgerinitiative. Nur die Anerkennung durch eine Kirche, die Körperschaft des öffentlichen Rechts ist, könnte es dann auch zu einem Teil des Allgemeininteresses werden lassen.[19] Dem steht aber entgegen, dass die Bürgerinitiative zumindest in der Region um M eine so beträchtliche Zahl von Anhängern gefunden hat, dass deren Spenden ihr den Erwerb des Grundstücks und den Bau der Kapelle ermöglicht haben. Die in den Glaubensvorstellungen wurzelnden Belange von Kirchen und Religionsgemeinschaften können als „Gründe des Wohls der Allgemeinheit" auch Befreiungen von den Festsetzungen eines Bebauungsplans nach § 31 Abs. 1 BauGB rechtfertigen, wenn die betreffende Gruppe eine nicht unbedeutende Zahl von Mitgliedern hat, selbst wenn sie privatrechtlich organisiert ist.[20]

Die Gegenansicht erscheint durchaus vertretbar. Folgt man ihr, so kann das Endergebnis anders ausfallen, da öffentliche Belange von dem Vorhaben eher „beeinträchtigt" werden und nach § 35 Abs. 2 BauGB eine vollständige Erschließung nötig ist, die hier nicht bejaht werden kann.

Im Außenbereich kann für das Vorliegen eines hinreichenden Allgemeininteresses nichts anderes gelten. Die Errichtung der Kapelle ist demnach zwar nicht nach § 35 Abs. 1 Nr. 3, aber nach § 35 Abs. 1 Nr. 4 BauGB privilegiert.

cc) Entgegenstehen öffentlicher Belange

Auch als privilegiertes Vorhaben kann der Bau der Kapelle nur genehmigt werden, wenn seiner Ausführung keine öffentlichen Belange entgegenstehen, wie sie § 35 Abs. 3 Satz 1 BauGB insbesondere in seiner Nr. 5 beispielhaft aufführt.

(1) Auf dieser Grundlage könnte eine etwaige Verunstaltung des Landschaftsbildes auch im vereinfachten Verfahren erheblich sein. Der umgebungsbezogene Verunstaltungsschutz schließt ein Vorhaben allerdings nur dann aus, wenn es in seiner Wirkung auf die Nachbarschaft das ästhetische Empfinden nicht nur stören, sondern verletzen würde, weil es sie nachgerade hässlich erscheinen ließe. Dabei ist nicht auf das Empfinden eines Kunst- oder Architekturexperten abzustellen, sondern auf dasjenige eines gebildeten, für ästhetische Eindrü-

---

19 *Schwemer*, BauR 2008, 1551, 1552.
20 BVerwG, DVBl. 2011, 358, 361.

cke empfänglichen Durchschnittsbetrachters.[21] In diesem Sinn wird die Kapelle nicht verunstaltend wirken, da sie nach dem Sachverhalt keine auffallend anstößigen Merkmale aufweisen soll.

(2) Außerdem könnte das Vorhaben die natürliche Eigenart der Landschaft beeinträchtigen. Eine Beeinträchtigung der natürlichen Eigenart der Landschaft setzt zwar weniger voraus als eine Verunstaltung des Landschaftsbildes. Diese „Eigenart" kommt jeder im Einzelfall besonders schutzwürdigen Umgebung zu. Geschützt ist die landschaftliche Eigenart schon gegen bloße ästhetische Beeinträchtigungen. § 35 Abs. 3 Satz 1 Nr. 5 BauGB ist in diesem Punkt auch nicht etwa bei religiös motivierten Vorhaben verfassungskonform einzuschränken, um der Religionsfreiheit als vorbehaltlosem Grundrecht generell den Vorrang zu sichern. Denn hinter der Erhaltung der natürlichen Eigenart der Landschaft steht gleichfalls ein Verfassungsgut, nämlich das Staatsziel, die natürlichen Lebensgrundlagen zu schützen (Art. 20a GG).[22] Der hier vorgesehene Standort ist aufgrund seiner ausgeprägten landschaftlichen Reize besonders schutzwürdig. Doch spricht es gegen eine erhebliche ästhetische Beeinträchtigung, dass die geplante Kapelle vom Tal aus gesehen durch die vorhandenen Bäume dem Blick entzogen wäre. Dass sie vom Weg her und aus der Richtung hangaufwärts sichtbar wäre, fällt angesichts der geringfügigen Größe dieses Blickfeldes nicht ins Gewicht. Ob dieser Belang beeinträchtigt wäre, kann aber letztlich offen bleiben.

dd) Ausreichende Erschließung

Bei einem privilegierten Vorhaben nach § 35 Abs. 2 BauGB ist nur eine ausreichende – nicht notwendig eine vollständige – Erschließung erforderlich. Hieran kann gezweifelt werden. Eine ausreichende Erschließung für den Zugang vereinzelter Pilger zu Fuß kann man zwar bejahen. Mag ein Wanderweg in diesem Rahmen auch eine angemessene Erschließung darstellen, so lässt die vorgesehene Kapelle aber doch einen vermehrten Zustrom von Marien-

---

21 BVerwGE 2, 172, 175 ff.
22 BVerwG, NJW 1995, 2648, 2649 (zu Art. 5 Abs. 3 Satz 1 GG); *Schwemer*, BauR 2008, 1551, 1554.

Dieser Mangel gehört bei einem Außenbereichsvorhaben zu den von § 36 Abs. 2 Satz 1 BauGB erfassten Rechtsgründen, aus denen das Einvernehmen der Gemeinde versagt werden kann. Daher hätte hier der Kreisrechtsausschuss bereits das Einvernehmen der Gemeinde M nicht ersetzen dürfen.
– Auch in diesem Punkt erscheint eine abweichende Auffassung und in deren Folge ein anderes Endergebnis vertretbar.

verehrern erwarten. Viele von diesen werden zu gebrechlich sein, um zu Fuß anzureisen. Die Hinfälligkeit kranker Pilger und das nicht allzu fernliegende Risiko, dass religiös verzückte Besucher ekstatische Anfälle erleiden, lassen es angeraten scheinen, Rettungsfahrzeugen die Zufahrt zur Kapelle zu ermöglichen.

Ein Wanderweg genügt diesen Anforderungen nicht. Die ausreichende Erschließung des Vorhabens ist damit nicht gesichert.

C. Ergebnis

Das Vorhaben ist demnach nicht genehmigungsfähig. Die Verpflichtung der Kreisverwaltung zur Genehmigungserteilung durch den Widerspruchsbescheid ist daher materiell rechtswidrig. Die Klage der SGD ist zulässig und auch begründet.

Fall 7 Auslegeware

▶ Die Discountkette Basaro-KG hat sich auf den Verkauf von Bodenbelägen spezialisiert. Da ihre Geschäfte trotz der allgemeinen Wirtschaftskrise gut gehen, plant sie die Eröffnung einer neuen Filiale in Sulzbach (Taunus) nahe der Frankfurter Stadtgrenze an der Bundesstraße 8. Einen Bebauungsplan für dieses Gebiet gibt es nicht. Das vorgesehene Grundstück ist 40 mal 50 m groß. Es grenzt an das Gelände des Main-Taunus-Zentrums, einen Baumarkt und einen Gartengroßmarkt, der hinter dem Grundstück der KG liegt und über eine 4 m breite Stichstraße zu erreichen ist. Über diese Straße soll auch die Zufahrt zum Parkplatz des Basaro-Marktes verlaufen. Laut Baulastenverzeichnis ist auf dem Gartenmarktgrundstück ein Streifen von 3 m Breite entlang der Grenze zum Grundstück der Basaro-KG für Abstandsflächen frei zu halten.

Am 19.1.2020 reicht die Basaro-KG beim Kreisausschuss des Main-Taunus-Kreises einen Bauantrag samt Nutzungsbeschreibung, Übersichtsplan (s. u.) und allen anderen im Bauvorlagenerlass genannten Nachweisen ein. Auf einer Grundfläche von 30 mal 30 m soll sich eine Verkaufshalle direkt an die Zufahrtsstraße und den Parkplatz des Gartenmarktes anschließen und zwei Vollgeschosse umfassen. Insgesamt soll sie 9,00 m über die Geländeoberfläche reichen. In Richtung Main-Taunus-Zentrum ist eine 10 mal 30 m große Freifläche vorgesehen. Im Übersichtsplan ist sie als Abstellplatz bezeichnet. Nach der Nutzungsbeschreibung soll sie als Ausstellungsfläche dienen.

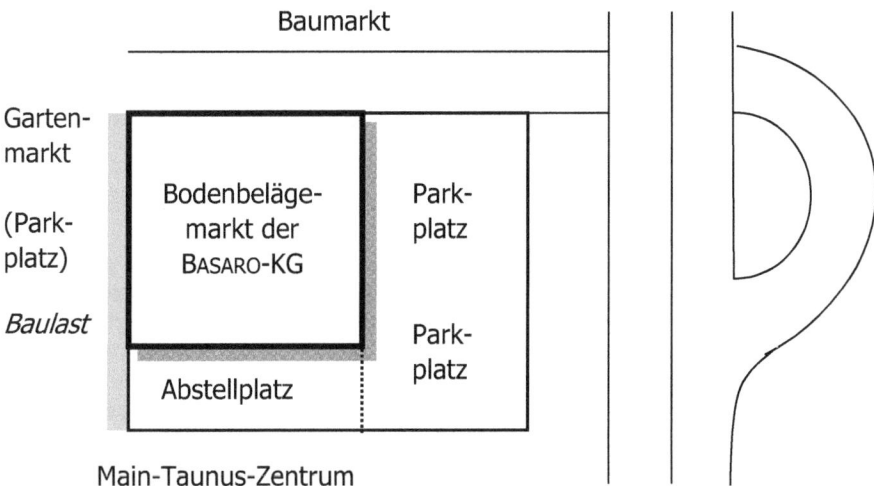

Anfang Februar 2020 wird dem zuständigen Sachbearbeiter *Strebsam (S)* in der Baubehörde des Landkreises klar, dass der Basaro-Markt nicht so leicht genehmigt werden kann, wie er zunächst vermutet hatte. S beauftragt das Marktforschungsunternehmen Ecostat GbR mit einem Kurzgutachten zu den Folgen, die es für die in Frankfurt-Höchst ansässigen traditionellen Teppichhändler hätte, wenn der Markt eröffnet würde. Am 10.2.2020 verlängert S die Frist zur Entscheidung über den Bauantrag bis zum 28.4.2020, da ihm die Ecostat GbR zugesagt hat, das Gutachten bis zum 14. April vorzulegen. Die Basaro-KG ergänzt ihren Antrag durch ein am 21.2.2020 beim Kreisausschuss eingegangenes Schreiben um einen neuen Übersichtsplan, in dem das Wort „Abstellplatz" durch die Worte „Ausstellungsplatz für Balkon- und Terrassenbeläge" ersetzt ist.

Als S Ende April 2020 anfragt, wo das Gutachten bleibe, teilt die Ecostat GbR ihm mit, die zuständige Expertin sei überlastet und könne es erst bis zum 12. Mai fertigstellen. S verlängert daraufhin erneut die Entscheidungsfrist, diesmal bis zum 31.5.2020. Am 19.5.2020 geht das Gutachten bei der Baubehörde ein. Es kommt zu dem Ergebnis, der Basaro-Markt könne etwa 60% seines Umsatzes daraus schöpfen, dass sich Kunden für den Kauf preiswerter neuer Bodenbeläge entschlössen, die ihr Geld sonst anders ausgeben oder sparen würden. Andererseits werde er jedoch auch zwischen 27 und 29% derjenigen Kaufkraft an sich ziehen, die bislang auf Höchster Teppichhändler entfällt. Daraufhin lehnt S den Bauantrag der Basaro-KG durch schriftlichen Bescheid ab, der der KG am 26.5.2020 zugeht. In der Begründung bezieht er sich auf das beigefügte Gutachten der Ecostat GbR und folgert daraus, der Basaro-Markt würde sich schädlich auf zentrale Versorgungsbereiche in der Nachbarstadt Frankfurt a.M. auswirken.

In einem geharnischten Schreiben, das am 26.6.2020 beim Landrat des Main-Taunus-Kreises eintrifft, beschwert sich Balduin Samuel *Roth (R)*, der Gründer und einzige Komplementär der Basaro-KG, über die Baubehörde. Er meint, viereinhalb Monate nach Eingang des Bauantrags hätte die Genehmigung des Marktes nicht mehr versagt werden dürfen. Der Landkreis solle gefälligst froh sein, wenn das Unternehmen seine Steuern in Sulzbach zahle. Rückständige Teppichhändler vor moderner, preisgünstiger Konkurrenz zu schützen, sei planwirtschaftlicher Protektionismus. Und der „zentrale Versorgungsbereich" von Frankfurt liege sicherlich nicht in einem solchen Randgebiet wie Höchst. Der Kreisausschuss solle der KG bestätigen, dass sie bauen dürfe, und zwar subito.

Muss der Kreisausschuss der Forderung von *R* entsprechen? ◀

Vorüberlegungen

Die Fallfrage ist offen gehalten; das deutet auf eine eher unübliche Konstellation hin. Auf den ersten Blick will *R* eine Baugenehmigung für sein Unternehmen erhalten. Doch könnte die Forderung nach einer „Bestätigung" des Baurechts auch auf eine bloße Wissenserklärung oder einen feststellenden Verwaltungsakt gerichtet sein. Daher muss vorab ermittelt werden, mit welchen denkbaren Maßnahmen dem Anliegen des *R* entsprochen werden kann und in welchem Verhältnis mehrere denkbare Maßnahmen zueinander stehen. Dieser Teil enthält erneut einen Schwerpunkt im Allgemeinen Verwaltungsrecht. In der Sache wird die bauplanungsrechtliche Zulässigkeit des Vorhabens im Vordergrund stehen. Dabei ist zunächst zu klären, in welcher Art von Baugebiet es angesiedelt werden soll; anschließend ist eine neuere Vorschrift anzuwenden, die – neben einigen ähnlichen Bestimmungen – helfen soll, der besonderen Probleme großer Einzelhandelsvorhaben Herr zu werden. Hier ist nicht unbedingt erlerntes Wissen gefordert, sondern die Fähigkeit, auch bislang unbekannte Vorschriften aus dem Stand zweckmäßig auszulegen und anzuwenden – also Kreativität und die Beherrschung der juristischen Methodik.

Gutachten

R vertritt die KG nach § 161 Abs. 2, § 125 Abs. 1, §§ 126, 170 HGB. Sein Verlangen kann als Widerspruch ausgelegt werden, der auf Wiederaufleben oder Neuerteilung der beantragten Baugenehmigung an die KG zielt, aber auch als Antrag auf Erteilung eines Fiktionszeugnisses (§ 42a Abs. 3 Hess-

VwVfG). Sofern eine fiktive Baugenehmigung besteht, hat die KG kein Sachbescheidungsinteresse für den Widerspruch; daher muss vorrangig geprüft werden, ob eine Genehmigungsfiktion eingetreten ist und andauert.

A. Genehmigungsfiktion

Die Fiktion setzt nach § 42a Abs. 1 Satz 1 HessVwVfG voraus, dass eine Rechtsvorschrift sie anordnet, die dafür festgelegte Frist abgelaufen und der gestellte Antrag hinreichend bestimmt ist, um den Regelungsgehalt des fiktiven VA zu erkennen.[23] Eine Fiktionsregelung für Baugenehmigungen findet sich in § 65 Abs. 2 Satz 3 HBO. Dieser verlangt, dass das vereinfachte Verfahren anwendbar ist. Dies ist nach § 65 Abs. 1 HBO der Fall, wenn das Vorhaben unter § 62 Abs. 1 HBO fällt, aber kein Sonderbau ist und die Voraussetzungen des § 64 HBO nicht vorliegen. § 65 Abs. 2 Satz 2 HBO knüpft den Lauf der Frist zusätzlich daran, dass ein vorliegender Antrag vollständig ist.

I. Vorhaben gem. § 62 Abs. 1 Satz 1 HBO

§ 62 Abs. 1 Satz 1 HBO umfasst alle baulichen Anlagen. Die KG plant die Errichtung von baulichen Anlagen iSd § 2 Abs. 1 und 2, Satz 3 Nr. 2 und Nr. 6 HBO. Der Begriff der ausgenommenen Sonderbauten ist in § 2 Abs. 8 HBO definiert. Unter § 2 Abs. 9 Nr. 4 HBO fällt der geplante Markt nicht, da er weniger als 2000 m² Brutto-Verkaufsfläche[24] umfassen soll.

II. Voraussetzungen des § 64 HBO

Die Voraussetzungen des § 64 HBO liegen schon deshalb nicht vor, weil sich das Vorhaben nicht im Bereich eines qualifizierten oder vorhabenbezogenen Bebauungsplans befindet (Abs. 1 Satz 1 Nr. 1). Es kommt daher nicht darauf an, ob die weiteren Voraussetzungen dieser Vorschrift gegeben sind. Die Fiktionsregelung des § 65 Abs. 2 Satz 3 HBO ist vielmehr grundsätzlich anwendbar.

---

[23] *Schliesky*, in: Knack/Henneke, VwVfG, 11. Aufl. 2019, § 42a Rn. 3, 5 und 6; vgl. auch § 37 Abs. 1 HessVwVfG.
[24] Zur Berechnung BVerwG, NVwZ 2017, 640 f.

III. Fristanlauf

Die Frist könnte in dem vorliegenden Sachverhalt bereits von dem ursprünglichen Antrag der KG oder erst von der Ergänzung am 20.2.2020 ausgelöst worden sein.

1. Ursprünglicher Antrag

Die Frist könnte von dem ursprünglichen Antrag der KG in Gang gesetzt worden sein. Der Antrag war vollständig iSd § 65 Abs. 2 Satz 2 HBO, da er alle erforderlichen Bauvorlagen enthielt. Er wurde auch gem. § 69 Abs. 1 HBO bei der nach § 60 Abs. 1 Satz 1 Nr. 1 Buchst. b, Satz 3 HBO für Sulzbach (Taunus) zuständigen Bauaufsichtsbehörde eingereicht.

Der Antrag ließ allerdings noch nicht hinreichend deutlich erkennen, wofür die 10 x 30 m große Freifläche genutzt werden sollte. Während der Übersichtsplan einen Abstellplatz zeigte, nannte die Nutzungsbeschreibung eine Ausstellungsfläche. Abstell- und Ausstellungsplätze sind aber unterschiedliche Nutzungsarten (vgl. § 2 Abs. 2 Satz 3 Nr. 2 und Anlage Abschnitt I Nr. 12.3 und 12.5 HBO).

Der Antrag kann auch nicht in einen bestimmten und einen unbestimmten Teil aufgeteilt werden, da die Genehmigungsbedürftigkeit und -fähigkeit des Vorhabens nur im Ganzen beurteilt werden kann. Zu unbestimmt ist auch ein Antrag, in dem eine erforderliche bauplanungsrechtliche Ausnahme nicht mit beantragt ist.[25]

Widersprüchliche Anträge sind indes zu unbestimmt, um die Fiktionswirkung auszulösen.[26] Die Frist lief daher zunächst nicht an.

2. Ergänzung vom 21.2.2020

Erst die Ergänzung räumte die bestehende Unklarheit über den Nutzungszweck aus und setzte die Frist in Gang. Diese Wirkung tritt, anders als es nach § 45 Abs. 1 Nr. 1 HessVwVfG für die Heilung eines ausdrücklich erlassenen, mangels Antrages rechtswidrigen VA gilt, nicht rückwirkend, sondern ex nunc ein. Die Dreimonatsfrist lief also – erst am 22.2.2020 an (§ 31 Abs. 1 HessVwVfG i. V. mit § 187 Abs. 1 BGB).

---

25 VG Frankfurt/Main, LKRZ 2011, 181, 182.
26 *Uechtritz*, DVBl. 2010, 684, 688.

Fall 7 Ausleteware

Die erste „Fristverlängerung" kann auch nicht umgedeutet werden, da es im vereinfachten Verfahren weder Fristverkürzungen noch formlose Erklärungen gibt, die die Genehmigung ersetzen.

IV. Fristablauf

Grundsätzlich endete die Frist nach § 31 Abs. 3 HessVwVfG mit Ablauf des 22.5.2020, da der 21.5.2020 ein Feiertag (Christi Himmelfahrt) war. Die erste „Fristverlängerung" auf den 28.4.2020 war daher gegenstandslos.

Doch könnte die Frist durch die zweite Verlängerung bis zum 31.5.2020 ausgedehnt worden sein. Darauf kommt es hier an, da die Ablehnung am 26.5.2020 erfolgte, dh zwischen dem ursprünglichen Ablauf der Frist und dem Ende der Verlängerung.

1. Statthaftigkeit einer zweiten Fristverlängerung

Allgemein sind weitere Verlängerungen im vereinfachten Baugenehmigungsverfahren zulässig, da § 65 Abs. 2 Satz 2 HBO als einschlägiges Fachgesetz insoweit dem restriktiven § 42a Abs. 2 Satz 3 HessVwVfG vorgeht (§ 1 Abs. 1 Halbs. 2 HessVwVfG) und nur die Höchstdauer, nicht aber die Zahl der Verlängerungen begrenzt. Die Dauer von zwei Monaten ist im vorliegenden Fall unabhängig vom Beginn der Verlängerung eingehalten.

2. Rechtmäßigkeit der zweiten Fristverlängerung

Zweifelhaft ist allerdings, ob die zweite Verlängerung auch im Einzelfall auf einen wichtigen Grund gestützt werden konnte. Darunter sind nur besondere Schwierigkeiten der konkreten Sache zu verstehen, nicht aber die Arbeitsüberlastung oder personelle Unterbesetzung der Behörde.[27] Gleiches muss auch für private Sachverständige gelten, derer sich die Behörde zur Prüfung des Sachverhalts bedient.

Danach wäre hier zwar die erste Fristverlängerung gerechtfertigt gewesen, da die Bauaufsichtsbehörde ein Marktgutachten einholen musste, um zu klären, ob die Voraussetzungen des § 34 Abs. 3 BauGB vorliegen. Auch hätte die Frist zB dann weiter verlängert werden können, wenn die zu beurteilenden wirtschaftlichen Zusammenhänge zu komplex gewesen wären, um das Gutachten fristgerecht zu erstatten. Die Überlastung der Gutachte-

---

[27] *Schliesky*, aaO (Fn. 23), Rn. 15 und *Uechtritz*, DVBl. 2010, 684, 690 jeweils zu § 42a VwVfG.

rin rechtfertigte hingegen keine (weitere) Ausdehnung der Bearbeitungsdauer, sondern hätte durch eine Vertretungsregelung aufgefangen werden müssen. Die zweite Verlängerung war deshalb mangels eines wichtigen Grundes rechtswidrig.

3. Wirksamkeit der zweiten Fristverlängerung

Es könnte aber sein, dass sie dennoch wirksam ist. Hätte die Fristverlängerung Regelungswirkung, so wäre sie ein VA und ihre Rechtswidrigkeit regelmäßig ohne Folge für die Wirksamkeit.

Doch knüpft schon das Gesetz eine Verschiebung des Fristendes an die bloße Tatsachenmitteilung, dass die Bearbeitung mehr Zeit in Anspruch nimmt, als in der Frist zur Verfügung steht. Die Fristverlängerung ist damit eine unselbstständige Verfahrenshandlung ohne Regelungsgehalt.[28] Sie ist daher infolge ihrer Rechtswidrigkeit unwirksam.

Die Entscheidungsfrist ist demnach am 22.5.2020 abgelaufen und die Genehmigungsfiktion dadurch – zunächst – eingetreten.

V. Rücknahme der fingierten Baugenehmigung

Ist schon der Eintritt der Genehmigungsfiktion nicht ganz einfach zu erkennen, gilt dies erst recht für deren mögliche Rücknahme – doch ist dies ein beliebtes Klausurproblem, an das man lieber einmal zu oft als einmal zu selten denken sollte.

Mit dem „Versagungsbescheid" könnte S die fiktive Baugenehmigung indes konkludent aufgehoben haben. Im Zweifel hebt eine Behörde schon dann einen früheren VA auf, wenn sie eine mit ihm unvereinbare Sachregelung trifft, auch wenn sie ihn nicht ausdrücklich zurücknimmt oder widerruft.[29] Hinzu kommt im vorliegenden Fall, dass eine Ablehnung des Bauantrags ins Leere ginge, weil sich der Antrag durch die fingierte Genehmigung erledigt hatte. Der „Versagungsbescheid" könnte daher richtigerweise als Rücknahme oder Widerruf der fiktiven Baugenehmigung auszulegen sein.

Seine Begründung trägt anstelle einer Ablehnung des Bauantrags auch die Rücknahme einschließlich der Ausübung des Rücknahmeermessens, falls die Rücknahme nicht ohnehin intendiert ist[30] und daher keiner Begründung bedarf. Auch eine Umdeutung käme in Betracht, allerdings wegen de-

In Betracht kommt hier vor allem eine Rücknahme, falls die Baugenehmigung rechtswidrig gewesen wäre. Dies liegt nahe, da sie gegen § 34 Abs. 3 BauGB verstoßen könnte. Da die Basaro-KG noch keinen Gebrauch von der Genehmigung gemacht hat und die Versagung sechs Tage nach Eintritt der

---

28 *Broscheit*, DVBl. 2014, 342 ff.; ähnlich *Schliesky*, aaO, Rn. 7 f.
29 *Kopp/Ramsauer*, § 48 Rn. 29a und 29b.
30 Vgl. *Peuker*, in: Knack/Henneke (Fn. 23), § 48 Rn. 63.

ren Begrenzung durch § 37 Abs. 3 HessVwVfG nur, wenn man das Rücknahmeermessen nicht nur als intendiert, sondern sogar als auf Null reduziert betrachtet.

Fiktionswirkung ausgesprochen wurde, steht weder der Vertrauensschutz nach § 48 Abs. 3 noch die Jahresfrist nach § 48 Abs. 4 HessVwVfG einer Rücknahme entgegen. Mit dem „Versagungsbescheid" wurde mithin die fingierte Baugenehmigung zurückgenommen.
Die Rücknahme ist wirksam, da weder ein in § 44 Abs. 2 HessVwVfG genannter Nichtigkeitsgrund vorliegt noch sie offensichtlich und schwerwiegend rechtswidrig ist (§ 44 Abs. 1 HessVwVfG). Die fiktive Baugenehmigung besteht also nicht mehr.

VI. Ergebnis

Ein rechtswidrig erteiltes Fiktionszeugnis wäre seinerseits ein feststellender Verwaltungsakt und könnte zurückgenommen werden.[31]

Die Erteilung eines Fiktionszeugnisses kann die Basaro-KG daher nicht verlangen.

B. Widerspruch

Das Verlangen des R könnte auch als Widerspruch zu verstehen sein, mit dem der KG (erneut) eine Baugenehmigung für ihr Vorhaben verschafft werden soll. Der Kreisausschuss könnte verpflichtet sein, in seiner Rolle als Ausgangsbehörde dem Widerspruch, sofern er ihn für begründet hält, gem. § 72 VwGO abzuhelfen und über die Kosten zu entscheiden.

Das Problem kam schon einmal vor – in Fall 5; bitte vergleichen Sie!

Allerdings entfällt die Abhilfe, wenn die Ausgangsbehörde zugleich für die Widerspruchsentscheidung zuständig ist. In dieser Lage ist die Abhilfe nicht nötig, um der Ausgangsbehörde eine Selbstkontrolle zu erlauben. Der Kreisausschuss des Main-Taunus-Kreises ist nicht nur Bauaufsichtsbehörde für Sulzbach (A III 1), sondern insoweit nach § 73 Abs. 1 Satz 3 VwGO i. V. mit § 16a Abs. 4 Satz 1 HessAGVwGO auch Widerspruchsbehörde, da nächsthöhere Behörde nach § 60 Abs. 1 Satz 1 Nr. 2 HBO das Regierungspräsidium wäre.

Der Kreisausschuss muss daher einen Widerspruchsbescheid erlassen und darin über die Kosten entscheiden (§ 73 Abs. 1 Satz 1, Abs. 3 Satz 3 VwGO), und zwar auch dann anstatt einer Abhilfe,

---

[31] SachsAnhOVG, NVwZ-RR 2020, 1114.

Die KG hätte daher für einen Verpflichtungswiderspruch, mit dem sie die Neubescheidung ihres Antrags erreichen wollte, kein Rechtsschutzbedürfnis, sofern er überhaupt statthaft ist. Statthaft kann er allerdings sein, da der Bauantrag zwar bereits erledigt war, die Behörde, indem sie ihren Bescheid als Ablehnung bezeichnete, aber den Rechtsschein geschaffen hat, dass der Antrag noch anhängig war.

wenn der Widerspruch durchweg zulässig und begründet ist.

I. Zulässigkeit

Der Widerspruch wäre zulässig. Insbesondere ist er von R als dem allein vertretungsberechtigten Gesellschafter der KG rechtzeitig und formgerecht erhoben worden. Der Widerspruch ist auch statthaft, und zwar jedenfalls als Anfechtungswiderspruch gegen die Rücknahme der fiktiven Baugenehmigung. Mit der Aufhebung der Rücknahme würde die bereits fingierte Baugenehmigung wieder aufleben.

II. Begründetheit

Der Widerspruch wäre indes nur begründet, wenn die Rücknahme der Baugenehmigung rechtswidrig und dadurch die KG in ihren Rechten verletzt oder wenn sie unzweckmäßig und dadurch die KG in ihren Belangen betroffen wäre (§ 68 Abs. 1 Satz 1 und § 113 Abs. 1 VwGO analog).

Die Rücknahme wäre bereits rechtswidrig, wenn die Baugenehmigung erteilt werden musste. Verletzt sein könnte dann die letztlich in Art. 14 Abs. 1 GG verankerte Baufreiheit der Grundstückseigentümerin (vgl. § 74 Abs. 1 HBO). Erstens setzt die Baugenehmigung voraus, dass das Vorhaben genehmigungsbedürftig ist. Eine überflüssige Baugenehmigung dürfte nicht erteilt werden. Die Errichtung des Marktes war nach § 62 Abs. 1 HBO genehmigungspflichtig; die Ausnahmen nach §§ 63 und 64 Abs. 1 HBO greifen hier ebenso wenig ein (s. o. A I) wie die nach § 79 HBO. Zweitens darf die Genehmigung nur dann erteilt werden, wenn das Vorhaben auch genehmigungsfähig ist.

1. Bauordnungsrecht

Dabei war im hier anzuwendenden vereinfachten Verfahren (s. o. A I) das materielle Bauordnungsrecht nur zu prüfen, soweit nach § 65 Abs. 1 Satz 1 Nr. 2, § 73 HBO Abweichungen nötig sind. Für die Einhaltung der Abstandsflächen könnte dies erforderlich sein. Sie betragen nach § 6 Abs. 5 Satz 1 Nr. 2, Satz 2 HBO hier 0,2 H, dh 1,80 m.

Fall 7 Auslegeware

Was die Abstandsfläche zum Gartenmarkt hin betrifft, ist sie durch die bestehende *Baulast* gesichert; eine Tiefe von 3 m reicht hier aus (§ 6 Abs. 5 Satz 4, Abs. 2 Satz 2 Nr. 2, § 2 Abs. 15, § 85 HBO). An der Straßenseite liegt sie allerdings auf der öffentlichen Verkehrsfläche. Dies ist nur bis zur Mitte allgemein zulässig (§ 6 Abs. 2 Satz 2 Nr. 1 HBO), dh 2 m weit.

Ob der Antrag im Widerspruchsverfahren nach § 25 Satz 1 HessVwVfG angeregt werden müsste, ist zweifelhaft. Zum einen verweist § 73 Abs. 3 Satz 2 HBO nicht auf § 70 Abs. 2 Satz 2. Das ist kein Versehen, da sonst das Erfordernis eines gesonderten Antrags ausgehöhlt zu werden drohte. Zum anderen würde Drittbetroffenen durch eine Zulassung in diesem Stadium uU die Möglichkeit genommen, wegen der Abweichung Widerspruch gegen den Genehmigungsbescheid zu erheben (§ 68 Abs. 1 Satz 2 Nr. 2 VwGO).

Der nach § 6 Abs. 5 Satz 4 HBO verbleibende Überhang von 1 m kann zwar evtl. zugelassen werden, doch fehlt es insoweit an einem gesonderten Antrag (§ 73 Abs. 2, Abs. 3 Satz 1 HBO). Schon weil dieser Antrag fehlt, ist das Vorhaben nicht genehmigungsfähig und der Widerspruch nicht erfolgversprechend.

Verstöße gegen sonstiges öffentliches Recht sind nicht zu befürchten. Es kommt im Übrigen daher allein auf die bauplanungsrechtliche Zulässigkeit des Vorhabens an.

2. Anwendbarer bauplanungsrechtlicher Maßstab

Wegen des eindeutigen Ergebnisses zu 1. handelt es sich hier um ein Hilfsgutachten.

Bodenrechtliche Relevanz iSd § 29 BauGB kommt dem Vorhaben der Basaro-KG offenbar zu. Ein Bebauungsplan für das Gebiet, in dem der Markt errichtet werden soll, besteht nicht. Für die Prüfung der planungsrechtlichen Zulässigkeit greift daher das Planersatzrecht der §§ 34, 35 BauGB ein. Das Vorhaben liegt im Innenbereich, wenn es sich nicht innerhalb eines im Zusammenhang bebauten Ortsteils (§ 34 BauGB) befindet.

Dies wäre zu bejahen, wenn die bereits vorhandene Bebauung innerhalb derselben politischen Gemeinde liegt, von einigem Gewicht ist und trotz etwa vorhandener Baulücken den Eindruck der Geschlossenheit vermittelt. Dass die vorhandene Bebauung darüber hinaus homogen wirkt oder dass die Anordnung der Gebäude eine Regel erkennen lässt, spielt dagegen keine Rolle.[32]

---

[32] BWVGH, NVwZ-RR 2011, 393, 394.

Die Umgebung des Baugrundstücks ist hier zum Teil bereits mit großflächigen Einzelhandelsbetrieben (Baumarkt, Gartenmarkt) bebaut. Zu einer Seite hin schließt die vierspurig ausgebaute B 8 das Areal ab; sie ist als Verkehrsweg neutral für den Gebietscharakter, verleiht dem Gebiet aber immerhin eine klare Abgrenzung. Alle diese Bauwerke liegen auf dem Gebiet der Gemeinde Sulzbach. Zusammengenommen sind die vorhandenen Betriebe auch von hinreichendem Gewicht, um einen Ortsteil zu bilden. Das folgt trotz ihrer relativ kleinen Zahl, die bei Ein- oder Zweifamilienhäusern noch nicht die Beurteilung als Ortsteil rechtfertigen würde, aus der Größe dieser Baukomplexe.

Das Vorhaben liegt daher innerhalb eines im Zusammenhang bebauten Ortsteils im Sinne des § 34 Abs. 1 BauGB.

3. Grundsätzliche bauplanungsrechtliche Zulässigkeitsvoraussetzungen

Seine Zulässigkeit beurteilt sich folglich anhand der Prüfung, ob sich der Markt in die Eigenart der näheren Umgebung einfügt, die Erschließung gesichert ist, gesunde Wohn- und Arbeitsverhältnisse gewahrt bleiben und das Ortsbild nicht beeinträchtigt wird. Die Zufahrt zu dem Grundstück ist gesichert; auch sonst sind die Kriterien Erschließung, Wohn- und Arbeitsverhältnisse sowie Ortsbild unproblematisch.

Ein Vorhaben fügt sich in die Eigenart der näheren Umgebung ein, wenn es sich in dem von der umgebenden Bebauung geprägten Rahmen hält und die erforderliche Rücksicht auf sie nimmt, keine neuen Nutzungskonflikte auslöst und auch nicht geeignet ist, durch eine negative Vorbildwirkung solche Spannungen hervorzurufen. Für den Bodenbelägemarkt trifft dies offensichtlich zu, da er nach einem ähnlichen Verkaufskonzept arbeiten soll wie die vorhandenen Märkte und ihr Angebot ergänzt. Das Vorhaben fügt sich damit nach dem Maßstab des § 11 Abs. 3 BauNVO in die Umgebungsbebauung ein.

4. Ausschluss der Zulässigkeit durch § 34 Abs. 3 BauGB

Allerdings kann § 34 Abs. 3 BauGB seiner Zulässigkeit entgegen stehen.[33] Ein Vorhaben, das sich einfügt, ist trotzdem nicht genehmigungsfähig, wenn es im weiteren Umfeld problematische Wirkungen auslösen kann.

Das gilt gerade für Wirkungen, die die Gemeindegrenzen überschreiten. Sofern die Standortgemeinde Bauleitpläne aufstellt, hat sie die Interessen der Nachbargemeinden und der dortigen Wirtschaft nach § 2 Abs. 2 BauGB zu berücksichtigen. Fehlt es hingegen an einem Bebauungs- oder sogar an einem Flächennutzungsplan, so muss das Planersatzrecht den Schutz dieser Belange sicherstellen.

a) Zentrale Versorgungsbereiche

Zentrale Versorgungsbereiche sind räumlich abgrenzbare Bereiche einer Gemeinde, denen aufgrund vorhandener Einzelhandelsnutzungen eine Versorgungsfunktion über den unmittelbaren Nahbereich hinaus zukommt. Die Funktion kann sich sowohl aus planerischen Festlegungen als auch aus den tatsächlichen Verhältnissen ergeben.[34] Eine überörtliche Versorgungsfunktion ist nicht vorausgesetzt. Allerdings muss ein Warenangebot vorliegen, das über den kurzfristigen Bedarf hinaus auch Teile des mittelfristigen Bedarfs abdeckt.[35]

Da es sich beim Ortskern von Frankfurt-Höchst allerdings um ein bestehendes Stadtteilzentrum handelt, ergibt sich seine zentrale Versorgungsfunktion schon aus den tatsächlichen Umständen.

> Kein Maßstab sind allerdings bloße Einzelhandels- oder Zentrenkonzepte der Gemeinden oder Zielvorgaben in Raumordnungsplänen; sie binden nur die Träger der Bauleitplanung, nicht die Genehmigungsbehörden bei der Anwendung des Planersatzrechts.[36] Lange war umstritten, ob nur Ortskerne und allenfalls in größeren Gemeinden auch Stadtteilzentren als „zentrale" Versorgungsbereiche in Betracht kommen oder darüber hinaus auch Grund- und Nahversorgungszentren, deren Einzugsgebiet nur wenige Straßenzüge oder ein einzelnes Wohngebiet umfasst. Zu Recht hat das BVerwG auch solche Kleinzentren in den Schutz

---

33 Übersicht bei *Scheidler*, VerwArch 105 (2014), 388, 399 ff.
34 BVerwGE 129, 307, Ls. 1.
35 BWVGH, NVwZ-RR 2012, 588, 589 f.
36 BVerwG, NVwZ 2009, 781 f.; DVBl. 2010, 516 ff.

des § 34 Abs. 3 BauGB mit einbezogen.[37]

Vorhaben, die § 34 Abs. 3 BauGB betrifft, sind allerdings wegen seines offenen Wortlauts nicht nur Einkaufszentren und großflächige Handelsbetriebe iSd § 11 Abs. 3 BauNVO.[39] Dies spielt im vorliegenden Fall allerdings keine Rolle, da der Bodenbelägemarkt auch die Merkmale des § 11 Abs. 3 Nr. 2 BauNVO erfüllt.

b) Schädliche Auswirkungen

Ob ein Vorhaben schädliche Auswirkungen befürchten lässt, hängt davon ab, ob das betroffene Gebiet seine Versorgungsfunktion einbüßen würde. Dies ist eine Tatfrage, die nach unterschiedlichen Methoden beantwortet werden kann. Infrage kommen abstrakte Kriterien wie ein Vergleich zwischen den Verkaufsflächen der konkurrierenden Betriebe derselben Branche in Relation zu ihrer Entfernung voneinander, aber auch konkrete wie eine Prognose von Umsatzumverteilungen, eine etwaige Vorschädigung des Versorgungsbereichs oder die Gefährdung eines vorhandenen Magnetbetriebs, der maßgebliche Bedeutung für die Funktionsfähigkeit des zentralen Versorgungsbereichs hat.[38]

Gerade die Genehmigung großflächiger Einzelhandelsbetriebe kann sich schädlich auf den Bestand innerörtlicher Verkaufsstätten auswirken, da Kaufkraft von dort in die oft verkehrstechnisch besser erschlossenen und regelmäßig konkurrenzfähigeren, da mit geringeren Personal- und Mietkosten betriebenen Märkte abfließt. Besonders diese negativen Effekte soll § 34 Abs. 3 BauGB verhindern.

Nach diesen Maßstäben konnte die Bauaufsichtsbehörde des Main-Taunus-Kreises zu Recht von schädlichen Auswirkungen des Bodenbelägemarktes ausgehen.

Zwar kann jedenfalls bei Waren des täglichen Bedarfs nicht abstrakt, sondern nur nach den Umständen des Einzelfalls beurteilt werden, ob eine Kaufkraftabschöpfung von 25 % die Grenze zur Schädlichkeit übersteigt.[40] Ein beachtliches Indiz ist ein so hoher Kaufkraftabfluss indes durchaus. Im vorliegenden Fall ist die Kaufkraftabschöpfung mit 27–29 % auch noch höher. Zudem sind Boden-

---

37 BVerwG, DVBl. 2010, 513 ff.
38 BVerwGE 129, 307, Ls. 2 bis 4; NWOVG, NVwZ 2007, 727.
39 BVerwG, NVwZ 2009, 779 ff.
40 BVerwG, DVBl. 2010, 516 ff.; aA BayVGH, VGHE 60, 59 ff.

beläge keine Waren des täglichen Bedarfs. Wenn die Entfernung relativ gering und die Verkaufsfläche des neuen Marktes groß ist – so wie hier –, spricht insgesamt mehr für als gegen das Vorliegen schädlicher Auswirkungen.

Dagegen ließe sich anführen, dass Einrichtungselemente, wie Teppiche und andere Bodenbeläge, nicht in demselben Maße zentrentypisch und für die verbrauchernahe Versorgung von Bedeutung sind wie Lebensmittel, Drogeriewaren oder Kleidung. Letztlich ist die Beurteilung daher an dieser Stelle offen.

III. Ergebnis

Je nach der Entscheidung unter II 4 b aE kann sowohl vertreten werden, dass der Basaro-Markt bauplanungsrechtlich zulässig ist, als auch das Gegenteil. Der Widerspruch verspricht jedoch unabhängig von der Antwort auf diese Frage keinen Erfolg. Da ein Antrag auf Zulassung der vorgesehenen Abweichung vom Abstandsflächenrecht fehlt, ist das Vorhaben aus bauordnungsrechtlichen Gründen nicht genehmigungsfähig.

C. Endergebnis

Der Kreisausschuss muss der Basaro-KG weder ein Fiktionszeugnis ausstellen, noch muss er dem Widerspruch stattgeben und die Rücknahme der Baugenehmigung wiederum zurücknehmen.

§ 4
KOMMUNALRECHT

Im Gegensatz zum Polizei- und Ordnungsrecht, aber auch zum Bauplanungsrecht ist das Kommunalrecht systematisch schwer fassbar, denn es regelt nicht eine einzige Sachmaterie, sondern die verschiedenen rechtlichen Verhältnisse der kommunalen Gebietskörperschaften. Es schließt deshalb organisationsrechtliche, wahlrechtliche, wirtschaftsverwaltungsrechtliche und abgabenrechtliche Regelungen ebenso ein wie Normen des öffentlichen Sachenrechts. In zwei der folgenden drei Fälle sind verschiedene der genannten Teilgebiete miteinander kombiniert. Außerdem spielen auch im Kommunalrecht wieder häufig verfassungsrechtliche Wertungen herein, die – wie schon im Polizei- und Baurecht – bei der Auslegung und Anwendung von einfachgesetzlichen Normen zu beachten sind. Das Kommunalrecht bietet sich für Klausurersteller mithin als Kreuzungsbereich der Probleme diverser anderer Rechtsgebiete an; dies sollte auch bei der Falllösung beachtet werden.

Fall 8 Granit und Gewissen

▶ Im Oktober 2020 ergänzt die hessische kreisfreie Stadt L ihre Friedhofsordnung um eine Vorschrift, nach der auf den städtischen Friedhöfen nur Grabmale aufgestellt und Grabausstattungen angebracht werden dürfen, die in der gesamten Wertschöpfungskette nachweislich ohne Kinderarbeit in ihren schlimmsten Formen i.S. von Art. 3 ILO-Konvention 182[1] hergestellt wurden. Nach Art. 2 der ILO-Konvention gilt der Ausdruck „Kind" in ihrem Rahmen für alle Personen unter 18 Jahren. Vor der Beratung der und dem Beschluss über die Änderung hatte die Stadtverordnetenvorsteherin die Bitte des im Zuschauerraum anwesenden Bloggers B abgelehnt, die Sitzung aufzeichnen und seine Aufnahmen ins Internet einstellen zu dürfen. Sie hatte dies damit begründet, dass die Stadtverordneten, die ihr Amt ja nur nebenberuflich ausübten, über ein so ernstes Thema ohne Scheu vor öffentlicher Blamage oder Anreiz zu unangemessener Selbstdarstellung sollten reden und abstimmen können, und außerdem auf die Geschäftsordnung der Stadtverordnetenversammlung verwiesen.

Steinmetz S, der einen großen Teil seines Einkommens mit der Anfertigung von Grabsteinen und Grabeinfassungen für Grabstätten auf den städtischen Friedhöfen in L verdient, fühlt sich durch die neue Vorschrift in der Friedhofsordnung in seinen Grundrechten verletzt. Er sucht deshalb im Mai 2021 Rechtsanwältin R auf, bei der Sie Ihre Anwaltsstation absolvieren, und bittet sie um einen Rat, wie er sich gegen die Regelung wehren könnte. S trägt vor, über achtzig Prozent des Rohmaterials, das für die Grabausstattungen auf deutschen Friedhöfen eingesetzt wird, stammten aus der Dritten Welt, zwei Drittel davon allein aus Indien. Es gebe zurzeit gar kein zuverlässiges Zertifizierungssystem für die Herkunft von Steinblöcken außerhalb Europas, auf das er sich bei der Beurteilung stützen könnte, ob sein Material ohne schlimme Kinderarbeit entstanden sei. Wenn er nur noch Material europäischer Herkunft einsetzen würde, müsste er seine Preise vervier- bis verfünffachen. Diese Angaben treffen zu. S fürchtet um seine Wettbewerbsfähigkeit und meint, es sei ihm ja wohl nicht zuzumuten, regelmäßig selbst nach Indien zu fahren, um die Steinbrüche dort zu inspizieren.

1. Bitte erstellen Sie ein Gutachten, um die Beratung des S durch R vorzubereiten.
2. Nach der Geschäftsordnung der Stadtverordnetenversammlung sind Film- und Tonaufnahmen in den Sitzungen unzulässig. Könnte B diese Bestimmung gerichtlich überprüfen lassen, wenn sie vor weniger als einem Jahr erlassen wurde? ◀

Vorüberlegungen

Diese Klausur kleineren Umfangs behandelt Probleme der Reichweite des kommunalen Aufgabenbereichs, der Öffentlichkeit in Sitzungen einer Gemeindevertretung, des Vorbehalts des Gesetzes für Regelungen in kommunalen Satzungen und der Verhältnismäßigkeit von Eingriffen in die Berufsfreiheit. In prozessualer Hinsicht werden einige Standardfragen der verwaltungsgerichtlichen Normenkontrolle angesprochen.

Obgleich die Argumentation des S es nahelegt, ihm eine Grundrechtsklage zum HessStGH oder eine Verfassungsbeschwerde zum BVerfG zu empfehlen, muss R ihm mit Blick auf das Gebot der Rechtswegerschöpfung nach § 90 Abs. 2 BVerfGG, § 44 Hess-

---

[1] Übereinkommen der Internationalen Arbeitsorganisation über das Verbot und unverzügliche Maßnahmen zur Beseitigung der schlimmsten Formen der Kinderarbeit, BGBl. II 2001, S. 1290. Art. 3 der Konvention, der die „Kinderarbeit in ihrer schlimmsten Form" en détail definiert, wäre im Klausurtext mit abgedruckt.

StGHG dazu raten (I., II.), eine verwaltungsgerichtliche Normenkontrolle gegen die neue Satzungsvorschrift beim HessVGH einzuleiten. Die Normenkontrolle nach § 47 VwGO gehört zum Rechtsweg, der durchlaufen sein muss, bevor eine Verfassungsbeschwerde oder eine Grundrechtsklage zulässig ist.[2] Die Zusatzfrage (III.) zielt ausschließlich auf die Statthaftigkeit einer Normenkontrolle gegen Geschäftsordnungsrecht ab; sie wird daher am Ende knapp beantwortet.

Gutachten

I. Zulässigkeit eines Normenkontrollantrags

1. Rechtsweg und zuständiges Gericht

Abweichend von der grundsätzlichen Zuständigkeit des Verwaltungsgerichts nach § 45 VwGO ist für Normenkontrollverfahren nach § 47 VwGO das OVG zuständig; es führt in Hessen nach § 1 Abs. 1 Satz 1 AGVwGO die Bezeichnung „Verwaltungsgerichtshof" (vgl. auch § 184 VwGO). Der VGH entscheidet nach § 47 Abs. 1 VwGO „im Rahmen seiner Gerichtsbarkeit" über die Gültigkeit von Rechtsvorschriften. Die angegriffene Vorschrift liegt in diesem Rahmen, wenn der VGH für Streitigkeiten zuständig wäre, die sich aus der Anwendung der Norm im Einzelfall ergeben könnten.[3]

Dass solche hypothetische Streitigkeiten öffentlich-rechtlich und nicht verfassungsrechtlicher Art i. S. des § 40 Abs. 1 Satz 1 VwGO wären, ergibt sich, der modifizierten Subjektstheorie[4] folgend, im vorliegenden Fall daraus, dass die Friedhofsordnung der Stadt L für den Betrieb städtischer Friedhöfe gilt. Damit regelt sie öffentlich-rechtliche Benutzungsverhältnisse an kommunalen öffentlichen Einrichtungen[5] i. S. des § 19 Abs. 1 HessGO. Abdrängende Sonderzuweisungen bestehen hierfür nicht.

2. Statthaftigkeit

Die Normenkontrolle ist in Hessen über die Satzungen und Rechtsverordnungen aufgrund des Baugesetzbuches nach § 47 Abs. 1 Nr. 1 VwGO hinaus durch § 47 Abs. 1 Nr. 2 VwGO i. V. mit § 15

---

2 BVerfGE 76, 107, 114; NVwZ 1994, 59 f.; HessStGH, RDV 1995, 174 f.
3 *Unruh*, in: HK-VwR, § 47 VwGO Rn. 23 m.w.N.
4 Vgl. *Hufen*, § 11 Rn. 17.
5 Krit. gegenüber dem Einrichtungscharakter von Friedhöfen *Axer*, DÖV 2013, 165, 170.

AGVwGO auch eröffnet für alle im Rang unter dem Gesetz stehenden Rechtsvorschriften. Ein Normenkontrollantrag gegen Bestimmungen der Friedhofsordnung der Stadt L ist daher statthaft.

3. Beteiligtenbezogene Voraussetzungen

S ist als natürliche Person beteiligungsfähig im Normenkontrollverfahren nach § 47 Abs. 2 Satz 1 VwGO. Richtige Antragsgegnerin ist gemäß § 47 Abs. 2 Satz 2 VwGO die Stadt L als Trägerin der normerlassenden Stadtverordnetenversammlung; ihre Beteiligungsfähigkeit folgt mangels Spezialregelung aus § 61 Nr. 1 Var. 2 VwGO. Die Beteiligten müssen sich anwaltlich vertreten lassen (§ 67 Abs. 4 Satz 1 und 2 VwGO).

4. Antragsbefugnis

Nach § 47 Abs. 2 Satz 1 VwGO muss der Antragsteller geltend machen, er werde durch die angegriffene Bestimmung oder ihre Anwendung in seinen Rechten verletzt.

S kann durch die Friedhofsordnung oder ihren Vollzug nicht in einem *Benutzungsanspruch* aufgrund des § 19 Abs. 1 HessGO verletzt werden, da ein solcher Anspruch an einem Friedhof zwar nach § 2 Abs. 4 und 5 HessFBG bestehen kann, aber nicht den Herstellern der errichteten Grabmale und Grünanlagen zusteht, sondern den nach § 9 und § 13 Abs. 1 HessFBG bestattungspflichtigen Personen.

Jedoch ist es nicht ausgeschlossen, dass die neue Regelung der Friedhofsordnung S in seiner *Berufsfreiheit* verletzt. Ein Beruf ist jede auf Dauer angelegte Tätigkeit, die auf die Schaffung und Erhaltung einer Lebensgrundlage gerichtet ist.[6] Da S sein Einkommen mit der Anfertigung von Grabsteinen und Grabeinfassungen erzielt, ist der Schutzbereich dieses Grundrechts eröffnet. Kann er einen erheblichen Teil dieser Tätigkeit nur noch ausüben, wenn er ganz bestimmtes Material nutzt, so entfaltet eine darauf abzielende Regelung auch eine objektiv be-

---

6 BVerfGE 7, 377, 397; 119, 59, 78; 126, 112, 136 – st. Rspr.

rufsregelnde Tendenz[7] und greift damit in die Berufsfreiheit ein. Zwar richtet sich die Friedhofsordnung unmittelbar an die Bestattungspflichtigen und wirkt sich nur mittelbar-faktisch auch gegenüber Steinmetzen aus. Gleichwohl zielt sie darauf ab, dass diese die Herkunft ihres Materials prüfen und ihre Unbedenklichkeit nachweisen. Ein Eingriff in die Berufsfreiheit des S liegt damit vor.

S ist daher antragsbefugt.

5. Sonstige Voraussetzungen und Teilergebnis

Im Übrigen bestehen keine Bedenken gegen die Zulässigkeit des Antrags. Die Form des Antrags bestimmt sich nach § 81 Abs. 1 Satz 1, § 82 Abs. 1 VwGO. Die Jahresfrist des § 47 Abs. 2 Satz 1 VwGO kann S noch einhalten. Anlass, an seinem Rechtsschutzinteresse zu zweifeln, besteht nicht. Der Antrag ist damit insgesamt zulässig.

II. Begründetheit eines Normenkontrollantrags

Der Antrag ist begründet, wenn die angegriffene Vorschrift rechtswidrig ist. Darauf, ob sie S darüber hinaus in seinen Rechten verletzt, kommt es nicht an. Obwohl die Antragsbefugnis eine Sachentscheidungsvoraussetzung ist, handelt es sich bei der Normenkontrolle nach § 47 VwGO um ein objektives Beanstandungsverfahren. Dessen ungeachtet muss die angegriffene Vorschrift auch mit den Grundrechten, insbesondere der Berufsfreiheit des S, vereinbar sein (dazu unter 2.).

1. Formelle Rechtswidrigkeit der Vorschrift

Zweifelhaft ist allerdings bereits, ob die Vorschrift wirksam zustande gekommen ist. Daran könnte es zum einen fehlen, wenn die Stadtverordnetenversammlung der Stadt L ihre Zuständigkeit überschritten hätte, zum anderen aber auch, wenn bei dem Beschluss über die Vorschrift zu Unrecht die Öffentlichkeit eingeschränkt worden wäre.

---

[7] BVerfGE 37, 1, 17; 98, 106, 117; 110, 274, 288; 113, 29, 48; RhPfOVG, LKRZ 2009, 37. Skeptisch jedoch *Lange*, DVBl. 2014, 753, 756.

a) Zuständigkeit der Stadtverordnetenversammlung

Die neue Vorschrift in der Friedhofsordnung könnte als kommunale Satzung nach § 9 Abs. 1 Satz 3, § 50 Abs. 1 Satz 1 HessGO in die nach § 51 Nr. 6 HessGO ausschließliche Organzuständigkeit der Stadtverordnetenversammlung fallen, sofern die Stadt L überhaupt als Verband für eine derartige Regelung zuständig war. Durch Satzung können die Gemeinden nach § 5 Abs. 1 Satz 1 HessGO, soweit gesetzlich nichts anderes bestimmt ist, die „Angelegenheiten der örtlichen Gemeinschaft" regeln. Dieser Begriff ist hier wie in Art. 28 Abs. 2 Satz 1 GG auszulegen. Gemeint sind also diejenigen Bedürfnisse und Interessen, die in der örtlichen Gemeinschaft wurzeln oder einen spezifischen Bezug auf sie haben. Besteht ein lokaler Anknüpfungspunkt, so können auch überregionale Fragen zum Inhalt kommunaler Selbstverwaltung werden.[8]

Ob Vorschriften, die den Gebrauch von Steinen für die Friedhofsmöblierung von einem Nachweis abhängig machen, dass deren Produktion ohne menschenunwürdige Kinderarbeit erfolgt ist, schon deshalb einen hinreichenden Bezug zur örtlichen Gemeinschaft aufweisen, weil sie an die Aufstellung auf einem kommunalen Friedhof anknüpfen, ist strittig. Zwar wird die Totenbestattung traditionell zu den Aufgaben der örtlichen Gemeinschaft gezählt, obwohl sie gefahrenabwehrrechtliche Zwecke mit umfasst. Werden bei Gelegenheit ihrer Regelung auch weltweite politische Anliegen verfolgt wie die Bekämpfung der Kinderarbeit, nimmt dies der Norm den lokalen Bezug nicht.[9] Doch könnte der kommunalen Rechtsetzung auf diesem Gebiet eine Bundeskompetenz entgegenstehen, soweit an die Grabausstattungen nicht allein ästhetische oder sicherheitstechnische Anforderungen gestellt werden,[10] sondern der Handel mit bestimmten Importgütern unter Verweis auf die ILO-Konvention 182 reguliert werden soll.

---

8 BVerfGE 79, 127, 151; 83, 363, 382; BVerwGE 87, 228, 233 ff.; 87, 237, 238 ff.
9 BayVerfGH, NVwZ-RR 2012, 50, 51 f.; *Kaltenborn/Reit*, NVwZ 2012, 925, 927.
10 *Kaltenborn/Reit*, NVwZ 2012, 925, 926.

Anders beurteilt die Rspr kommunalrechtliche Verbote der Zurschaustellung von Wildtieren durch Zirkusse auf kommunalen Festplätzen; hierfür enthält § 11 Abs. 1 Satz 1 Nr. 8 TierSchG eine abschließende Regelung.[11]

Eine vorrangige Bundeskompetenz folgt dabei allerdings nicht schon aus Art. 32 GG, der nur den völkerrechtlichen Vertragsschluss betrifft, nicht aber die innerstaatliche Umsetzung der Verträge.[12] Sie könnte jedoch aus Art. 73 Abs. 1 Nr. 5 GG (Warenverkehr mit dem Ausland)[13] oder aus Art. 74 Abs. 1 Nr. 11 GG (Recht der Wirtschaft) abgeleitet werden. Beide Ansätze überzeugen aber nicht. Das Verbot einer Verwendung bestimmter Materialien auf Friedhöfen betrifft den Import und den Handel mit diesen Materialien nur mittelbar. Kompetenztitel aus Art. 74 Abs. 1 GG stehen landes- oder kommunalrechtlichen Regelungen nur dann entgegen, wenn der Bundesgesetzgeber das Thema abschließend geregelt hat und nach Art. 72 Abs. 2 GG auch regeln durfte. Bereits für eine bundesgesetzliche Regelung ist hinsichtlich der Verwendung bestimmter Importwaren auf Friedhöfen indes nichts ersichtlich.[14]

Die Stadtverordnetenversammlung der Stadt L war daher nicht schon aus kompetenzrechtlichen Gründen gehindert, die Friedhofsordnung um die hier streitbefangene Norm zu ergänzen.

b) Öffentlichkeit des Satzungsbeschlusses

Ein Verfahrensfehler könnte die Wirksamkeit der neuen Bestimmung beeinträchtigen, wenn bei ihrer Einfügung die Sitzungsöffentlichkeit unberechtigt eingeschränkt worden wäre, indem B versagt wurde, Aufnahmen anzufertigen und im Internet zu verbreiten. Nach § 52 Abs. 1 Satz 1 HessGO fasst die Stadtverordnetenversammlung ihre Beschlüsse in öffentlicher Sitzung. Zwar kann sie für einzelne Angelegenheiten nach § 52 Abs. 1 Satz 2 HessGO die Öffentlichkeit ausschließen, dies aber nicht voraussetzungslos. In Anbetracht des Demokratieprinzips und der Kontrollfunktion der Öffentlichkeit

---

11 SächsOVG, NVwZ 2020, 507, 508 mwN.
12 *Wollenschläger*, in: Dreier, GG, Komm., Bd. 2, 3. Aufl. 2015, Art. 32 Rn. 36; vgl. im Übrigen Art. 32 Abs. 3 GG.
13 So noch BayVGH, BayVBl 2009, 367, 369 sowie *Hoppe*, LKV 2010, 497, 498.
14 BVerwG, DÖV 2014, 345, 347; *Kaltenborn/Reit*, NVwZ 2012, 925, 929; *Krajewski*, DÖV 2014, 721, 725.

muss der Ausschluss vielmehr durch ein Geheimhaltungsbedürfnis gerechtfertigt sein.[15]

Allerdings gilt dies ohne weiteres nur für die sog. Saalöffentlichkeit. Im Ausgangspunkt gebietet der Öffentlichkeitsgrundsatz danach nur, dass die Sitzungen unter vollständiger Angabe der Zeit, des Ortes und der Tagesordnung für den öffentlichen Teil rechtzeitig vor dem Sitzungstermin öffentlich bekannt gemacht werden, dass sie für körperlich anwesende Zuschauer und Zuhörer frei zugänglich sind und dass die Verhältnisse am Sitzungsort die Anwesenheit und Aufmerksamkeit eines Personenkreises gestatten, wie er nach der Größe der Kommune und dem Gewicht der behandelten Fragen zu erwarten ist.[16] Ob darüber hinaus auch ein Zugang für und eine Berichterstattung durch die Medien aus Sitzungen kommunaler Vertretungen heraus vom Öffentlichkeitsgebot umfasst ist, ist zweifelhaft. Für Hessen spricht dagegen bereits der Wortlaut des § 52 Abs. 3 HessGO, der Film- und Tonaufnahmen durch die Medien während öffentlicher Sitzungen einer Bestimmung in der Hauptsatzung überlässt.[17] Diese Ermächtigung wäre in sich widersprüchlich, wenn die Sitzungen ohne mediale Übertragung an ein abwesendes Publikum schon gar nicht „öffentlich" wären.

Eine weitere Auslegung des Öffentlichkeitsbegriffs ist auch verfassungsrechtlich nicht geboten. Die Presse- und die Rundfunkfreiheit schützen zwar die gesamte Medientätigkeit von der Informationsbeschaffung bis zur Verteilung des Medienprodukts an die Rezipienten.[18] Sie verleihen den Medienvertretern jedoch in der Regel kein Recht auf Eröffnung des Zugangs zu einer Informationsquelle; insoweit gilt das Gleiche wie für die Informationsfreiheit.[19] Nur wenn ein Minimum an funktionsgemäßer Betätigung sonst nicht gewährleistet wäre, folgt ein Informationsanspruch unmittelbar aus

---

15 HessVGH, LKRZ 2009, 22, 25.
16 BadWürttVGH, DVBl. 2011, 912, 913; *Birkenfeld*, Kommunalrecht Hessen, 6. Aufl. 2016, Rn. 396; *Röhl*, in: Schoch, Bes. Verwaltungsrecht, 16. Aufl. 2018, S. 357 f.; für Rheinland-Pfalz *Winkler*, in: Hendler/Hufen/Jutzi Landesrecht RhPf., 9. Aufl. 2021, § 3 Rn. 128.
17 HessVGH, LKRZ 2014, 22, 23.
18 BVerfGE 85, 1, 12 f.; 91, 125, 134 f.; 113, 63, 75; 119, 309, 318.
19 BVerfGE 103, 44, 59 f.; 119, 309, 319; SaarlOVG, LKRZ 2011, 433; *Krebs*, LKRZ 2014, 138, 141.

Art. 5 Abs. 1 Satz 2 GG.[20] Selbst dann aber kann das gemeindliche Interesse an der Funktion der Kommunalvertretung Eingriffe in die Mediengrundrechte rechtfertigen. Eine lückenlose Aufzeichnung ihrer Sitzungen in Ton und Bild zum Zweck der Berichterstattung kann die Beratungsatmosphäre negativ beeinflussen, sei es durch eine Hemmschwelle für weniger redegewandte Mitglieder,[21] sei es gerade umgekehrt durch die Versuchung für rhetorische Talente, sich der Öffentlichkeit darzustellen, statt sachlich zu beraten.

Welches der genannten Grundrechte ggf. auf Veröffentlichungen im Internet anwendbar ist, ob und ggf. unter welchen Voraussetzungen sich auch ein Blogger wie B für das Hochladen von Aufnahmen auf die Mediengrundrechte berufen kann – namentlich ob sie nur journalistisch-redaktionell aufbereitete Angebote schützen –,[22] kann daher im vorliegenden Zusammenhang dahinstehen. Jedenfalls erfasste das Öffentlichkeitsgebot des § 52 Abs. 1 Satz 1 HessGO die Internetöffentlichkeit schon mangels einer erweiternden Bestimmung in der Hauptsatzung der Stadt L nicht.

An einem Verfahrensfehler leidet das Zustandekommen der geänderten Friedhofsordnung mithin nicht. Sie ist insgesamt formell rechtmäßig.

2. Materielle Rechtswidrigkeit der Vorschrift

In materieller Hinsicht könnte die Vorschrift allerdings rechtswidrig sein, wenn der von ihr bewirkte und auch intendierte Eingriff in die Berufsfreiheit (I.4.) nicht verfassungsrechtlich gerechtfertigt ist. Seine Rechtfertigung bedarf einerseits einer gesetzlichen Grundlage, andererseits muss der Eingriff auch legitimen Zwecken dienen und ein verhältnismäßiges Mittel sein, um diese zu erreichen.

a) Gesetzliche Grundlage

Eine hinreichend detaillierte Basis für den Grundrechtseingriff liegt weder in der Selbstverwaltungsgarantie nach Art. 28 Abs. 2 GG und Art. 137 Abs. 3 HessVerf. noch in der allgemeinen Satzungs-

---

20 BVerwGE 146, 56, 63 ff.; NJW 2014, 1126, 1128.
21 SaarlOVG, LKRZ 2011, 433, 434.
22 Vgl. *Fechner*, Medienrecht, 16. Aufl. 2018, Kap. 8 Rn. 26.

kompetenz der Städte und Gemeinden nach § 5 Abs. 1 HessGO, die letztlich auf jener beruht. Als Grundlage für den Satzungserlass im Selbstverwaltungsbereich reicht die kommunale Rechtsetzungshoheit zwar im Allgemeinen aus. Der Vorbehalt des Gesetzes gilt aber auch für kommunale Satzungen. Danach bedürfen vor allem Grundrechtseingriffe einer gesetzlichen Ermächtigung, die präzise genug formuliert ist, um die Voraussetzungen und den Umfang von Eingriffen im Einzelfall vorhersehbar werden zu lassen.[23]

Beispiele sind etwa die Ermächtigungen zur Anordnung eines Anschluss- und Benutzungszwangs (§ 19 Abs. 2 HessGO) und zur Erhebung kommunaler Abgaben (§ 2 Satz 2 HessKAG). Eine Ermächtigung, die Verwendung bestimmter Materialien auf kommunalen Friedhöfen zu regeln, ließ sich früher nur § 2 Abs. 3 Satz 2 HessFBG entnehmen, der Gestaltungsvorschriften im Grundsatz anerkennt. Ähnliche Vorgaben für Verbote aus Gründen des Menschenrechtsschutzes macht der hessische Gesetzgeber inzwischen mit § 6a HessFBG. In ihm hat der vorliegende Eingriff in die Berufsfreiheit der Steinmetze eine tragfähige gesetzliche Grundlage.

b) Verhältnismäßigkeit des Eingriffs

Ein Eingriff in die Berufsfreiheit muss, um sich verfassungsrechtlich rechtfertigen zu lassen, außerdem verhältnismäßig sein; die dafür entwickelte Drei-Stufen-Theorie wird heute nur noch formelhaft zitiert.[24]

Der Schutz der Menschenrechte, zumal derjenige von Kindern vor Ausbeutung und gesundheitsschädlicher Arbeit, *legitimiert* auch kommunales Tätigwerden, soweit dabei die Grenzen der Kompetenzordnung eingehalten sind (s. o. II.1.). Denn die vollziehende Gewalt ist nach Art. 20 Abs. 3 GG an Gesetz und Recht gebunden. Da die ILO-Konvention 182 im Range eines förmlichen Bundesgesetzes gilt, ist sie in den Vorrang des Gesetzes ein-

---

23 BVerwGE 125, 68, 71; KommJur 2014, 54, 57 f.; DÖV 2014, 345, 349; *Kaltenborn/Reit*, NVwZ 2012, 925, 928; zweifelnd *Krajewski*, DÖV 2014, 721, 727.
24 Vgl. BVerfGE 119, 59, 80; 126, 112, 139.

bezogen und muss auch von der kommunalen Verwaltung beachtet werden.[25]

Hinsichtlich der *Eignung* und *Erforderlichkeit* seiner Festlegungen hat der Satzungsgeber eine gewisse, wenn auch nicht derjenigen des Gesetzgebers gleichstehende Einschätzungsprärogative. In der Friedhofsordnung von L wurde sie nicht überschritten.

Zweifel bestehen jedoch daran, ob die neue Regelung den Grundsatz der *Angemessenheit* (Verhältnismäßigkeit im engeren Sinn) wahrt. Diese Relation zwischen dem Zweck eines Grundrechtseingriffs und den Mitteln, die zu seiner Erreichung eingesetzt werden, ist namentlich dann gestört, wenn der Aufwand zur Erfüllung von Ausübungsvoraussetzungen außer Verhältnis zu dem Vorteil steht, den der Grundrechtsträger aus der Ausübung seines Rechts ziehen kann.

Den Steinmetzen, die Grabausstattungen herstellen, ist es insoweit nicht zumutbar, sich mittels eigener Kontrollen ein Bild davon zu machen, ob Kinder für den Abbau ihres Rohmaterials an den Ursprungsorten eingesetzt werden. Wohl könnte ihnen abverlangt werden, dass sie sich dafür eines institutionalisierten Kontrollsystems bedienen. An einem dafür geeigneten System allerdings fehlt es nach wie vor. Zwar bestehen Zertifizierungseinrichtungen; deren Zuverlässigkeit steht aber in Frage.[26] Die Steinmetze können sich nur auf die erst recht nicht zuverlässigen Eigenerklärungen der Hersteller und Lieferanten stützen. Ob die Steinblöcke, die sie beziehen, ohne ausbeuterische Kinderarbeit i.S. der ILO-Konvention 182 hergestellt wurden, können sie daher nicht mit einem zumutbaren Aufwand nachprüfen.[27]

Die Regelung in der Friedhofsordnung verlangt jedoch gerade dies als Voraussetzung ihrer Berufs-

---

25 Zur rechtsprechenden Gewalt BVerfGE 111, 307, 317 f. (EMRK); 128, 282, 306 (VN-Behindertenrechtekonvention).
26 *Krajewski*, DÖV 2014, 721, 726 f.
27 BVerwG, DÖV 2014, 345, 347; das BVerwG zieht daraus indes den kaum nachvollziehbaren Schluss, die im Streitfall angegriffene Friedhofsordnung (nicht etwa das ihr zugrundeliegende Gesetz) sei nicht hinreichend bestimmt. Eine Verletzung des Bestimmtheitsgebots lag angesichts des Verweises auf die detaillierte Definition der „schlimmsten Formen" von Kinderarbeit in der Konvention aber fern.

ausübung. Sie ist aus diesem Grund auch unverhältnismäßig.

3. Ergebnis zu I und II

Die neu in die Friedhofsordnung der hessischen kreisfreien Stadt L eingefügte Vorschrift, nach der nur solche Grabmale und sonstige Grabausstattungen auf den städtischen Friedhöfen verwendet werden dürfen, die in der gesamten Wertschöpfungskette nachweislich ohne Kinderarbeit in ihren schlimmsten Formen hergestellt wurden, ist formell rechtmäßig, verstößt aber materiell gegen höherrangiges Recht, da sie in unzumutbarer Weise in die Berufsfreiheit der betroffenen Grabausstattungshersteller eingreift.

Ein Normenkontrollantrag des S hätte auch insoweit Aussicht auf Erfolg, als er gegenwärtig die dafür bestehenden Sachentscheidungsvoraussetzungen noch erfüllen könnte. R wird dem S daher raten, einen Normenkontrollantrag zu stellen und ihm anbieten, seine Vertretung vor dem HessVGH (oben I.3 a. E.) zu übernehmen.

III. Zusatzfrage: Normenkontrolle gegen die Geschäftsordnungsvorschrift

Der Anwendungsbereich der Normenkontrolle ist zwar in Hessen durch § 15 AGVwGO auf alle im Rang unter dem Gesetz stehenden Rechtsvorschriften erstreckt worden; eine Anwendung auf Geschäftsordnungsbestimmungen könnte aber daran scheitern, dass es sich dabei um reines Binnenrecht handelt, also nicht um „Normen" im gängigen Sinn, d. h. abstrakt-generelle Regelungen mit Außenwirkung.

Der Normbegriff ist in § 47 VwGO jedoch im Lichte des Grundrechts auf effektiven Rechtsschutz, dessen Gewährleistung die Vorschrift dient, weit auszulegen. In diesem Sinne hat der Hess. VGH auch die Geschäftsordnungen kommunaler Vertretungskörperschaften in den Anwendungsbereich des § 15 AGVwGO einbezogen. Die Möglichkeit, eine untergesetzliche Rechtsvorschrift allgemein verbindlich für unwirksam zu erklären, solle die Verwaltungsgerichte entlasten und den individuellen Rechtsschutz verbessern. Diese Zwecke sprächen dafür, dass auch der Streit um innerorganschaftliche Rechtspositionen in einem kommunalen Vertretungsorgan der Normenkontrolle unterworfen werden kann. Das Gleiche gelte darüber hinaus sogar für Dritte, soweit sie durch die Anwendung der Geschäftsordnung in eigenen Rechten verletzt oder gefährdet werden könnten.[28]

B kann daher die Vorschrift in der Geschäftsordnung vom HessVGH daraufhin überprüfen lassen, ob sie ihm etwa zustehende Mediengrundrechte verletzt.

---

28   HessVGH, LKRZ 2007, 280; 2014, 22, 23; ebenso BadWürttVGH, VBlBW 2003, 119.

Fall 9 Das Bürgerbadebegehren

▶ Die Wirtschaftsbetriebe Nidda GmbH (W-GmbH), deren Alleingesellschafterin die Stadt Karben ist, betreiben seit 2008 das Freizeitbad in Karben. Der Aufsichtsrat der W-GmbH besteht aus 12 aus der Mitte der Stadtverordnetenversammlung entsandten Mitgliedern sowie dem Bürgermeister als Vorsitzendem. Karben liegt im hessischen Wetteraukreis und hatte 2019 ca. 22.400 Einwohner.
Auf Empfehlung des Aufsichtsrates entschied die Stadtverordnetenversammlung von Karben am 13.1.2020, für die zur Fortführung des Badebetriebs nötige Sanierung des Freizeitbades keine Haushaltsmittel in den Wirtschaftsplan der W-GmbH einzustellen und den Badebetrieb ab der Badesaison 2020 von Seiten der Stadt und der W-GmbH nicht weiterzuführen. Ein zuvor gestellter Abänderungsantrag, der darauf abzielte, den Weiterbetrieb des Freizeitbades vorläufig zu sichern und entsprechende Haushaltsmittel für die W-GmbH im Haushaltsplan 2020 einzustellen, war mehrheitlich abgelehnt worden. Daraufhin gründeten Einwohner der Stadt Karben eine Bürgerinitiative, die sich gegen die Schließung des Freizeitbades wendet. Die Bürgerinitiative rief ein Bürgerbegehren mit drei Vertretungsberechtigten ins Leben, das Unterstützungsunterschriften für folgenden Antrag sammelte:
„Bürgerbegehren (gem. § 8b HessGO) Erhaltung des Freizeitbades
Ich spreche mich durch meine Unterschrift dafür aus, dass die Beschlüsse der Stadtverordnetenversammlung von Karben vom 13.1.2020 aufgehoben werden, nach denen die Stadt für die Sanierung des Freizeitbades keine Haushaltsmittel zur Verfügung stellen und sich aus dem Betrieb des Bades ab der Badesaison 2020 zurückziehen soll.
Begründung
Die Reduzierung des Freizeitangebotes für unsere Jugendlichen und Kinder, unsere älteren Mitmenschen sowie allen Karbener Bürgerinnen und Bürger kann – auch vor dem Hintergrund der damit verbundenen sozialen Folgekosten – nicht hingenommen werden. Weiterhin läuft die von der Stadt Karben beabsichtigte Schließung den Bemühungen der Attraktivitätssteigerung für die Zielgruppen ansiedlungsbereiter Gewerbetreibender bzw. zusätzlicher Einwohnerinnen und Einwohner entgegen.
Vorschlag für die Deckung der Kosten
Das Freizeitbad ist renovierungsbedürftig. Die voraussichtlichen Kosten für die Renovierung sollen nach Schätzungen der W-GmbH etwa 4 Millionen EUR betragen. Durch den Betrieb des Freizeitbades entsteht außerdem jährlich ein Defizit von durchschnittlich 250.000 EUR, das von der W-GmbH abgedeckt wird. Zur Finanzierung der Renovierung und der Weiterführung des Freizeitbades wird vorgeschlagen, folgende stadteigene Grundstücke – bzw. Grundstücksteile – zu verkaufen: (...)"
Es folgten eine Liste von Grundstücken, deren Marktwert mit ca. 8,9 Mio. EUR beziffert wurde, sowie der Raum für die notwendigen persönlichen Angaben der Unterstützer. Das Bürgerbegehren wurde am 11.2.2020 mit fast 2500 Unterstützungsblättern bei der Stadt eingereicht. Schon am 10.2.2020 beschloss die Stadtverordnetenversammlung mehrheitlich den Haushaltssanierungsplan 2020 mit einem Einsparvolumen von gut 2 Mio. EUR. Darin ist ua der Wegfall eines Aufwendungszuschusses zugunsten der W-GmbH von jährlich 100.000,00 EUR ab 2020 im Falle der Schließung des Freizeitbades enthalten. Der Haushaltsplan für das Jahr 2020 wurde von der Stadtverordnetenversammlung am 23.3.2020 beschlossen; Mittel für das Freizeitbad sind darin nicht eingestellt.
In einer Vorlage vom 25.2.2020 für die Stadtverordnetenversammlung beurteilte die Stadtverwaltung das Bürgerbegehren als unzulässig, weil es auf eine Entscheidung abziele, für die nicht die Stadtverordnetenversammlung zuständig wäre, sondern der Aufsichtsrat der

Fall 9 Das Bürgerbadebegehren

selbstständigen W-GmbH. Auch wäre mit der Aufhebung der Beschlüsse vom 13.1.2020 keine vollzugsfähige Entscheidung über die Zukunft des Freizeitbades getroffen. Schließlich hätte das Bürgerbegehren auch Auswirkungen auf die Haushaltssatzung und das Haushaltssicherungskonzept. Nach Anhörung der Vertreter des Bürgerbegehrens lehnte die Stadtverordnetenversammlung in ihrer Sitzung vom 23.3.2020 das eingereichte Bürgerbegehren mehrheitlich als unstatthaft ab. Diese Entscheidung wurde den Vertretern des Bürgerbegehrens am 1.4.2020 zugestellt. Den gegen diese Entscheidung am 4.5.2020 eingelegten Widerspruch der Vertreter des Bürgerbegehrens weist die Stadtverordnetenversammlung am 12.5.2020 als unzulässig zurück. Gegen den Bescheid erhoben die drei Vertreter des Bürgerbegehrens am 18.5.2020 Klage gegen die Stadtverordnetenversammlung mit dem Antrag, festzustellen, dass der Bürgerentscheid durchzuführen sei. Die beklagte Stadtverordnetenversammlung hält sich für den falschen Beklagten und den Widerspruch zudem für verspätet.

Hat die Klage der Vertreter des Bürgerbegehrens Aussicht auf Erfolg? ◄

▶ **Abwandlung:** Die Stadtverordnetenversammlung lässt zwar den Bürgerentscheid zu, da sie ihn für rechtlich zulässig, wenn auch politisch verheerend hält. Jedoch werben führende Stadtverordnete unter Nennung ihrer Funktion in der Zeit bis zur Abstimmung nachdrücklich dafür, die Beschlüsse der Stadtverordnetenversammlung aufrecht zu erhalten. Sie weisen dabei ua auf die prekäre Haushaltslage der Stadt hin und betonen, dass das „Tafelsilber" der Stadt nicht verkauft werden dürfe, um Freizeitangebote zu erhalten, sondern für die Sicherung der Pflichtaufgaben im sozialen Bereich aufbewahrt werden müsse. Der Bürgerentscheid scheitert in der Abstimmung knapp. Die Vertreter des Bürgerbegehrens sind der Ansicht, die Abstimmungsbeeinflussung von Seiten der Stadtverordnetenversammlung sei skandalös und rechtswidrig. **Haben sie Recht?** ◄

Vorüberlegungen

Dieser Fall ist monothematisch gehalten; er betrifft ausschließlich die Konstellation der kommunalen Volksabstimmung (Bürgerentscheid). Auf diesem Gebiet schichtet er eine Reihe von Standardproblemen ab. Dazu gehört namentlich die in den verschiedenen Ländern ganz gegensätzlich beantwortete Frage, ob die Initiatoren eines Bürgerentscheids als Kommunalorgan zu betrachten sind und als solches einen Kommunalverfassungsstreit gegen andere – verfasste – Gemeindeorgane führen können. Die Konzentration auf diesen Themenkreis sollte jedoch nicht zu der Annahme verleiten, mit dem Durcharbeiten dieses einen Falls seien alle relevanten Fragen des Bürgerentscheids „erledigt". Die Materie lebt und entwickelt sich weiter. Es kann den Nutzerinnen und Nutzern des Buchs nur geraten werden, sich insoweit auf dem Laufenden zu halten!

Gutachten

Die Klage gegen die Ablehnung des Bürgerbegehrens hat Aussicht auf Erfolg, soweit die Sachentscheidungsvoraussetzungen vorliegen und sie begründet ist.

A. Sachentscheidungsvoraussetzungen

I. Gerichtsbezogene Voraussetzungen

1. Rechtsweg

Der Verwaltungsrechtsweg ist gemäß § 40 Abs. 1 Satz 1 VwGO eröffnet, da die streitentscheidenden Normen zum Kommunalrecht gehören und dieses Teil des öffentlichen Rechts ist. Es liegt kein Verfassungsrechtsstreit vor; auch ein „Kommunalverfassungsstreit", wie er hier vorliegen könnte, ist verwaltungsrechtlicher Natur. Abdrängende Sonderzuweisungen greifen nicht ein.

2. Zuständiges Gericht

Im Streit ist kein grundstücksbezogenes Recht, sondern die Zulassung eines kommunalrechtlichen Mitwirkungsverfahrens, daher ist nicht § 52 Nr. 1 VwGO anwendbar.

Die Gerichtszuständigkeit richtet sich nach § 52 Nr. 3 VwGO i. V. mit § 1 Abs. 2 Nr. 3 HessAGVwGO. Zuständig ist das VG Gießen, da Karben im Wetteraukreis liegt.

II. Richtige Klageart

Infrage kommen hier die Feststellungs-, die allgemeine Leistungs- und die Verpflichtungsklage.

1. Feststellungsantrag

Eine Feststellungsklage müsste gem. § 43 Abs. 1 VwGO das Bestehen oder Nichtbestehen eines konkreten streitigen Rechtsverhältnisses zum Gegenstand haben.

Die Klage des Bürgerbegehrens ist auf die Feststellung gerichtet, dass der Bürgerentscheid durchzuführen ist. Sinngemäß hält es die Stadtverordnetenversammlung von Karben für verpflichtet, die Durchführung zuzulassen, und behauptet, selbst einen Anspruch darauf zu besitzen. Diese gegenseitigen Rechte und Pflichten auf Zulassung des Bürgerentscheids könnten ein feststellungsfähiges Rechtsverhältnis bilden.

Die Feststellungsklage wäre dann statthaft. An einer Klärung des streitigen Rechtsverhältnisses hätte das Bürgerbegehren auch ein berechtigtes Interesse, da die Stadtverordnetenversammlung die Zulassung abgelehnt hat. Problematisch ist aber, ob die Feststellungsklage hier nicht nach § 43 Abs. 2 VwGO hinter andere Klagearten zurücktritt. Der weitergehende Rechtsschutz, der mit Anfechtungs- oder Verpflichtungsklagen wie auch mit allgemeinen Leistungsklagen zu erlangen ist, begründet deren Vorrang vor einem isolierten Feststellungsrechtsstreit.

2. Verpflichtungsantrag

In Betracht kommt primär die Verpflichtungsklage. Mithilfe einer Anfechtungsklage könnte zwar der ablehnende Zulassungsbescheid angegriffen werden. Zielführend wäre dies jedoch nicht, da § 8b Abs. 4 Satz 2 HessGO einen positiven Zulassungsbescheid voraussetzt. Eine Anfechtungsklage wäre mangels Rechtsschutzbedürfnisses unzulässig, da die Verpflichtungsklage die rechtsschutzintensivere Klageart wäre.

Zu prüfen ist insoweit, ob die begehrte Feststellung der Stadtverordnetenversammlung nach § 8b Abs. 4 Satz 2 HessGO, das Bürgerbegehren sei zulässig, ein (versagter) oder die negative Feststellung, es sei unzulässig, ein (ergangener) Verwaltungsakt im Sinne des § 35 S. 1 HessVwVfG ist. Nach § 35 S. 1 HessVwVfG ist ein Verwaltungsakt jede Verfügung, Entscheidung oder andere hoheitliche Maßnahme, die eine Behörde zur Regelung eines Einzelfalles auf dem Gebiet des öffentlichen Rechts trifft und die auf unmittelbare Rechtswirkung nach außen gerichtet ist.

a) Behördeneigenschaft der Stadtverordnetenversammlung

Zunächst müsste es sich bei der Stadtverordnetenversammlung um eine Behörde handeln. Nach dem Wortlaut des § 66 Abs. 1 HessGO ist der Gemeindevorstand eine Behörde, doch auch die Gemeindevertretung kann eine Behörde im Sinne des § 1 Abs. 2 HessVwVfG sein. Demnach ist eine Behörde jede Stelle, die Aufgaben der öffentlichen Verwaltung wahrnimmt. Vorliegend handelt die Stadtverordnetenversammlung von Karben eigenverantwortlich gegenüber den Vertretern des Bürgerbegehrens, ohne dass ihre Entscheidung noch eines Vollzugsaktes durch den Magistrat bedürfte.

b) Einzelfall, Regelungscharakter und öffentliches Recht

Der Beschluss der Stadtverordnetenversammlung stellt die Unzulässigkeit des Bürgerbegehrens gem. § 8b Abs. 4 Satz 2 HessGO verbindlich fest. Diese Regelung betrifft den konkreten Einzelfall dieses einen Verfahrens. Er gehört auch zum Gebiet des öffentlichen (Kommunal-)Rechts (s. o. I. 1.).

c) Außenwirkung

Problematisch ist jedoch, ob der Beschluss der Stadtverordnetenversammlung Außenwirkung hat. Nach Ansicht des BVerfG sowie mancher hessischer Verwaltungsgerichte betrifft der Streit um ein Bürgerbegehren das Innenrechtsverhältnis der Gemeinde. Sie gehen davon aus, dass die Vertreter oder Unterzeichner des Bürgerbegehrens oder dieses selbst im Streit um die Zulässigkeit des jeweiligen Bürgerbegehrens als kommunale „Quasi-Organe" der Gemeindevertretung als anderes Kommunalorgan gegenüber stehen.[29] Dieser Ansicht folgend wäre eine Leistungsklage oder eine Feststellungsklage statthaft, jedenfalls aber keine Verpflichtungsklage.

Nach der Rechtsprechung des HessVGH hingegen bietet die Hessische Gemeindeordnung keine Anhaltspunkte für eine Stellung der Vertreter des Bürgerbegehrens als „Quasi-Organe". Dagegen spreche schon der Wortlaut von § 8b Abs. 1 HessGO, wonach *die Bürger* einer Gemeinde über eine wichtige Angelegenheit der Gemeinde einen Bürgerentscheid beantragen. Dies zeige, dass die Bürger bei der Einleitung eines Bürgerbegehrens der Gemeinde als Außenstehende gegenüberstehen.[30] In der Literatur wird sogar angeführt, die Einordnung der Unterstützer eines Bürgerbegehrens bzw. seiner Vertrauenspersonen zu einem Gemeindeorgan sei

---

29 BVerfG, NVwZ 2019, 642, 643 f.; VG Gießen, HSGZ 1999, 21, 22; VG Darmstadt, HSGZ 1997, 503, 504; HSGZ 1999, 22, 23.
30 HessVGH, HSGZ 2000, 143; HSGZ 1998, 103.

demokratiewidrig. Man grenze sie so vom Rest der Bürgerschaft aus und ab.[31]

Das Bürgerbegehren ist dieser zutreffenden Auffassung zufolge kein Organ der Gemeinde, sondern ein Instrument der Bürgerschaft. Dass nach § 8b Abs. 7 HessGO der Bürgerentscheid die Wirkung eines endgültigen Beschlusses der Gemeindevertretung hat, spricht demgegenüber nicht für die organschaftliche Stellung des Bürgerbegehrens. Aus der Gleichartigkeit der Folgen einer Entscheidung kann nicht die Gleichartigkeit der Rechtsstellung der beschließenden Gruppen geschlossen werden. Schließlich spricht für diese Meinung, dass den Vertrauenspersonen nach § 8b Abs. 3 Satz 2 HessGO die Legitimation fehlt, deren Organe einer Körperschaft bedürfen.

3. Ergebnis

Wer zu dem Ergebnis kommt, dass die allgemeine Leistungsklage oder trotz § 43 Abs. 2 VwGO die Feststellungsklage statthaft ist, sollte darauf hinweisen, dass die Vorschriften über das Vorverfahren (IV) und die Klagefrist (V) nicht für diese Klagearten gelten.

Somit hat die Entscheidung über die Zulässigkeit eines Bürgerbegehrens Außenwirkung und ist als Verwaltungsakt im Sinne des § 35 S. 1 HessVwVfG zu qualifizieren. Statthaft ist demnach die Verpflichtungsklage. Auch wenn die Außenwirkung verneint wird, ist indes nicht die Feststellungsklage zulässig.[32] In diesem Fall geht nämlich die allgemeine Leistungsklage der Feststellungsklage vor.

III. Klagebefugnis, § 42 Abs. 2 VwGO

Die Vertreter des Bürgerbegehrens müssten klagebefugt sein. Hierfür müssten sie geltend machen können, durch die Ablehnung der Zulassung des Bürgerbegehrens in eigenen Rechten verletzt zu sein.

Sollten die Voraussetzungen des § 8b HessGO vorliegen, bestände mangels Teilrechtsfähigkeit des Bürgerbegehrens als solchen ein Anspruch jeder Vertrauensperson sowie jedes einzelnen Unterzeichners des Bürgerbegehrens auf die dort vorgesehene gebundene Entscheidung. Die rechtswidrige Ablehnung würde diesen Anspruch verletzen.[33] Die Klagebefugnis aller Unterzeichner, mithin auch der

---

31 *Berghäuser*, HSGZ 2004, 243, 246.
32 Vgl. VG Darmstadt, HSGZ 1998, 107, 108; 1999, 22; aber auch HessVGH, HSGZ 2000, 143.
33 HessVGH, NVwZ 1997, 310; VG Darmstadt, HSGZ 1999, 22, 23.

Vertrauenspersonen des Bürgerbegehrens ist mithin zu bejahen.

IV. Vorverfahren, §§ 68 ff. VwGO

Das nach § 68 VwGO erforderliche Vorverfahren wurde zwar erfolglos durchgeführt. Zweifel bestehen jedoch an der Ordnungsmäßigkeit seiner Durchführung. Denn die Stadtverordnetenversammlung hat ihrer Widerspruchsentscheidung vom 12.5.2020 die Auffassung zugrunde gelegt, die Vertreter hätten die Widerspruchsfrist versäumt.
Die Zustellung hat am 1.4.2020 stattgefunden. Der reguläre Fristablauf fiel auf den 1.5.2020; dies war jedoch ein Feiertag (Tag der Arbeit). Ihm folgte ein Wochenende. Damit endete die Frist gem. §§ 79 Halbs. 2, 31 Abs. 3 Satz 1 HessVwVfG erst mit Ablauf des 4.5.2020. Mithin war die Frist hier gewahrt.

V. Klagefrist, § 74 VwGO

Die Klage ist im Einklang mit § 74 VwGO innerhalb eines Monats nach Zustellung des Widerspruchsbescheides erhoben worden, nämlich schon nach 6 Tagen am 18.5.2020.

VI. Beteiligtenbezogene Voraussetzungen

Die Unterzeichner eines Bürgerbegehrens sind beteiligtenfähig nach § 61 Nr. 2 VwGO als teilrechtsfähige Mehrheit natürlicher Personen.[34] Diejenigen von ihnen, die die Nichtzulassung angreifen, werden im Prozess nach § 62 Abs. 3 VwGO vertreten durch seine Vertrauenspersonen gemäß § 8b Abs. 3 Satz 2 HessGO.

Richtige Beklagte ist, da ein Verwaltungsakt angegriffen wird und das hessische Landesrecht nicht die Teilrechtsfähigkeit von Kommunalorganen vorsieht,[35] nach § 78 Abs. 1 Nr. 1 VwGO die Stadt Karben als Rechtsträgerin der Stadtverordnetenversammlung. Der Stadtverordnetenversammlung ist also zuzustimmen in ihrer Auffassung, sie sei die falsche Klagegegnerin. Dabei handelt es sich jedoch

---

34 BayVGH, NVwZ 2000, 219 f.; HessVGH, DVBl. 2000, 928, 930; NWOVG, DVBl. 1998, 785 und NVwZ-RR 2003, 448, 449; *H.-G. Fischer*, DÖV 1996, 181, 183 ff.
35 Vgl. Fall 10, Teil 2, B.I.3. sowie HessVGH, HSGZ 2000, 143, 147; NVwZ-RR 2000, 451, 452.

nur um eine fehlerhafte Bezeichnung des Klagegegners, die für die Zulässigkeit unschädlich ist. Die Stadt Karben bedarf keines Schutzes dagegen, dass der Prozess gegen sie geführt wird, der zunächst gegen eines ihrer Organe eingeleitet wurde.

Die Stadt ist beteiligtenfähig nach § 61 Nr. 1 VwGO und wird nach §§ 62 Abs. 3 VwGO, 71 Abs. 1 HessGO vertreten durch den Magistrat, für den der Bürgermeister, vertretungsberechtigte Beigeordnete oder beauftragte Bedienstete handeln.

VII. Ergebnis

Die von den Vertrauenspersonen des Bürgerbegehrens erhobene Klage ist zulässig. Auf einen gerichtlichen Hinweis gem. § 86 Abs. 3 VwGO sollten die Kläger die Bezeichnung der Beklagten richtigstellen. Eine Klageänderung (§ 91 VwGO) liegt darin ggf. nicht.[36]

B. Begründetheit der Klage

Die Verpflichtungsklage der Unterzeichner des Bürgerbegehrens ist begründet, wenn die Ablehnung einer Zulassung des Bürgerbegehrens rechtswidrig war und die Unterzeichner dadurch in ihren Rechten verletzt wurden (§ 113 Abs. 5 VwGO). Die Ablehnung war rechtswidrig, wenn der Bürgerentscheid hätte zugelassen werden müssen.

I. Formale Voraussetzungen des Bürgerbegehrens

Die formalen Voraussetzungen nach § 8b Abs. 3 HessGO müssten eingehalten worden sein.

1. Bestimmter Antrag

Zweifel bestehen daran, ob der Antrag bestimmt genug ist. Die Unterstützer des Bürgerbegehrens haben ihr Anliegen dem Sachverhalt folgend ausformuliert. Es bleibt allerdings offen, ob das Bad saniert oder durch einen Neubau ersetzt werden soll. Im Gegensatz zu dem von der Stadtverordnetenversammlung abgelehnten Änderungsantrag legt sich das Bürgerbegehren nicht auf einen Weiterbetrieb des vorhandenen Bads fest. Vielmehr be-

---

[36] *Hufen*, § 36 Rn. 30.

schränkt es sich auf das Ziel, die Beschlüsse vom 13.1.2020 aufzuheben.

Dennoch ist ein hinreichend bestimmter Antrag anzunehmen; ansonsten würden die Anforderungen an die Konkretisierung des Antrags überspannt. Resolutionsartige Meinungsbekundungen sind nicht hinreichend bestimmt; aber selbst bloße Grundsatzentscheidungen können bestimmt genug sein.[37] Der Gesetzgeber hat in § 8b Abs. 3 Satz 1 Halbs. 2 HessGO das bloß kassatorische Bürgerbegehren ausdrücklich anerkannt und es damit den Bürgern gerade freigestellt, sich auf eine destruktive Rolle gegenüber Beschlüssen der Gemeindevertretung zu beschränken.

Darüber hinaus hätte im vorliegenden Fall eine konstruktive Alternative zur bloßen Aufhebung der Beschlüsse es erfordert, bestimmte Haushaltsmittel für deren Finanzierung einzuplanen. Ein solches Bürgerbegehren wäre damit in die Nähe eines unzulässigen Bürgerbegehrens über den Haushaltsplan geraten. Man kann dem Gesetzgeber nicht unterstellen, dass er die Initiatoren eines Bürgerbegehrens in ein Dilemma zwischen unzureichender Konkretisierung und unzureichenden Finanzierungsvorschlägen einerseits, unzulässiger Einflussnahme auf den Haushalt andererseits bringen wollte.

Das Bürgerbegehren ist also hinreichend konkret formuliert.

2. Durchführbarer Kostendeckungsvorschlag

Zudem müsste das Bürgerbegehren gemäß § 8b Abs. 3 Satz 2 HessGO einen rechtmäßigen Kostendeckungsvorschlag hinsichtlich der verlangten Maßnahme enthalten. Dies setzt voraus, dass Angaben darüber gemacht werden, welchen Bereichen des städtischen Haushalts Mittel entzogen werden sollen oder wie auf sonstige Art und Weise die Mittel beschafft werden sollen, die nötig sind, um einen derartigen Erwerb zu finanzieren.[38]

Das Bürgerbegehren schlägt hier bestimmte Grundstücksverkäufe vor, deren Erlöse die Kosten für die Renovierung und nach heutigem Stand annähernd

---

37 BayVGH, BayVBl. 1997, 276, 277; NWOVG, NVwZ-RR 2002, 766; RPOVG, NVwZ-RR 2020, 655, 656.
38 HessVGH, NVwZ-RR 1996, 409, 410; NVwZ-RR 2000, 451, 452.

20 Jahre des weiteren Betriebs decken würden; dieser Vorschlag erscheint ausreichend und realisierbar.

3. Sonstige formale Voraussetzungen und Zwischenergebnis

Das Bürgerbegehren wurde schriftlich bei der Gemeinde eingereicht. Die Frist für kassatorische Bürgerbegehren von 6 Wochen gem. § 8b Abs. 3 Satz 1 HessGO ist gewahrt. Es wurden drei Vertrauenspersonen benannt. Da Karben 2019 ca. 22.400 Einwohner hatte, reichten die abgegebenen knapp 2500 Unterstützungsunterschriften aus, um das Quorum von 10% der Wahlberechtigten gemäß § 8b Abs. 3 Satz 3 HessGO zu erfüllen. Für den Verdacht, Unterschriften wären unzulässiger Weise[40] schon vor der angegriffenen Ratsentscheidung gesammelt worden, spricht hier nichts. Die formalen Voraussetzungen nach § 8b Abs. 3 HessGO sind danach eingehalten.

Achtung: bei kassatorischen Bürgerbegehren setzt ein vorausgegangener Grundsatzbeschluss der Gemeindevertretung bereits die Frist in Gang.[39]

II. Materielle Voraussetzungen des Bürgerbegehrens

Des Weiteren müssten auch die materiellen Voraussetzungen des § 8b HessGO vorliegen. Hierfür müsste der Gegenstand des Bürgerbegehrens eine wichtige Angelegenheit der Gemeinde sein und dürfte nicht nach § 8b Abs. 2 HessGO ausgeschlossen sein.

1. Wichtige Angelegenheit der Gemeinde

Nach § 8b Abs. 1 HessGO können die Bürger einer Gemeinde über eine wichtige Angelegenheit der Gemeinde einen Bürgerentscheid beantragen.

a) Verbandskompetenz

Es handelt sich im vorliegenden Fall zum einen um eine Frage, die in die Verbandskompetenz der Stadt Karben fällt. Zwar wird das Schwimmbad von einer privatrechtlich organisierten Gesellschaft (GmbH) betrieben. Indes ist das Schwimmbad eine öffentliche Einrichtung der Stadt Karben. Die Stadt hat sich einen hinreichenden Einfluss auf dessen

---

[39] RPOVG, NVwZ-RR 2020, 655, 657.
[40] Dazu *Schoch*, NVwZ 2014, 1475, 1480.

Betrieb gesichert, indem sie als Alleingesellschafterin der GmbH deren Geschäftsführung Einzelweisungen erteilen kann (§ 37 Abs. 1 GmbHG). Der Betrieb öffentlicher Einrichtungen zählt nach § 19 Abs. 1 HessGO zu den kommunalen Aufgaben.

b) Bedeutung

Zum anderen muss der Gegenstand des Bürgerentscheids eine wichtige Angelegenheit sein. Was wichtig genug ist, definiert das Gesetz nicht. Jedenfalls können nicht die Unterzeichner eines Bürgerbegehrens bestimmen, dass eine Angelegenheit der örtlichen Gemeinschaft wichtig ist, nur indem sie das Quorum nach § 8b Abs. 3 Satz 3 HessGO erreichen.[41] Sonst könnte ein Teil der Bürger das Gesetz verbindlich auslegen.

Es bedarf vielmehr objektiver Anhaltspunkte für die Wichtigkeit der Angelegenheit. Mindestvoraussetzung für die Bewertung als wichtig ist, dass die Angelegenheit in die Zuständigkeit der Stadtverordnetenversammlung fällt.[42] Nach der Rechtsprechung des HessVGH muss die Angelegenheit die Weichen für die zukünftige Entwicklung der Gemeinde stellen.[43] Zu den wichtigen Belangen gehören daher jedenfalls bedeutsame Planungen und Vorhaben sowie mit Blick auf § 51 Nr. 11 HessGO die Errichtung, Veräußerung, wesentliche Änderung und auch die Aufhebung kommunaler öffentlicher Einrichtungen.[44] Dies ist unabhängig davon, in wessen Eigentum oder Besitz die jeweilige Einrichtung steht.

Das vorliegende Bürgerbegehren möchte verhindern, dass das Freizeitbad geschlossen wird. Das Interesse der Bürger an einer öffentlichen Einrichtung der Kommune ist schon wegen ihres in § 20 Abs. 1 HessGO normierten Nutzungsrechtes zu bejahen. Eine wichtige Angelegenheit der Gemeinde liegt daher vor.

---

41 So *Berghäuser*, HSGZ 2004, 243, 244.
42 OVG MV, NVwZ 1997, 306, 307.
43 HessVGH, NVwZ 1994, 396, 397; NVwZ 1996, 722, 723; HSGZ 2000, 143, 144.
44 HessVGH, HSGZ 2000, 143, 145.

2. Ausgeschlossener Gegenstand?

a) Gesetzwidriger Zweck

Die Unzulässigkeit eines Bürgerbegehrens kann nach § 8b Abs. 2 Nr. 7 HessGO daraus folgen, dass es in gesellschaftsrechtlich unzulässiger Weise Einfluss auf ein privates Unternehmen nehmen will. Gesetzwidrig iSd § 8b Abs. 2 Nr. 7 HessGO sind auch Verstöße gegen zivilrechtliche Vorschriften.[45] Die Geschäftsführung einer GmbH ist indes nach § 37 Abs. 1 GmbHG intern auch an Einzelfallbeschlüsse der Gesellschafter gebunden; davon weicht auch die Verfassung einer GmbH mit Aufsichtsrat nicht ab, wie sie hier vorliegt. § 52 GmbHG verweist insbesondere nicht auf §§ 76 Abs. 1, 82 Abs. 2 AktG, die den Vorstand bzw. die Geschäftsführung gegen Weisungen der Gesellschafter im Einzelfall abschirmen.

Das Bürgerbegehren ist zudem auf die Aufhebung von Beschlüssen der Stadtverordnetenversammlung beschränkt. Es enthält keinerlei Auftrag, Bindung, Weisung, Richtlinie oder sonstige Vorgabe an die Vertreterinnen und Vertreter der Stadt in der Gesellschafterversammlung oder im Aufsichtsrat oder sogar direkt an die Geschäftsführung der W-GmbH. Die bloße Kassation der von einer Gemeindevertretung selbst ausgesprochenen Vorgaben umfasst keine wie auch immer gearteten Weisungen o. ä. an diese Organe. Aus ihrem rein negativen Gehalt unter Verzicht auf positiv bindende Vorgaben folgt, dass ein Spannungsverhältnis zu einschlägigen Vorschriften des Kommunal- oder Gesellschaftsrechts von vornherein nicht auftreten kann.[46]

b) Haushalt, Abgaben, Tarife

Unzulässig sind nach § 8b Abs. 2 Nr. 4 HessGO Bürgerentscheide ua über die Haushaltssatzung einschließlich der Wirtschaftspläne der Eigenbetriebe und sonstigen Unternehmen ohne eigene Rechtspersönlichkeit mit Sonderrechnung. Abgaben iSd Katalognummer 4 sind nicht nur die im KAG aus-

---

45 BVerwGE 155, 230, 232 f.; NWOVG, NWVBl. 2003, 466, 467.
46 SaarlOVG, AS 36, 204 ff.; VG des Saarlandes, Urteil vom 9.2.2007 – 11 K 36/06 -, juris.

Weitere **ausgeschlossene Gegenstände** nach § 8b Abs. 2 HessGO:

Zu den Fragen der **inneren Organisation der Gemeindeverwaltung** (Nr. 2) gehört zwar nicht die Entscheidung über die Anzahl der Beigeordneten nach § 44 Abs. 2 Satz 3 und 5 HessGO. Dies ist vielmehr eine Grundsatzentscheidung über die Ausgestaltung der Gemeindeverfassung. Ist aber ein bestimmter Beigeordneter bereits gewählt, so betrifft die Entscheidung, ob er in sein Amt eingeführt wird, seine

drücklich vorgesehenen Steuern, Gebühren und Beiträge, sondern zB auch Parkgebühren.[47]

Daran gemessen strebt das Bürgerbegehren aber keine Entscheidung über Abgaben oder die Haushaltssatzung an. Die angestrebte Aufhebung von Beschlüssen der Stadtverordnetenversammlung ist zwar ua darauf gerichtet, die Entscheidung rückgängig zu machen, dass keine Haushaltsmittel der Stadt in den Wirtschaftsplan der W-GmbH eingestellt werden sollen. Was an die Stelle der getroffenen Entscheidung treten soll, ist aber offen. Unerheblich ist, dass das Bürgerbegehren sich mittelbar auf die Höhe der eingenommenen Abgaben auswirkt.[48] Insbesondere soll nicht positiv beschlossen werden, Haushaltsmittel in bestimmter Höhe an die W-GmbH abzuführen oder zur Finanzierung des Betriebs bestimmte Abgaben zu erhöhen. Die Haushaltssatzung betrifft das Begehren mithin nicht.

Auch der Haushaltssanierungsplan, den die Stadtverordnetenversammlung im Februar 2020 bereits beschlossen hat, wird von dem Bürgerentscheid nicht betroffen. Zwar sieht er den Wegfall eines Zuschusses an die W-GmbH zum Betrieb des Freibads vor, doch ist offen, ob dieser Zuschuss nach der Aufhebung der angegriffenen Beschlüsse wieder gezahlt werden müsste oder nicht. Die ausführlichen Finanzierungsvorschläge, die dem Bürgerbegehren gemäß § 8b Abs. 3 Satz 2 HessGO beigefügt sind, lassen eine Gefährdung des Sanierungsplans eher als fernliegend erscheinen.

§ 8b Abs. 2 Nr. 4 HessGO steht dem Bürgerbegehren damit nicht entgegen.

---

47 VG Köln, NVwZ-RR 2000, 455 f.
48 RPOVG, NVwZ-RR 2020, 655, 656.

„Rechtsverhältnisse" iSd Nr. 3 des Negativkatalogs.[49]

Keine Entscheidung im Rahmen der **Bauleitplanung** (§ 8b Abs. 2 Nr. 5a HessGO) ist die Annahme oder Ablehnung eines planvorbereitenden Konzepts. Doch darf ein darauf gerichteter Bürgerbescheid nicht die Zulässigkeit einzelner Vorhaben bewerten.[50]

3. Teilergebnis

Auch die materiellen Voraussetzungen des § 8b HessGO liegen demnach vor.

III. Rechtsverletzung

Die Versagung der Zulassung verletzt die Kläger in ihrem demokratischen Mitwirkungsrecht auf Durchführung eines Bürgerentscheids aus § 8b Abs. 1 HessGO.

C. Ergebnis

Die Klage der Unterzeichner des Bürgerbegehrens ist nach alledem begründet und hat somit Aussicht auf Erfolg.

D. Abwandlung

Die von den Vertretern des Bürgerbegehrens vorgebrachte Ansicht gründet sich offenbar auf die restriktive Rechtsprechung zur amtlichen *Wahl*beeinflussung.[51] Die Freiheit der Wahl kann durch Äußerungen von Inhabern staatlicher und kommunaler Ämter verletzt werden, wenn sie sich vor Wahlen in amtlicher Funktion mit Parteien oder Wahlbewerbern identifizieren, sie als Amtsträger unterstützen oder bekämpfen. Das gilt namentlich für Bürgermeister, die sich selbst zur Wiederwahl stellen.[52] Die Integrität des Wählerwillens ist auch dann beeinträchtigt, wenn Amtsinhaber das ihnen obliegende Wahrheitsgebot verletzen. Besteht eine gesetzliche Offenbarungspflicht, kann auch

---

49 HessVGH, NVwZ 2004, 281 f.; *Frotscher/Knecht*, DÖV 2005, 797, 808 jeweils mwN. Restriktiver *Jendrusch*, KommJur 2004, 321, 323 ff.; *Ritgen*, KommJur 2005, 441, 444.
50 RPOVG, LKRZ 2014, 501, 502 f.; *Winkler*, in: FSchr. f. Hufen, 2015, S. 573, 576 f.
51 Allgemein zur kommunalen Neutralitätspflicht BVerfG, Beschl. v. 8.9.2020, 1 BvR 987/20, Rn. 13 f.; BVerwGE 159, 327 ff.; HessVGH, NVwZ 2015, 508 ff.; NWOVG, DVBl. 2017, 131 ff.
52 BVerwGE 104, 323, 326 f.; RPVerfGH, DÖV 2002, 163, 165; BWVGH, VBlBW 2007, 377 f.; BayVGH, NVwZ-RR 2004, 440 ,441; NdsOVG, NdsVBl. 2008, 207, 208; *Oebbecke*, NVwZ 2007, 30 ff.; *Beckmann/Wittmann*, NWVBl. 2010, 81, 83. Einschränkend HessVGH, NVwZ 2006, 610, 611; NdsOVG, NdsVBl. 2009, 137 f.

Schweigen dieses Gebot verletzen. Mehrdeutige Aussagen sind insoweit aus der Sicht eines verständigen Durchschnittswählers zu würdigen.[53]

Die Fraktionen einer Gemeindevertretung hingegen unterliegen schon nicht diesen Grenzen amtlicher Wahlbeeinflussung.[54] Zudem ist die Rechtsprechung bereits bei der Abwahl von Bürgermeistern und Beigeordneten großzügiger: die Gemeindeorgane sind insoweit in der öffentlichen Debatte zwar zur Sachlichkeit, im Gegensatz zu Wahlen aber nicht zur Neutralität verpflichtet.[55] Hier muss vor allem die Gemeindevertretung öffentlich begründen können, warum sie das Abwahlverfahren eingeleitet hat.

Erst recht können sich die Gemeindevertreter vor einem Bürgerentscheid in amtlicher Eigenschaft wertend äußern. Sie sind auch hier nur zur Sachlichkeit verpflichtet.[56] Nach hessischer Rechtsprechung hat die Gemeindevertretung sogar die Pflicht, vor dem Bürgerentscheid ihre Auffassung umfassend darzulegen und für sie zu werben.[57] Dieser Unterschied beruht darauf, dass die Gemeindevertretung insbesondere als Urheberin des angegriffenen Beschlusses vor einem kassatorischen Bürgerbegehren – so wie im vorliegenden Fall – offensichtlich „Partei" ist, so dass eine Neutralitätspflicht unsinnig wäre. Gleiches gilt bei der Abwahl eines Amtsinhabers für beide Seiten.

Die Rechtsauffassung der Vertreter des Bürgerbegehrens trifft daher nicht zu.

---

53 BVerwGE 118, 101, 106 f.; NWOVG, NVwZ-RR 2016, 976, 977 f.; BayVGH, NVwZ-RR 2017, 1, 2.
54 BVerfG, NVwZ-RR 2014, 538, 539; NWOVG, KommJur 2006, 336 f.; VG Trier, LKRZ 2015, 208 f.; *zu Hohenlohe*, VerwArch 107 (2016), 62, 76 ff.; *Putzer*, DÖV 2015, 417, 424 f.
55 VG Frankfurt/M., NVwZ 2006, 720, 723; s. auch *Schmehl*, KommJur 2006, 321, 322 f.
56 NWOVG, NWVBl. 2004, 151, 152; HessVGH, DÖV 2004, 966, 967; BayVGH, BayVBl. 2010, 219; *Ritgen*, KommJur 2005, 441, 445.
57 VG Darmstadt, LKRZ 2009, 304.

Fall 10 St. Wendeler Weihnachtsmarkt

▶ Die saarländische Stadt St. Wendel (W) hat die Durchführung ihres traditionellen Weihnachtsmarkts in einer formal ordnungsgemäß zustande gekommenen und bekanntgemachten Satzung geregelt. Nach deren Bestimmungen wird der Weihnachtsmarkt von der Wirtschaftsförderungsgesellschaft St. Wendel mbH organisiert, an der je zur Hälfte die Stadt und der Handwerks- und Gewerbeverein St. Wendel beteiligt sind. Die verfügbaren Stellplätze verteilt eine „Marktstandvergabekommission bei der Stadt W". Stimmberechtigte Angehörige dieser Kommission sind sieben vom Stadtrat nach den Grundsätzen des § 48 Abs. 2 KSVG aus seiner Mitte gewählte Mitglieder und je ein Vertreter der ortsansässigen Nahrungsmittelhersteller, Holzwaren- und Textilhändler.

Der Stadtrat von W besteht aus 39 Mitgliedern, von denen 19 der CDU, 10 der SPD, vier der Partei „Die Linke" und jeweils drei den Grünen und der FDP angehören. Bei der Wahl der Kommissionsmitglieder im Frühjahr 2019 haben die Fraktionen der CDU und der FDP, die durch einen Koalitionsvertrag verbunden sind, eine gemeinsame Liste aufgestellt und vereinbart, dass der FDP ein Sitz in der Kommission zusteht. Auf diese Liste entfallen insgesamt fünf Sitze in der Kommission. Die beiden übrigen Sitze erringt die SPD-Fraktion. Der charismatische Bürgermeister von W und Landesvorsitzende der Partei „Die Linke", Oskar Ohneland (O), hält das Vorgehen der bürgerlichen Parteien für einen Trick, um seine Partei von wirtschaftspolitisch bedeutenden Entscheidungen auszuschließen. Er widerspricht daher der Wahl. Mit den Stimmen von CDU und FDP bestätigt der Stadtrat die Wahl und wirft O einen „Missbrauch seiner Widerspruchsbefugnis zur Wahlmanipulation" vor. O fordert nunmehr das Landesverwaltungsamt auf, die Chancengleichheit aller Fraktionen im Stadtrat wiederherzustellen.

1. **Wie soll der Landrat auf die Aufforderung des O reagieren?**

In einer weiteren, formal ebenfalls fehlerfreien Satzung sind die für die Standvergabe auf dem Weihnachtsmarkt zu erhebenden Gebühren vorgesehen. Danach beträgt die Gebühr für jeden Tag der Marktteilnahme 175 EUR. Gewerbetreibende mit Sitz in W zahlen einen ermäßigten Gebührensatz von 125 EUR; Mitglieder des Handwerks- und Gewerbevereins St. Wendel sind von der Gebühr befreit.

Der in W ansässige Verein für Menschenrechte eV (M) möchte auf dem Weihnachtsmarkt 2019 einen Informationsstand zur globalen Lage der Menschenrechte aufstellen. Im September 2019 beantragt M bei O, ihm für zwei Wochen während des Weihnachtsmarktes 2016 einen Standplatz kostenfrei zur Verfügung zu stellen. Die Nutzungszeit solle den 10. Dezember als Tag der Menschenrechte mit umfassen.

Im Oktober 2016 geht M ein Brief des Bürgermeisters zu. Darin entspricht O dem Antrag „mit der Maßgabe", dass M einen Standplatz vom 1. bis zum 7.12. und vom 15. bis zum 21.12.2019 erhält. Die Gebühr wird auf 1750 EUR festgesetzt. Zur Begründung führt O aus, die Marktstandvergabekommission habe sich mit dem Antrag des M befasst. Sie habe entschieden, dass M nicht durchgehend zwei Wochen lang auf dem Markt vertreten sein könne. Sein idealistischer Zweck dürfe das Bild des Marktes nicht prägen. Dieser sei seit alters her als besinnliche Einkaufsgelegenheit für vorweihnachtliches Zubehör angelegt. Informationsstände seien nur als ergänzende Angebote zugelassen. Eine Gebührenbefreiung sei nur für Mitglieder des Handwerks- und Gewerbevereins St. Wendel vorgesehen.

Der durch den allein vertretungsbefugten Vereinsvorsitzenden K erhobene Widerspruch verschlechtert die Lage des M nur. Der Kreisrechtsausschuss (KRA) des Landkreises St. Wendel teilt K während des Widerspruchsverfahrens mit, die Gebühr sei vermutlich zu gering festgesetzt worden, weil K seinen Wohnsitz in der Vorortgemeinde V hat. Dazu nimmt K trotz einer Aufforderung durch den KRA nicht Stellung. Im Widerspruchsbescheid erhöht der KRA die Benutzungsgebühr auf 2450 EUR. Im Übrigen erhält er den Ausgangsbescheid aufrecht. Daraufhin erhebt M form- und fristgemäß Klage beim Verwaltungsgericht des Saarlandes. Er beantragt, die Änderung der Gebührenfestsetzung aufzuheben und O zu verpflichten, ihm einen Standplatz für einen Zeitraum von zwei Wochen zuzuweisen, der den 10.12.2019 mit umfasst.

2. **Hat die Klage des M Aussicht auf Erfolg?** ◀

Vorüberlegungen

Dieser vom Umfang her wiederum examenstaugliche Fall verbindet zwei ganz verschiedene Gebiete des Kommunalrechts miteinander, die nur vom zusammenhängenden Sachverhalt verklammert werden. Die Teile können daher auch in umgekehrter Reihenfolge behandelt werden, wenn dies einer Bearbeiterin oder einem Bearbeiter leichter fällt. Im ersten Teil geht es um verfassungsrechtlich unterfütterte Grundsatzfragen des kommunalen Organisationsrechts – vor allem um die Grundsätze lückenloser demokratischer Legitimation und rechtsstaatlich gebotener Kontrolle hoheitlicher Tätigkeit sowie der spiegelbildlichen Zusammensetzung von Volksvertretungen und ihren Ausschüssen, der auch für Gemeindevertretungen gilt. Es bietet sich zB in einer mündlichen Prüfung an, die Parallelen im Staatsrecht exkursartig mit zu prüfen. Flexibilität ist also gefordert! Im zweiten Teil wird das Thema „kommunale öffentliche Einrichtungen" (s. bereits Fall 8 und 9) weitergeführt und um einen kommunalabgabenrechtlichen Aspekt erweitert.

Gutachten

Teil 1

I. Formelle Voraussetzungen einer Entscheidung

Das Landesverwaltungsamt muss möglicherweise nach § 131 Abs. 2 KSVG darüber entscheiden, ob es die Wahl der Mitglieder in der Marktstandvergabekommission aufhebt. Dies setzt allerdings zunächst voraus, dass die Aufhebung in dem von O eingeleiteten Verfahren statthaft ist und das Landesverwaltungsamt dafür zuständig ist.

1. Zuständigkeit

Das Landesverwaltungsamt ist nach § 128 Abs. 1 Nr. 1 KSVG als Kommunalaufsichtsbehörde zuständig für die Aufhebung, falls der vom Bürgermeister als rechtswidrig betrachtete Beschluss eine Selbstverwaltungsaufgabe betrifft. Bei der Wahl handelt es sich, zumindest im weiteren Sinn, um eine Entscheidung über die Verwaltungsorganisation der Stadt St. Wendel; sie betrifft die Verwaltung einer kommunalen öffentlichen Einrichtung. Beides sind Selbstverwaltungsaufgaben. Das Landesverwaltungsamt ist also zuständig.

2. Verfahren

Eine Entscheidung nach § 131 Abs. 2 KSVG setzt einen Fall des § 60 Abs. 1 Satz 2 KSVG voraus. Bürgermeister O hat der Wahl nach § 60 Abs. 1 Satz 1 KSVG widersprochen, weil er sie für rechtswidrig hielt, und der Stadtrat hat seinen Beschluss aufrechterhalten. Fraglich ist aber, ob Wahlen überhaupt in den Anwendungsbereich des Widerspruchsrechts fallen.

An dieser Stelle ist eine klassische Argumentation zur Auslegung nach Wortlaut, Systematik und Telos der Norm gefragt. Mangels verfügbarer Hilfsmittel zur Entstehungsgeschichte kann Klausurbearbeitern und Teilnehmern einer mündlichen Prüfung hingegen nur in engen Grenzen eine historische Auslegung abverlangt werden.

Der Wortlaut von § 46 Abs. 2 Satz 5 KSVG scheint Wahlen und Beschlüsse eher in Gegensatz zueinander zu stellen, da nur von einer *entsprechenden* Anwendung des § 45 Abs. 7 auf Wahlen die Rede ist. Der systematische Zusammenhang des § 46 KSVG mit §§ 44 und 45 spricht jedoch dafür, dass Wahlen durch die Vertretungskörperschaft ein Unterfall ihrer Beschlüsse sind. Vor allem Sinn und Zweck der Widerspruchsbefugnis erfordern es, sie auf Wahlen zu erstrecken, die der Gemeinderat vornimmt. Um die rechtsstaatlich gebotene Kontrolle sicherzustellen, bedarf es bei solchen Wahlen wie bei sonstigen Ratsbeschlüssen auch der Mechanismen des § 60 KSVG und der Rechtsaufsicht.

Das Rechtsstaatsgebot verlangt, dass nicht nur Sach-, sondern auch Personalentscheidungen im öffentlichen Bereich auf ihre Rechtmäßigkeit kontrolliert werden können. Es wird insoweit nicht ganz durch das Demokratiegebot verdrängt, selbst wenn dieses in vielen Fällen – etwa in dem der Anfechtung einer Bundestagswahl – die Folgen von Rechtsfehlern eng begrenzt.

Anders als die Wahl der Beigeordneten und uU der Bürgermeister können sonstige Wahlen durch den Rat nicht von den Ratsmitgliedern (§§ 57 Abs. 1, 65 Abs. 4 KSVG) und im Gegensatz zu den Rats- und direkten Bürgermeisterwahlen auch nicht von Bürgern oder Bewerbern nach §§ 47 f., 72 Abs. 1, 80 SaarlKWG i. V. mit § 32 Abs. 3 bzw. § 56 Abs. 1 Satz 2 KSVG angefochten werden. Um ihre Kontrolle zu gewährleisten, bedarf es daher zumindest einer Widerspruchskompetenz des Bürgermeisters und eines Verfahrens, das die Rechtsaufsicht ins Spiel bringt.

§§ 60 Abs. 1 und 131 Abs. 2 sind danach auf die vorliegende Entscheidung des Stadtrats von W anwendbar. Einer Beanstandung nach § 130 KSVG bedurfte es nach § 131 Abs. 2 Halbs. 2 KSVG ausnahmsweise nicht. Das bei der Aufhebung nach § 131 Abs. 2 KSVG zu beachtende Verfahren ist mithin eingehalten worden.

II. Inhalt der Entscheidung

Das Landesverwaltungsamt kann die Wahl nur aufheben, wenn sie rechtswidrig ist (§§ 131 Abs. 2, 60 Abs. 1 Satz 1 KSVG). Auch dann räumt ihm § 131 Abs. 2 wie Abs. 1 KSVG Ermessen ein.

1. Rechtswidrigkeit der Wahl

Die Wahl wäre bereits inhaltlich rechtswidrig, wenn sich die Stadt W *generell* nicht an der Besetzung der „Marktstandvergabekommission" beteiligen dürfte. Ein solches Verbot würde für alle Organe der Stadt gelten. Auch dann aber, wenn die Mitwirkung der Stadt grundsätzlich zulässig wäre, könnte die Wahl rechtswidrig sein, wenn die interne *Zuständigkeitsverteilung* oder das gebotene *Verfahren* nicht beachtet worden wären.

Bei der Beurteilung dieser Aspekte kommen außer kommunalrechtlichen Bestimmungen auch das Gesellschaftsrecht und das Verfassungsrecht mit ins Spiel.

a) Legitimationsdefizit

Die Mitwirkung der Stadt könnte bereits deshalb rechtswidrig sein, weil die Kommission rechtswidrig eingerichtet wäre. Gesellschaftsrechtliche Probleme können ausgeschlossen werden, auch wenn die Kommission (ua) ein Organ der Wirtschaftsförderungsgesellschaft St. Wendel (WFGW) darstellen sollte. Denn die Geschäftsführung einer GmbH kann nach §§ 6 und 35 ff. GmbH weitgehend flexibel gestaltet werden.

aa) Die Kommission konnte nicht bereits aufgrund von §§ 48 Abs. 1 Satz 1, 49 Abs. 1 Satz 2, Abs. 3 KSVG als *Ausschuss des Stadtrats* gebildet werden, weil ihr drei Mitglieder mit Stimmrecht angehören, die nicht aus der Mitte des Stadtrats stammen.

bb) Zu prüfen ist mithin, ob W ein neuartiges Organ, Teil- oder Hilfsorgan einrichten konnte, das das KSVG nicht vorsieht. Dies könnte W schon durch § 29 Abs. 1 KSVG verwehrt sein, falls er die Organe der Gemeinden abschließend aufzählte.[58] Gegen eine so restriktive Auslegung des KSVG spricht zwar, dass die Schaffung neuartiger Organe Ausdruck der kommunalen Organisationshoheit und daher grundsätzlich von Art. 28 Abs. 2 GG, 117 Abs. 3 SaarLV gedeckt ist.

Bei der Gestaltung ihrer Organstruktur ist die Gemeinde indes an das Demokratieprinzip gebunden (Art. 20 Abs. 1 und 2 GG, Art. 60 Abs. 1 und Art. 61 SaarLV). Es verlangt, dass sich die Ausübung von Staatsgewalt über eine lückenlose Legitimationskette auf eine Entscheidung des Volkes zurückführen lässt. Ob dies für hoheitliche Entscheidungen zutrifft, an denen die drei nicht vom Stadtrat entsandten Vertreter mitwirken, ist zweifelhaft.

(1) Die Beteiligung nicht gewählter und nicht von gewählten Vertretern bestellter Dritter an amtlichen Entscheidungen ist unzulässig.[59] Eine Kompensation mangelnder personeller und sachlich-inhaltlicher demokratischer Legitimation durch „funktionell-institutionelle Legitimation" wie in Gremien der funktionalen Selbstverwaltung kommt im Bereich der kommunalen Selbstverwaltung nicht in Betracht.[60] Einem kommunalen Entscheidungsorgan, das nicht oder nicht vollständig aus einer Wahl durch die Bürger oder durch die Volksvertretung der Gemeinde hervorgegangen ist, fehlt es daher an demokratischer Legitimation. Die drei Vertreter der interessierten Wirtschaftskreise sind mithin nicht demokratisch legitimiert, um hoheitliche Entscheidungen zu treffen.

(2) Bei der Marktstandvergabe handelt es sich auch um Ausübung von Staatsgewalt, sofern sie den Zugangsanspruch nach § 19 Abs. 1 KSVG konkretisiert. Der Weihnachtsmarkt ist eine öffentliche Einrichtung der Stadt W, dh eine Personal- und Sachgesamtheit, die öffentlichen Aufgaben der Stadt gewidmet und tatsächlich in deren Dienst gestellt

Zumindest solange die Stadt maßgeblichen Einfluss auf die Organisation und Durchführung des Marktes behält, hat sie ihn auch nicht (materiell) privatisiert. Es kann daher hier noch dahinstehen, ob eine solche Privatisierung überhaupt zulässig wäre.[61]

---

58 So BayVGH, NVwZ-RR 2004, 599; NVwZ-RR 2016, 194, 195 (zu Art. 29 BayGO).
59 BVerfGE 83, 60, 71 ff.; 93, 37, 66 ff.
60 BVerfGE 107, 59, 87.
61 S. u. Teil 2, B II 2 a).

worden ist. Die Entscheidung über die Vergabe ist jedenfalls hoheitlicher Natur. Ihre Übertragung auf die demokratisch unzureichend legitimierte Vergabekommission war demnach unzulässig.

b) Besetzungsfehler

Zusätzlich steht der Entsendung aller Geschäftsführungsmitglieder, die die Stadt vertreten, durch den Stadtrat § 114 Abs. 1 KSVG entgegen.
Bei der WFGW handelt es sich um ein Unternehmen der dort genannten Art. Die Marktstandvergabekommission erfüllt Aufgaben, die diesem Unternehmen übertragen worden sind, nämlich die Entscheidung über die Auswahl der Weihnachtsmarktbeschicker als Teil der Marktorganisation. Daher müsste – ungeachtet der unzulässigen Aufgabenübertragung (oben a) – (auch) der Bürgermeister oder ein von ihm bestellter Vertreter Mitglied der Kommission sein, ggf. neben Ratsvertretern nach § 114 Abs. 2 KSVG. Dass allein die Ratsfraktionen in der Kommission vertreten sind, verletzt § 114 Abs. 1 KSVG.

c) Verfahrensfehler

Außerdem könnte auch das Wahlverfahren, das bei der Besetzung der dem Rat eingeräumten Sitze angewandt wurde, gegen das Demokratieprinzip verstoßen. Bedenken weckt, dass CDU und FDP eine Listenverbindung eingegangen sind.
aa) Auf die Verteilung von Ausschusssitzen ist nach der Rechtsprechung des BVerwG das Spiegelbildlichkeitsprinzip anwendbar, das das BVerfG für Bundestagsausschüsse entwickelt hat. Im kommunalen Bereich spricht sogar noch stärker als in Parlamenten für dieses Prinzip, dass es hier neben beratenden auch *beschließende* Ausschüsse gibt, so dass endgültige Entscheidungen dem Zugriff des Plenums entzogen sein können. Wie dort aus dem Recht des freien Mandats der einzelnen Abgeordneten, so ergibt sich auch im Gemeinderat aus dem Mitwirkungsrecht aller Mitglieder gem. § 30 Abs. 1 und der Fraktionen nach § 30 Abs. 5 KSVG ein Recht auf proportionale Teilnahme der Fraktionen

Der Spiegelbildlichkeitsgrundsatz lässt sich hingegen nicht auf die Wahlen der Bürgermeister – soweit sie durch die Gemeindevertretung erfolgen – und der Beigeordneten übertragen.[63] Das gilt auch dann, wenn die Beigeordnetenstellen aufgrund interfraktioneller Absprachen proportional zwischen den Fraktionen der Vertretung verteilt werden. Denn die Funktion der Wahlbeamten besteht nicht darin, Entscheidungen der Volksvertretung vorzubereiten oder an ihrer Stelle zu treffen, sondern darin, die Gemeindeverwaltung zu leiten. Das Eilentscheidungsrecht nach § 61 Abs. 1 KSVG ist ohnehin auf den Bürgermeister beschränkt.

in den Ausschüssen.[62] Abweichungen von der proportionalen Besetzung der Ausschüsse bedürfen danach eines zwingenden Grundes, der sich aus anderen verfassungsrechtlichen Normen ergibt. Soweit die Befugnis zu Entscheidungen hoheitlichen Charakters auf privatrechtlich verfasste *Unternehmen* übertragen wird – ob nun zu Recht oder zu Unrecht -, muss derselbe Grundsatz auch bei der Entsendung der Ratsvertreter in deren Organe angewandt werden. Das Weisungsrecht nach § 114 Abs. 4 KSVG schützt nicht ausreichend die Minderheitsfraktionen, so wie hier die übergangene Fraktion der „Linken".

bb) Die Sitze in einem Unternehmensorgan sind gem. § 114 Abs. 2 KSVG nach den gleichen Grundsätzen zu besetzen wie diejenigen in einem Ratsausschuss gem. § 48 Abs. 2 KSVG. Soweit in der Geschäftsordnung des Stadtrats von W auf § 48 Abs. 2 KSVG verwiesen wird, führt dies also im Ergebnis nicht bereits zur Rechtswidrigkeit der Wahl. Nach § 114 Abs. 2 Satz 2 KSVG erfolgt die Wahl allerdings nach Wahlvorschlägen als Verhältniswahl, wobei zwingend das Auszählverfahren nach d'Hondt anzuwenden ist. Bei diesem Verfahren werden die auf die Wahlvorschläge entfallenden Stimmzahlen jeweils durch 1, 2, 3 usw. dividiert und die Sitze dann auf die Wahlvorschläge in der Reihenfolge der höchsten Quotienten verteilt, die sich bei dieser Rechnung ergeben.

Eine ähnliche Konstellation hat sich infolge der Auszählung nach d'Hondt, die tendenziell die größeren Gruppen begünstigt, auch bei der Wahl der Ländervertreter aus Bremen und Sachsen zur 14. Bundesversammlung im Jahr 2010 ergeben. Im Sächsischen Landtag stellten SPD und Bündnis 90/Die Grünen, in der Bremischen Bürgerschaft zusätzlich auch die FDP jeweils eine gemeinsame Liste auf. Sie errangen damit aufgrund der größeren Höchstzah-

Bei der Anwendung dieses Verfahrens hat die FDP infolge ihrer Vereinbarung mit der CDU einen Sitz errungen. Würde man die Listenverbindung wegdenken, so hätten CDU- und SPD-Fraktion ebenso viele Vertreter erhalten. Der von der FDP eingenommene Sitz wäre dann jedoch der größeren „Linke"-Fraktion zugefallen. Die Listenverbindung hat mithin zu einer von der proportionalen Vertretung abweichenden und daher rechtfertigungsbe-

---

62 BVerwGE 119, 305 ff.; BVerwG, NVwZ 2010, 834 ff.
63 BVerwG, NVwZ-RR 2010, 818 ff.; SächsOVG, LKV 2006, 82, 85 f.; VG Darmstadt, LKRZ 2010, 408, 410.

len jeweils einen weiteren Sitz in der Bundesversammlung, der bei getrennten Listen der CDU zugefallen wäre.

dürftigen Verschiebung der Sitze zulasten der „Linken" geführt.

cc) Fraglich ist, ob es für diese Verschiebung einen zwingenden verfassungsrechtlichen Grund gibt. In Betracht kommt die Funktionsfähigkeit der Gemeindevertretung als Ausfluss der repräsentativen kommunalen Demokratie. Im Parlamentsrecht ist anerkannt, dass die Kreations- und Gesetzgebungsfunktion des Gesamtorgans es rechtfertigen kann, dass Ausschüsse abweichend vom Spiegelbildlichkeitsprinzip besetzt werden.

Ob diese Grundsätze auf *Kommunalvertretungsorgane* übertragen werden können, ist jedoch zweifelhaft. Angesichts der Direktwahl der Bürgermeister und Landräte und des Verwaltungsnormcharakters der kommunalen Satzungen gebietet das Demokratieprinzip es nicht, dass eine stabile „regierungstragende Mehrheit" sich in allen Gremien durchsetzen kann, die der Gemeinderat bildet.[64]

Allenfalls kann eine stabile Verbindung mehrerer Fraktionen zu einer „Rathauskoalition", nicht aber eine reine Zählgemeinschaft zu Abweichungen führen. Eine solche Koalition besteht im vorliegenden Fall. Selbst wenn auf dieser Basis ähnliche Modifikationen des Spiegelbildlichkeitsgrundsatzes möglich sind wie auf staatlicher Ebene, kann die Funktionsfähigkeit des Stadtrats aber nur eine solche Abweichung erlauben, die von ihr *zwingend* erfordert wird. Zwingend erforderlich wäre die Bevorzugung der Mehrheitsfraktionen im Stadtrat indes nur, wenn stabile Verhältnisse nicht auch ohne gleichzeitige Benachteiligung einer Minderheitsfraktion erreicht werden könnten.

Dies ist nach saarländischem Landesrecht schon deshalb möglich, weil die Zahl der Ausschuss- bzw. Vertretersitze nach §§ 48 und 114 KSVG nicht gesetzlich festgelegt ist. Es stände dem Stadtrat von W also frei, die Zahl der Vertreter so zu bestimmen, dass die Fraktionen von CDU und FDP auch ohne Listenverbindung stets die Mehrheit behalten, selbst wenn dieses Ergebnis sich nicht – so wie im vorliegenden Fall – ohnehin nach beiden Rechen-

---

64 Vgl. BVerfGE 112, 118, 146 f.; BVerfGE 130, 318, 353 f.; aA NdsOVG, DVBl. 2008, 1125, 1127 f.

methoden einstellen würde. Ein Patt, wie es im Parlamentsrecht gelegentlich vorkommt, kann sich bei einer ungeraden Vertreterzahl wie 7 sowieso nicht ergeben.

Auch aus diesem Grund ist die Wahl nach alledem rechtswidrig.

2. Ermessensausübung und Ergebnis

Das Ermessen der Aufsichtsbehörde auf der Rechtsfolgenseite ist einerseits am Grundsatz der Rechtmäßigkeit der Verwaltung, andererseits aber auch am Verhältnismäßigkeitsprinzip, das in § 127 Abs. 1 Satz 2 KSVG zum Ausdruck kommt, an der Personal- und Organisationshoheit als Teilen des kommunalen Selbstverwaltungsrechts und am Demokratieprinzip (Art. 28 Abs. 1 und 2 GG) zu orientieren.

Allerdings ist namentlich die Organisationshoheit nur „im Rahmen der Gesetze" gewährleistet. Bei einer rechtswidrigen Organisationsentscheidung ist daher regelmäßig der Herstellung rechtmäßiger Zustände der Vorrang vor der Erhaltung der „Entschlussfreudigkeit der Gemeinde" zu geben. Ist der Rechtsfehler besonders schwerwiegend, so ist das Ermessen in Richtung Aufhebung auf Null reduziert.

Die Wahl im vorliegenden Fall verstößt in mehrfacher Hinsicht gegen fundamentale, verfassungsrechtlich abgesicherte Grundsätze. Das Landesverwaltungsamt wird daher hier der Aufforderung des O Folge leisten müssen.

Teil 2

Hier muss überlegt werden, ob es aufbautechnisch günstiger ist, beide Anträge des M zumindest in der Zulässigkeitsstation verbunden zu prüfen. Je mehr Parallelen sich in der Vorprüfung zeigen, desto eher wird man zu einer einheitlichen, nur bei Abweichungen differenzierenden Prüfung neigen, um Platz und uU Zeit zu sparen. Sie ist allerdings in Klausuren auch fehlerträchtig, weil man Unterschiede leichter übersieht.

Im vorliegenden Fall überwiegen die Gründe für eine getrennte Prüfung, da neben der Klageart und den Gründen für die Klagebefugnis vor allem auch die Beklagten in den beiden Anträgen auseinanderfallen. Es wäre aus diesem

Grund auch nicht möglich, die beiden Anträge gemäß § 44 VwGO in einer gemeinsamen Klage zu verbinden.

A. Antrag auf Aufhebung der Änderung der Gebührenfestsetzung

I. Sachurteilsvoraussetzungen

1. Verwaltungsrechtsweg

In dieser Zulässigkeitsprüfung sind einige Abweichungen vom klausurtechnischen Normalfall zu beachten. Wer sie übersieht, muss mit Punktabzügen rechnen, riskiert aber nicht das Bestehen der Klausur, wenn keine grundlegenden Fehler hinzutreten. Die Abweichungen beruhen zum einen auf der Besonderheit, dass in *abgabenrechtlichen* Verfahren weitgehend die AO an die Stelle des VwVfG tritt, auch wenn sich der Streit um Kommunalabgaben dreht, zum anderen auf dem im Saarland geltenden Behördenprinzip (§ 19 SaarlAGVwGO): beteiligtenfähig und in bestimmten Verfahren passiv prozessführungsbefugt sind hier Behörden anstelle ihrer Rechtsträger (vgl. § 78 Abs. 1 VwGO).

Der Verwaltungsrechtsweg ist eröffnet, wenn eine öffentlich-rechtliche Streitigkeit nicht verfassungsrechtlicher Art vorliegt, die keinem anderen Gericht gesetzlich zugewiesen ist (§ 40 Abs. 1 VwGO). Der Streit um Benutzungsgebühren[65] als öffentliche Abgaben gehört zum Verwaltungsrecht. Obwohl es sich um Abgaben handelt, enthält § 33 Abs. 1 Nr. 1 FGO dafür auch keine abdrängende Sonderzuweisung. Kommunalabgabenrechtliche Streitigkeiten sind vielmehr von den Verwaltungsgerichten zu entscheiden, auch wenn in ihnen die Vorschriften der Abgabenordnung anzuwenden sind.

2. Gerichtszuständigkeit

Im Rahmen der Zuständigkeit ist, wenn sie wie üblich vor der Statthaftigkeit geprüft wird, wiederum ein stillschweigender Vorgriff auf die richtige Klageart unvermeidlich, da sowohl § 47 Abs. 1 VwGO für die Normenkontrolle als auch § 52 Nr. 2 und 3 VwGO für Anfechtungs- und Verpflichtungsklagen die Zuständigkeit von der Klageart abhängig machen.

Zuständig ist das Verwaltungsgericht des Saarlandes nach §§ 45 und 52 Nr. 3 VwGO, § 1 Abs. 1 und 2 SaarlAGVwGO.

3. Statthafte Klageart

Hier ist darauf zu achten, dass nicht routinemäßig § 35 S. 1 SaarlVwVfG zitiert wird – auch wenn beide Vorschriften den VA inhaltsgleich definieren.

Statthaft ist hier eine Anfechtungsklage, die im Übrigen nicht gegen die ursprüngliche Gebührenfestsetzung gerichtet werden muss, sondern auch isoliert gegen deren Änderung gerichtet werden kann. Dies ist im Sinne des Klägers M, der nicht sein Widerspruchsbegehren weiterverfolgt, sondern nunmehr nur die anfängliche Gebührenforderung wie-

---

65 Zum Rechtsweg bei Vergabe einer Dienstleistungskonzession zur Veranstaltung eines öffentlichen Weihnachtsmarktes ThürOVG, NVwZ-RR 2020, 1122 ff.

Fall 10 St. Wendeler Weihnachtsmarkt

derhergestellt wissen will. Der Widerspruchsbescheid ist ein Verwaltungsakt im Sinne des hier nach § 12 Abs. 1 Nr. 3b SaarlKAG entsprechend anwendbaren § 118 Satz 1 AO.

Der Widerspruchsbescheid kann gemäß § 79 Abs. 2 Satz 1 VwGO getrennt vom Ausgangsbescheid angefochten werden, da er mit der Erhöhung der Gebühr eine aus Sicht des Klägers M zusätzliche, selbstständige Beschwer enthält.

4. Beteiligtenbezogene Voraussetzungen

M ist beteiligtenfähig nach § 61 Nr. 1 Var. 2 VwGO, der KRA nach § 61 Nr. 3 VwGO i. V. mit § 19 Abs. 1 SaarlAGVwGO. M wird vom Vorsitzenden K vertreten (§§ 62 Abs. 3 VwGO, 26 Abs. 2 BGB), der KRA als richtiger Beklagter nach § 78 Abs. 1 Nr. 2, Abs. 2 VwGO, § 19 Abs. 2 SaarlAGVwGO durch den Landrat als Vorsitzenden (§ 62 Abs. 3 VwGO, § 9 Satz 1 SaarlAGVwGO).

5. Klagebefugnis

Diese hier unproblematische Voraussetzung sollte nicht in dem Bestreben, möglichst viel vom vorhandenen Wissen anzubringen, ausufernd begründet werden, etwa unter Erläuterung sämtlicher Theorien zur Grundrechtsfähigkeit juristischer Personen. Schwerpunkte dürfen nur auf diejenigen bekannten Problematiken gelegt werden, die im jeweiligen Fall auch wirklich zu Zweifeln Anlass bieten. Da hier keine einfachgesetzliche Rechtsposition erkennbar ist, auf die sich M berufen kann und die verletzt sein könnte, steht dem unmittelbaren Rückgriff auf Grundrechte als Schutznormen allerdings auch kein etwaiger Anwendungsvorrang des einfachen Rechts entgegen.

Die Auferlegung von Abgaben wie den Benutzungsgebühren im vorliegenden Fall kann die allgemeine Handlungsfreiheit des M aus Art. 2 Abs. 1 i. V. mit Art. 19 Abs. 3 GG verletzen. Das Recht auf Freiheit von ungesetzlichem Zwang zur Geldleistung ist auf juristische Personen, wie M eine ist, seinem Wesen nach anwendbar, da er sich als potenzieller, ggf. abgabepflichtiger Weihnachtsmarktbeschicker ebenso in der grundrechtstypischen Gefährdungslage befindet wie natürliche Personen, die einen Marktstand betreiben.

6. Widerspruchsverfahren

Ein Widerspruchsverfahren ist bereits durchgeführt worden. Ein erneuter Widerspruch gegen den Widerspruchsbescheid ist entbehrlich nach § 68 Abs. 1 Satz 2 Nr. 2 Var. 2 VwGO, da der Widerspruchsbescheid eine zusätzliche selbstständige Beschwer enthält (s. o. 3.).

7. Form und Frist

Die Monatsfrist und die Form der Klage gemäß §§ 81 Abs. 1, 82 Abs. 1 Satz 1 und 74 Abs. 1 VwGO hat M gewahrt.

8. Ergebnis

Der Antrag ist im Ergebnis zulässig.

II. Begründetheit

1. Passivlegitimation

Der KRA, der den angegriffenen Widerspruchsbescheid erlassen hat, ist zwar landesgesetzlich zum richtigen Klagegegner bestimmt; dadurch wird er jedoch nicht rechtsfähig. Zurechnungsendsubjekt des dem KRA gegenüber geltend gemachten Anspruchs auf Aufhebung des Widerspruchsbescheids und daher passivlegitimiert ist vielmehr der Landkreis W als Rechtsträger.

2. Formelle Rechtmäßigkeit des Widerspruchsbescheids

Der Widerspruchsbescheid ist formgerecht von der zuständigen Widerspruchsbehörde erlassen worden. Auch typische Verfahrensfehler liegen nicht vor. Insbesondere wurde M, vertreten durch K, vor dem Erlass der Entscheidung angehört (§ 71 VwGO). Allerdings hat der KRA die Gebühr gegenüber dem Ausgangsbescheid erhöht. Strittig ist, ob verbösernde Entscheidungen im Widerspruchsverfahren zulässig sind.

Eine gesetzliche Zulassung oder ein gesetzliches Verbot der Verböserung in Bezug auf Kommunalabgaben besteht im Saarland nicht.[66] Aus dem Rechtsstaatsprinzip wird indes zT abgeleitet, die reformatio in peius verstoße gegen einen „Grundsatz des Vertrauensschutzes iwS".[67] Dem ist entgegenzuhalten, dass man dem Widerspruchsführer Steine statt Brot gibt, wenn man die reformatio in peius auch dort versagt, wo (wie im Saarland) eine Aufsichtsklage denkbar wäre, wenn die Widerspruchsbehörde den Ausgangsbescheid aufrecht erhält, obwohl sie Rechtsfehler festgestellt hat. Die

---

66 Vgl. im Überblick *Guckelberger/Heimpel*, LKRZ 2009, 246 ff.; *Kahl/Hilbert*, Jura 2011, 660 ff.
67 *Hufen*, § 9 Rn. 17; allgemein OVG Koblenz, DÖV 2004, 889 f. trotz § 3 Abs. 5 Satz 2 RPKAG.

Interessen des Widerspruchsführers sind ausreichend geschützt durch seine Befugnis, den Widerspruch nach der Anhörung zurückzunehmen. Im Übrigen dient das Widerspruchsverfahren nicht nur dem Rechtsschutz, sondern auch der Selbstkontrolle und der Gesetzmäßigkeit der Verwaltung bei gleichzeitiger Entlastung der Gerichte.

Die Erhöhung der Gebühr ist als solche daher noch kein Verfahrensfehler.

3. Satzungsvorbehalt für Kommunalabgaben

Nach § 2 Abs. 1 Satz 1 SaarlKAG ist die Abgabenerhebung nur zulässig, wenn eine wirksame satzungsrechtliche Grundlage für sie besteht und auf den strittigen Fall auch richtig angewendet worden ist. Beides ist hier problematisch, da möglicherweise schon die Gebührenbemessung in der Satzung über die Weihnachtsmarktgebühren, eventuell jedoch auch deren Anwendung auf M mit dem Grundsatz der Abgabengerechtigkeit in Konflikt gerät, der letztlich in Art. 3 Abs. 1 GG wurzelt, aber zB durch § 6 Abs. 3 SaarlKAG für den Fall der Benutzungsgebühren konkretisiert wird.

a) Wirksame Gebührensatzung

Die Bevorzugung der ortsansässigen Vereine, die Mitglieder des Handwerks- und Gewerbevereins sind, durch eine Gebührenbefreiung beruht auf Willkür. Sie verstößt gegen Art. 3 Abs. 1 GG. Soweit die Satzung die Gebührenbefreiung regelt, ist sie daher rechtswidrig und deshalb unwirksam.

Für die Gebührenerhebung gegenüber M spielen aber nur der Regelgebührensatz von 175 EUR und der ermäßigte Satz von 125 EUR eine Rolle. Der unwirksame Teil macht die Satzung nicht insgesamt nichtig, sofern der Rest rechtmäßig ist und nach der Regelungsintention des Satzungsgebers für sich allein fortbestehen kann, wenn der unwirksame Teil abgetrennt wird. Dieser allgemeine Rechtsgedanke lässt sich außer § 139 BGB vor allem auch §§ 44 Abs. 4 und 59 Abs. 3 SaarlVwVfG entnehmen.

Weniger Bedenken als die Differenzierung nach dem Sitz oder Wohnsitz des Abgabenschuldners weckt eine Bei-

Die Differenzierung zwischen einheimischen und auswärtigen Benutzern, wie sie auf M angewendet worden ist, liegt bei Einrichtungen ohne Benut-

trags- oder Gebührenstaffelung aus sozialen Gründen, so zB nach der Höhe des Einkommens oder der Kinderzahl, zumindest soweit ein Sachzusammenhang mit dem Gegenstand der Abgabenschuld besteht wie zB im Fall von Kindertagesstättenbeiträgen,[68] oder eine Abstufung von Vergnügungs- und Hundesteuern nach der abstrakten Gefährlichkeit von Spielautomaten und Hunden.[69]

Nicht angewendet werden dürfen höhere Abgabensätze für Auswärtige außerdem aufgrund von Art. 56 AEUV auf nichtdeutsche EU-Bürger.[71]

zungszwang im Rahmen der Gestaltungsfreiheit des Gebührensatzungsgebers und ist daher anders als die Bevorzugung der Mitglieder des Handwerks- und Gewerbevereins rechtmäßig.[70] Wäre M ein inländischer Verein mit Sitz außerhalb von W, so müsste der Klage der Erfolg versagt bleiben.

b) Fehlerfreie Anwendung im Einzelfall

Letztlich kommt es auf das Ergebnis im vorstehenden Punkt aber nicht an. Der Widerspruchsbescheid ist jedenfalls deshalb rechtswidrig, weil der KRA fälschlich den regelmäßigen Gebührensatz angewendet hat. M hat seinen Sitz in W, hat also Anspruch auf die Gebührenermäßigung. Der KRA hat die Frage, ob M ein auswärtiger oder ein in S ansässiger Verein ist, zu Unrecht nicht nach dem Vereinssitz, sondern nach dem Wohnsitz des Vorsitzenden beurteilt und daher einen auch nach der satzungsmäßigen Grundlage überhöhten Betrag als Gebühr errechnet. Der Widerspruchsbescheid leidet daher an einem Rechtsanwendungsfehler.

4. Rechtsverletzung

Dieser Fehler beeinträchtigt das von Art. 2 Abs. 1 GG (hier iVm Art. 19 Abs. 3 GG) geschützte Geldvermögen des M ohne rechtfertigenden Grund. Er wird mit einer höheren Gebühr belastet, als es der Rechtsgrundlage in der Satzung entspricht.

Hält man auch die Differenzierung aufgrund des Wohn- bzw. Vereinssitzes für unzulässig, so fehlt es bereits an einer wirksamen Satzung als Grundlage der Gebührenerhebung. In beiden Fällen verletzt die Gebührenfestsetzung im Widerspruchsbescheid das Grundrecht des M aus Art. 2 Abs. 1 GG.

III. Ergebnis

Der Antrag auf Aufhebung der Änderung der Gebührenfestsetzung ist zulässig und begründet.

---

68 BVerfGE 97, 332, 344 ff.; NdsOVG, NJW 2008, 933, 934 f.
69 BVerwGE 110, 248, 250; 110, 265, 272 ff.; BVerwG, NVwZ 2005, 598, 599 f. und 1325 ff.
70 BVerwGE 104, 60, 63 ff.; die Gegenansicht ist ebenfalls gut vertretbar.
71 BVerfG, NVwZ 2016, 1553, 1555.

B. Antrag auf Verurteilung zur Neubescheidung des Zulassungsantrags

I. Sachurteilsvoraussetzungen

1. Verwaltungsrechtsweg und Gerichtszuständigkeit

Eine öffentlich-rechtliche Streitigkeit nicht verfassungsrechtlicher Art liegt vor, denn die Zulassung zu einer kommunalen öffentlichen Einrichtung betrifft eine im Kommunalrecht als Teil des Verwaltungsrechts geregelte Frage. Denkbare Sonderzuweisungen sind in diesem Punkt auch nicht entfernt ersichtlich. Der Verwaltungsrechtsweg ist damit eröffnet; zuständig ist das VG des Saarlandes sachlich erneut nach §§ 45 VwGO, 1 Abs. 1 und 2 SaarlAGVwGO, in diesem Fall jedoch örtlich nach § 52 Nr. 3 VwGO.

2. Statthafte Klageart

Statthaft ist die Verpflichtungsklage; denn die von M begehrte Entscheidung über den Zugang als Standbetreiber zum Weihnachtsmarkt ist ein Verwaltungsakt im Sinne des § 35 Satz 1 SaarlVwVfG. Da der Antrag nicht auf eine Zulassung in einem genau bestimmten Zeitraum gerichtet ist, sondern lediglich in einem Zeitraum von zwei Wochen, der den 10.12.2019 umfasst, verlangt M nur eine Verurteilung zur Neubescheidung nach Maßgabe der Rechtsauffassung des Gerichts (§ 113 Abs. 5 Satz 2 VwGO).

Der Kläger kann seine Verpflichtungsklage zulässigerweise auf einen Bescheidungsantrag beschränken, wenn absehbar ist, dass die Behörde bei der Neubescheidung noch einen Ermessensspielraum besitzt, da er nicht in Kauf nehmen muss, mit dem Antrag auf Verurteilung zu einem bestimmten VA teilweise zu unterliegen.

3. Beteiligtenbezogene Voraussetzungen

Die Beteiligungsfähigkeit und Vertretung des M sind wie unter A I 4 zu beurteilen. Richtiger Beklagter und beteiligtenfähig ist insoweit Bürgermeister O als die Behörde, die den VA erlassen hat, §§ 61 Nr. 3, 78 Abs. 1 Nr. 2 VwGO, § 19 Abs. 1 und 2 SaarlAGVwGO.

4. Klagebefugnis

Auch bei der Verpflichtungsklage muss der Kläger klagebefugt sein (§ 42 Abs. 2 VwGO).

Hier ist nicht die Adressatentheorie anwendbar, da sich der Kläger sonst allein dadurch selbst die Klagebefugnis verschaffen könnte, dass er einen unzulässigen oder unbegründeten Antrag stellt und dieser zu Recht abgelehnt wird. Vielmehr muss ein Recht des Klägers erkennbar sein, das durch das Unterlassen oder die Versagung eines Verwaltungsaktes verletzt sein kann.

Im vorliegenden Fall ist möglicherweise ein Anspruch des M auf Zulassung zu einer kommunalen öffentlichen Einrichtung der Stadt W gemäß § 19 Abs. 1 und 3 KSVG verletzt, darüber hinaus vielleicht auch ein Zulassungsanspruch, der sich aus Art. 3 Abs. 1 GG in Verbindung mit einer ständigen Verwaltungspraxis ergeben könnte. Nicht in Betracht kommt dagegen ein Anspruch nach § 5 Abs. 1 PartG. Diese Anspruchsgrundlage gilt nur für Parteien im Sinne des § 2 PartG, nicht für Vereine, die zwar politisch tätig sind, aber nicht am Wettbewerb um Wählerstimmen teilnehmen, so wie M.

5. Widerspruchsverfahren

Das Widerspruchsverfahren ist, wie § 68 Abs. 1 Satz 1 VwGO es vorgibt, ordnungsgemäß durchgeführt worden.

6. Form und Frist

Die Monatsfrist und die Form der Klage gemäß §§ 81 Abs. 1, 82 Abs. 1 Satz 1 und 74 Abs. 1 VwGO hat M auch für diesen Antrag gewahrt.

7. Ergebnis

Auch der Bescheidungsantrag ist damit im Ergebnis zulässig.

II. Begründetheit

1. Passivlegitimation

Passivlegitimiert ist hier die Stadt W als Rechtsträger, als deren Behörde der Bürgermeister O den angegriffenen VA erlassen hat. Auch insoweit folgt die Passivlegitimation nicht analog § 78 Abs. 1 Nr. 2 VwGO, § 19 Abs. 2 SaarlAGVwGO dem Behördenprinzip.

Organe als solche haben zwar Zuständigkeiten und Befugnisse, nicht aber Rechte und Pflichten. Anders liegt es nur in Zwischenorganstreitigkeiten, in denen die kontrastierenden Kompetenzen wie Rechte und Pflichten behandelt werden.

2. Bestehen eines Zulassungsanspruchs

Der Weihnachtsmarkt in W ist eine Sachgesamtheit, die von W zur Benutzung durch die Öffentlichkeit bestimmt und ihr tatsächlich zur Verfügung gestellt worden ist. Er ist damit eine öffentliche

Einrichtung der Stadt. W muss daher bei der Zulassung zur Benutzung die für kommunale öffentliche Einrichtungen geltenden formellrechtlichen (a) und materiellrechtlichen (b) Bindungen beachten.

a) Formelle Voraussetzungen

Das Zulassungsverfahren ist fehlerhaft durchgeführt worden, weil die Stadt W über die Zulassung des M zum Weihnachtsmarkt nicht selbst entschieden hat. Nur Träger öffentlicher Verwaltung dürfen über die Zulassung zu kommunalen öffentlichen Einrichtungen entscheiden. Eine Beleihung Privater ist hier nicht erfolgt. Die Entscheidung der Kommission kann dem Stadtrat nicht zugerechnet werden (s. o. Teil 1).

Es stände der Stadt hingegen frei, die Einrichtung Weihnachtsmarkt auf einen privaten Träger zu übertragen und ihm in der Folge auch die Zulassung von Standbetreibern zu überlassen. Die Selbstverwaltungsgarantie würde dies nur verbieten, wenn der Betrieb eines Weihnachtsmarktes eine Pflichtaufgabe der Selbstverwaltung wäre. Dies folgt nicht schon daraus, dass der Weihnachtsmarkt eine gewisse Tradition und identitätsstiftende Bedeutung für die Gemeinde hat.[72] Pflichtaufgaben der Selbstverwaltung legt vielmehr der Landesgesetzgeber fest (§ 5 Abs. 3 Satz 1 KSVG). Pflichtaufgaben kraft Herkommens gibt es nicht.[73]

W hätte als nicht selbst handlungsfähige juristische Person vielmehr durch ein dafür zuständiges Organ entscheiden müssen. Für die Entscheidung in Selbstverwaltungsangelegenheiten ist der Stadtrat zuständig, soweit nicht der Bürgermeister kraft Gesetzes zuständig ist und soweit der Stadtrat nicht ihm oder einem Ausschuss die Entscheidungskompetenz zulässigerweise übertragen hat (§ 34 KSVG). Die Zulassung zu öffentlichen Einrichtungen ist Selbstverwaltungsaufgabe und gehört nicht zu den Angelegenheiten der laufenden Verwaltung. Über sie musste in W daher der Stadtrat entscheiden.

Schon wegen dieses Fehlers im Zulassungsverfahren ist der darin schließlich ergangene Ablehnungsbescheid rechtswidrig.

b) Materielle Voraussetzungen

Allerdings ist fraglich, ob M aus § 19 Abs. 1 KSVG einen Anspruch auf Neubescheidung durch das zuständige Kommunalorgan ableiten kann, der in der Sache nicht erneut auf eine Ablehnung hinausliefe, sondern wirklich auf Zulassung für einen Zeitraum gerichtet ist, der den 10.12.2019 einschließt. Als

---

72 So jedoch BVerwG, NVwZ 2009, 1305; *Braun*, KommJur 2009, 427, 428; *Katz*, NVwZ 2010, 405, 407; *Stein*, DVBl. 2010, 563, 569.
73 *Donhauser*, NVwZ 2010, 931, 933 f.; *Kahl/Weißenberger*, LKRZ 2010, 81, 84; *Schoch*, DVBl. 2009, 1533, 1536; *Stepanek*, Verfassungsunmittelbare Pflichtaufgaben der Gemeinden, 2014, S. 131 f.; *Winkler*, JZ 2009, 1169, 1170.

Anspruchsinhaber kommt M zwar in Frage. Der Zulassungsanspruch steht ua den Gemeindeeinwohnern nach § 19 Abs. 3 KSVG gleichgestellten juristischen Personen zu. M ist eine juristische Person mit Sitz in S. Allerdings besteht der Anspruch nach § 19 Abs. 1 KSVG nur im Rahmen der Widmung und der Kapazität der konkreten öffentlichen Einrichtung.

aa) Der Weihnachtsmarkt ist nun allerdings hauptsächlich dem vorweihnachtlichen Einkauf gewidmet. Daneben sind jedoch auch Informationsangebote von der Widmung umfasst. M kann daher nicht schon wegen Überschreitung des Widmungsrahmens von der Standplatzvergabe ausgeschlossen oder bei ihr benachteiligt werden.

bb) Die Kapazität des Marktes reicht indes nicht für alle Veranstalter aus. Bei einem Nachfrageüberhang muss die Kommune die knappe Kapazität einer ihrer Einrichtungen unter Beachtung des allgemeinen Gleichheitssatzes verteilen.[74] Verschiedene private Benutzer sind grundsätzlich gleich zu behandeln; Ungleichbehandlungen bedürfen sachlicher Rechtfertigungsgründe. Auch die Bedeutung sonstiger Grundrechte ist zu beachten. Anbietern, die den Widmungszweck prägen, kann die Teilnahme an einem Markt oder Volksfest vorrangig eingeräumt werden. Es ist daher nicht zu beanstanden, dass M die beantragten zwei Wochen nur mit einer Unterbrechung zugestanden wurden. Allerdings wurde dabei verkannt, dass es M besonders auf eine Teilnahme am 10.12.2019 ankam. Es ist nicht ersichtlich, dass seine Teilnahme nicht auch so hätte aufgeteilt werden können, dass der 10.12.2019 mit im Präsenzzeitraum liegt (etwa vom 4. bis 10. und vom 17. bis 23.12.). Dass diese Alternative nicht erwogen wurde, verletzt das Recht des M aus Art. 3 Abs. 1 i. V. mit Art. 9 Abs. 1 GG, sich seinem Zweck gemäß zu betätigen. Die Zulassungsentscheidung verstößt damit gegen § 19 Abs. 1 KSVG.

---

74 Vgl. NWOVG, NVwZ-RR 2017, 27 ff.

c) Zwischenergebnis

Der ablehnende Bescheid ist demnach formell und materiell rechtswidrig.

3. Verletzung von Rechten des Klägers

Durch die fehlerhafte Entscheidung wird M in seinem Zulassungsanspruch nach § 19 Abs. 1 und 3 KSVG verletzt.

III. Teilergebnis

Der Verpflichtungsantrag ist sowohl zulässig als auch begründet.

C. Gesamtergebnis

M hat sowohl mit seinem Antrag auf Aufhebung der Änderung der Gebührenfestsetzung als auch mit seinem Antrag auf Neubescheidung über die Zuteilung eines Stands auf dem Weihnachtsmarkt der Stadthalle Erfolg.

§ 5
KOMMUNALRECHT UND BAURECHT

Fall 11 Wer Wind sät

▶ Die Aeolus-AG (A) sucht schon längere Zeit nach geeigneten Standorten für neue Windenergieanlagen im Landkreis L in der Region Westpfalz. Da die dort ansässige Bevölkerung sehr streitbar und naturverbunden ist, scheiterte bislang jeder Versuch von Stromerzeugungsunternehmen, im Gebiet von L Windenergieanlagen zu errichten. In der Ortsgemeinde O findet A schließlich Waldgrundstücke, die im Regionalen Raumordnungsplan als Teil eines Vorranggebiets Windenergienutzung ausgewiesen und deren Eigentümer gegen einen mäßigen Zuschlag auf den Verkehrswert bereit sind, ihre Trauer um die unverfälschte Landschaft ihrer Heimat zu überwinden. A erwirbt die Grundstücke so diskret wie möglich. Mit der Bitte um vertrauliche Behandlung beantragt A am 18.10.2019 bei der Kreisverwaltung L, ihr einen Vorbescheid zur bauplanungsrechtlichen Zulässigkeit von zwei Windenergieanlagen am vorgesehenen Standort zu erteilen. Die Anlagen sollen eine Nabenhöhe von 67 m aufweisen und bis zum höchsten Punkt der Rotorbewegung 97 m messen.

Die Kreisverwaltung leitet Kopien des Antrags und der diesem beigefügten Unterlagen an die Verwaltung der Verbandsgemeinde V, der O angehört, weiter und bittet sie, etwaige Bedenken gegen das Vorhaben anzumelden. Dieses Schreiben trifft am 25.10.2019 bei der Verbandsgemeindeverwaltung ein. Am 12.11.2019 erreicht ein Brief des Bürgermeisters von V die Kreisverwaltung. Darin teilt er mit, nach Durchsicht der Antragsunterlagen sehe sich der Verbandsgemeinderat dazu veranlasst, den Flächennutzungsplan von V zu überprüfen. Bevor der Rat Stellung nehme, benötige er eine Computersimulation der fertigen Anlagen, um sich die Auswirkungen des Vorhabens auf das Landschaftsbild rings um O plastisch vor Augen zu führen. Die gewünschte Computersimulation geht der Verbandsgemeindeverwaltung am 26.11.2019 zu. Die Mitglieder des Verbandsgemeinderates betrachten sie in der Sitzung am 11.12.2019 und beraten darüber. Dabei gelangen sie allerdings zunächst nicht zu einem Ergebnis und vertagen die Entscheidung auf die Sitzung am 15.1.2020.

Mit einem am 6.2.2020 eingegangenen Schreiben bittet die Verbandsgemeinde V die Kreisverwaltung, die Entscheidung über den Vorbescheid für die Dauer eines Jahres auszusetzen. In seiner Sitzung vom 15.1.2020 habe der Verbandsgemeinderat beschlossen, den Flächennutzungsplan zu ändern. Windkraftanlagen im Gebiet der Verbandsgemeinde seien bislang nicht in die Abwägung einbezogen gewesen. Große Teile des Rates hätten ein Windenergievorhaben an der von A vorgesehenen Stelle als schwerwiegenden Eingriff in das Landschaftsbild beurteilt. V beabsichtige daher, Windkraftanlagen auf eine geeignete, noch auszuwählende Fläche zu konzentrieren. Zwar seien im Regionalen Raumordnungsplan keine weiteren Vorranggebiete auf dem Territorium von V ausgewiesen. Doch lägen in V eine Reihe von Potenzialflächen, auf denen die Windenergienutzung nicht durch höherrangige Pläne oder sonstige Vorschriften des Europa-, Bundes- oder Landesrechts ausgeschlossen sei. Diese Angaben der V treffen zu. Dem Beschluss des Verbandsgemeinderats hat der Rat der Ortsgemeinde O zugestimmt, um jede Chance darauf zu nutzen, die „100-m-Spargel" aus O fernzuhalten. Der Ortsgemeinderat ist der Ansicht, dass sie das Ortsbild eklatant verschandeln würden. Werde das Vorhaben wie vorgesehen auf einer Anhöhe am Rand des Gemeindegebiets verwirklicht, so zöge es den Blick jedes Besuchers, der sich künftig dem Ort nähere, sofort auf sich, so dass er völlig vom reizvollen Anblick des in einer Senke liegenden Dorfes und seines frühbarocken Kirchturms abgelenkt werde. Die Kirche sei übrigens in die Denkmalliste eingetragen, weshalb der Bau der „Windräder" auch den Denkmalschutz verletzen würde.

Am 24.2.2020 erteilt die Kreisverwaltung der A den beantragten Vorbescheid. Mit V oder O hat sie zuvor keine Rücksprache mehr gehalten. In der Begründung des Vorbescheids heißt es, das Vorhaben der A sei bauplanungsrechtlich zulässig. Öffentliche Belange stünden ihm nicht entgegen, und die Erschließung sei durch die vorhandenen Feldwege gesichert. Es gebe auch keinen Grund dafür, den Erlass des Vorbescheids zurückzustellen. Der Verbandsgemeinde V könne es bei ihrem Antrag nur darum gehen, gezielt das Vorhaben der A zu verhindern. V dürfe aber keinen Flächennutzungsplan aufstellen, der dieses Vorhaben ausschlösse. V habe nämlich – wenn auch nur fiktiv – erklärt, dem Vorhaben stünden aus ihrer Sicht keine bauplanungsrechtlichen Hindernisse entgegen. Versuche sie danach, neue Hindernisse zu schaffen, so verhalte sie sich sprunghaft und unberechenbar.

Gegen den Vorbescheid legt die Verbandsgemeindeverwaltung im Namen der V frist- und formgerecht Widerspruch ein. Die Kreisverwaltung L sieht sich außerstande, dem Widerspruch abzuhelfen, und leitet ihn an ihren Kreisrechtsausschuss (KRA) weiter. Zwar lösten die geplanten Windenergieanlagen ein Planungsbedürfnis aus. Dies müsse bei der Entscheidung über die Aussetzung des Verfahrens auch beachtet werden. V sei aber nicht Trägerin der Planungshoheit und könne daher durch den Vorbescheid nicht in eigenen Rechten verletzt werden. Die Flächennutzungspläne dienten nur der Koordination der gemeindlichen Bauleitplanung. Ihren eigentlichen Ausdruck finde die Planungshoheit erst in der den Ortsgemeinden zustehenden Befugnis, Bebauungspläne aufzustellen.

Sollte der KRA aufgrund des Widerspruchs den Vorbescheid aufheben? ◀

Vorüberlegungen

Dieser Fall verbindet einen bauplanungsrechtlichen Schwerpunkt mit der Frage nach der Zuständigkeitsverteilung zwischen verschiedenen Gemeindeebenen, wie sie sich außer in Rheinland-Pfalz auch in niedersächsischen Samtgemeinden stellt. Der verfahrensrechtliche Einstieg erfolgt bei fehlerfreier Prüfung über das Immissionsschutzrecht – dies darf jedoch Studierende, die sich nicht intensiv mit dem Bereich des Umweltrechts befassen, nicht übermäßig bestürzen. Denn in der Sache kommt es allein auf Probleme des materiellen Baurechts an; der hier als Aufhänger dienende immissionsschutzrechtliche Vorbescheid soll nämlich laut dem ausdrücklichen Antrag der Aeolus AG nur die *bauplanungs*rechtliche Zulässigkeit ihres Vorhabens klären.

Gutachten
Der KRA sollte den Vorbescheid aufheben, wenn und soweit der Widerspruch zulässig und auch begründet ist.

A. Zulässigkeit des Widerspruchs

I. Statthaftigkeit

Der Widerspruch ist gem. § 68 Abs. 1 VwGO statthaft, wenn sich an ihn eine Anfechtungs- oder Verpflichtungsklage anschließen könnte und das Widerspruchsverfahren nicht ausgeschlossen ist. Der angegriffene Vorbescheid ist ein Verwaltungsakt, zu dessen Anfechtung der Verwaltungsrechtsweg grundsätzlich eröffnet und nicht durch Sonderzuweisungen ausgeschlossen ist. Auch war das Widerspruchsverfahren insoweit nicht entbehrlich. Der Widerspruch war mithin statthaft.

II. Beteiligtenfähigkeit und Vertretung der V

Die Beteiligtenfähigkeit der V ergibt sich aus § 1 Abs. 1 RPVwVfG i. V. mit §§ 79, 11 Nr. 1 Var. 2 VwVfG, ihre Vertretung nimmt gem. (§ 1 Abs. 1 RPVwVfG i. V. mit) § 12 Abs. 1 Nr. 3 VwVfG, § 47 Abs. 1 Satz 1 RPGemO der (Verbandsgemeinde-)Bürgermeister wahr.

III. Widerspruchsbefugnis

Der Widerspruch ist analog § 42 Abs. 2 VwGO nur zulässig, wenn sich V auf eigene Rechte berufen kann, die der Erlass des Vorbescheids verletzt haben könnte. infrage kommen hier baurechtliche Verfahrenspositionen sowie uU auch eine subjektive Schutzwirkung der materiellen bauplanungsrechtlichen Vorschriften, deren Einhaltung der Vorbescheid dem Vorhaben der A bescheinigt hat. Eine kommunale Gebietskörperschaft kann durch diese Normen in ihrer Planungshoheit geschützt sein. Ob in Rheinland-Pfalz auch die Verbandsgemeinden Träger der Planungshoheit sind, ist zwar ungesichert. Darauf kommt es für ihre Widerspruchsbefugnis indes nicht an.
Zwar ist den Verbandsgemeinden durch § 67 Abs. 2 Satz 1 RPGemO die Flächennutzungsplanung übertragen. Nach Ansicht des RPOVG sind

dennoch nicht die Verbands-, sondern nur die Ortsgemeinden Trägerinnen der Planungshoheit. In deren verbindlicher Bauleitplanung finde die Planungshoheit ihren „eigentlichen Ausdruck". Bei der Flächennutzungsplanung handele es sich „eher um eine einschränkende Voraussetzung der Planungshoheit" und ein „erforderliches Koordinierungsinstrument für die gemeindliche Planung". Immerhin aber sollen die Verbandsgemeinden die „Rechtsbefugnis zur Verteidigung der Planungshoheit" besitzen.[1] Wessen Planungshoheit dies im Fall der Flächennutzungsplanung sein soll – die die Ortsgemeinden zumindest nicht selbst ausüben können –, bleibt insoweit erklärungsbedürftig. V kann sich auf die Planungshoheit für ihren Flächennutzungsplan aber auch dann berufen, wenn diese Hoheit ihr nicht zustehen sollte. Sie war damit jedenfalls widerspruchsbefugt.

IV. Form, Frist, Zuständigkeit und Teilergebnis zu A

Form und Frist gem. § 70 VwGO sind laut Sachverhalt gewahrt. Die Zuständigkeit des KRA folgt aus § 6 Abs. 1 Satz 1 Buchst. a RPAGVwGO. Der Widerspruch der V war mithin zulässig.

B. Begründetheit des Widerspruchs

Der Widerspruch ist entsprechend § 113 Abs. 1 Satz 1 VwGO begründet, wenn der Vorbescheid rechtswidrig ist und V dadurch in ihrer Planungshoheit verletzt. Dies könnte durch eine Missachtung von Verfahrensvorschriften geschehen, die auch dem Schutz der V dienen, aber auch, wenn das betroffene Vorhaben materiellrechtlich unzulässig ist. Denn nicht nur die Verfahrensvorschriften, sondern auch die materiellen Voraussetzungen des Bauplanungsrechts für die Zulassung von Vorhaben dienen (ua) dem Schutz der kommunalen Planungshoheit.[2] Richtigerweise ist den Verbandsgemeinden in Bezug auf die Flächennutzungsplanung auch die Trägerschaft der Planungshoheit zuzuerkennen. Andernfalls wären weder die Ver-

---

1 RPOVG, AS 28, 404, 407; Beschluss vom 30.10.2002, Az. 7 B 11293/02 – juris. Anderes gilt für die Regionalplanung: BWVGH, NVwZ-RR 2012, 632.
2 BVerwG, NVwZ 2000, 1048, 1049; RPOVG, BauR 2006, 1873 f.; VG Neustadt/W., NVwZ-RR 2007, 338, 339. Zu einer bizarren Verfahrenskonstellation VG Trier, NVwZ-RR 2014, 34, 35 (bitte nachlesen).

bands- noch die Ortsgemeinden hinsichtlich der Flächennutzungsplanung Trägerin der Planungshoheit. Die Aufspaltung der Bauleitplanung würde die kommunale Rechtsposition also insgesamt verschlechtern, verglichen mit verbandsfreien Gemeinden. Für eine solche Ungleichbehandlung besteht kein sachlicher Grund. V könnte sich daher zB auf § 63 Abs. 1 RPLBauO, §§ 35 und 36 BauGB als zu ihren Gunsten erlassene Normen stützen und wäre im Fall der Missachtung einer dieser Normen in eigenen Rechten verletzt.

I. Unzulässigkeit des Vorhabens?

Weil das Verfahrensrecht hier ausnahmsweise deutlich mehr Probleme als das materielle Recht aufwirft, soll – abweichend vom üblichen Aufbau – das materielle Baurecht zuerst geprüft werden. Dabei geht es erneut um die Zulässigkeit eines Außenbereichsvorhabens (vgl. Fall 6), mit dem Unterschied, dass hier ein privilegiertes Vorhaben vorliegt.

Da es hier um ein Vorhaben außerhalb des Bebauungszusammenhangs (§ 34 Abs. 1 BauGB) und daher im Außenbereich geht, ist primär § 35 BauGB Maßstab seiner Rechtmäßigkeit.

1. Privilegierung

Dabei ist zunächst nach der Art des Vorhabens zu unterscheiden, da für die in § 35 Abs. 1 BauGB genannten „privilegierten" Vorhaben die Voraussetzungen weniger streng sind. Sie sind schon dann zulässig, wenn eine nur ausreichende Erschließung gesichert ist und öffentliche Belange nicht entgegenstehen, während sonstige Vorhaben schon unzulässig sind, wenn ihre Ausführung oder Benutzung öffentliche Belange beeinträchtigt oder sie nicht vollständig erschlossen werden. Entscheidend ist die Erschließung zum Zeitpunkt der Nutzungsaufnahme. Windenergieanlagen wie die von A vorgesehenen sind solche nach § 35 Abs. 1 Nr. 5 Var. 3 BauGB bevorzugt zulässigen Vorhaben.

2. Erschließung

An der hinlänglichen Erschließung der Anlagen der A ist jedenfalls nicht deshalb zu zweifeln, weil die vorhandenen Feldwege in der Bauphase zu schwach befestigt sein könnten, um die an- und abfahrenden Baufahrzeuge zu tragen. Es kommt auch insoweit nur auf die Betriebsphase an.

3. Entgegenstehen öffentlicher Belange

Problematischer ist die Frage, ob dem Vorhaben öffentliche Belange entgegenstehen. Ein Flächennutzungsplan, der gem. § 35 Abs. 3 Satz 3 BauGB eine andere Stelle für die Errichtung von Windenergieanlagen im Verbandsgemeindegebiet ausweist, liegt gegenwärtig noch nicht vor, so dass sich das Entgegenstehen nach dem Regelfallkatalog des § 35 Abs. 3 Satz 1 BauGB richtet. Die dort angesprochenen Belange sind auch im Rahmen der Genehmigung eines privilegierten Vorhabens beachtlich. Ihre Beeinträchtigung schließt hier allerdings nicht immer die Zulässigkeit des Vorhabens aus, sondern sie sind in einer Weise mit der Privilegierung abzuwägen, die die gesetzlichen Vorgaben und Wertungen nachvollzieht.[3] Außerdem ist in Betracht zu ziehen, ob die beeinträchtigten Belange durch Nebenbestimmungen als milderes Mittel im Vergleich zur Versagung gewahrt werden können.[4]

Insoweit beruft sich O darauf, dem Vorhaben stünden Belange des Denkmalschutzes und eine Verunstaltung des Ortsbildes entgegen (Nr. 5 Var. 4 und 7). In Betracht gezogen werden kann außerdem, dass das Vorhaben die natürliche Eigenart der Landschaft (§ 35 Abs. 3 Satz 1 Nr. 5 Var. 5 BauGB) oder das ungeschriebene Rücksichtnahmegebot verletzt.

a) Ortsbild

Eine Verunstaltung des Ortsbildes setzt voraus, dass die Windkraftanlagen in ästhetischer Hinsicht grob unangemessen wirken und von einem für ästhetische Eindrücke offenen Betrachter als belastend empfunden werden. Dies kann nur der Fall sein, wenn die geplante Anlage den Blick auf das Ortsbild aus einer erheblichen Zahl von Perspektiven verstellt, so dass Betrachter genötigt sind, beides zugleich wahrzunehmen.[5] Hier sollen die Anlagen außerhalb der geschlossenen Ortslage am Rande des Ortsgebiets an erhöhter Stelle errichtet werden, während der Ort selbst in einer Senke liegt.

---

3 BVerwGE 68, 311; 115, 17, 24 f.; BVerwG, NVwZ 2017, 160, 163; vgl. schon Fall 6.
4 Vgl. NdsOVG, NVwZ-RR 2017, 366, 367 ff.
5 BVerwG, BauR 2004, 295; OVG Koblenz, BauR 2006, 1873, 1875; OVG Münster, BauR 2007, 677, 679.

Die Blickrichtung auf die Anlagen wäre demnach aus den meisten Perspektiven eine ganz andere als auf das Dorf. Eine Verunstaltung des Ortsbilds kann sich daraus nicht ergeben.

b) Denkmalschutz

Auch Belange des Denkmalschutzes sind – anders als bei Eingriffen in die Substanz eines Denkmals – durch einen bloßen unschönen Anblick in der Nähe des Denkmals erst dann auch nur beeinträchtigt, wenn es wesentliche Sichtachsen gibt, auf denen sowohl das Denkmal als auch die störende Anlage liegt. Um eine dominierende landschaftsprägende Gesamtanlage mit erheblicher Fernwirkung, die auch dagegen zu schützen wäre, dass der Blick von ihr abgelenkt wird, handelt es sich bei der Dorfkirche von O nicht. In Fällen, in denen Ort bzw. Denkmal und Vorhaben in räumlicher Distanz und auf unterschiedlichen Höhen liegen, scheidet in der Regel schon eine Beeinträchtigung von Belangen des Denkmalschutzes aus.[6] So liegt der Fall hier. Ein Entgegenstehen dieses Belangs ist also schon gar nicht zu erwarten.

c) Natürliche Eigenart der Landschaft

Ebenso wenig steht die natürliche Eigenart der Landschaft dem Vorhaben entgegen; dies wäre bei einer „Verspargelung" der Landschaft anzunehmen, die aber nicht schon bei nur zwei isoliert stehenden Windrädern einsetzt, sondern erst, wenn der Eindruck einer durchgehenden Kette von Windenergieanlagen über weite Strecken hinweg entsteht.

d) Rücksichtnahmegebot

Als öffentlicher Belang ist im Rahmen des § 35 Abs. 3 BauGB schließlich das Rücksichtnahmegebot zu beachten. Windenergieanlagen können es nicht allein durch Immissionsbelastungen wie etwa den „Disco-Effekt" verletzen, sondern auch durch eine Gefährdung der Standsicherheit oder einen so genannten Windklau gegenüber anderen Windener-

---

6 Vgl. RPOVG, BauR 2006, 1873, 1875; LKRZ 2007, 105, 106; NVwZ-RR 2012, 61 ff.; BWVGH, DVBl. 2011, 1418 ff.

gieanlagen[7] sowie durch eine „optisch bedrängende Wirkung" gegenüber einer nahe gelegenen Wohnbebauung. Ob eine solche Wirkung eintritt, lässt sich faustregelartig anhand des Verhältnisses zwischen der Gesamthöhe der Anlage und dem Abstand zum Wohngrundstück bestimmen.[8] Maßgeblich ist auch, ob die Wohnbebauung selbst schon im Außenbereich liegt.[9] Im vorliegenden Fall allerdings liegt das Vorhaben am Rande des Gemeindegebiets von O und offensichtlich weit entfernt von der zusammenhängenden Bebauung. Auf vorhandene Wohngebäude im Außenbereich deutet nichts hin. Eine Verletzung des Rücksichtnahmegebots liegt daher eher fern.

4. Zwischenergebnis

Das Vorhaben ist mithin bauplanungsrechtlich zulässig.

II. Entgegennahme des Antrags der A

Der Vorbescheid könnte aber bereits deshalb unter einem Verfahrensfehler leiden, weil die Kreisverwaltung den Antrag der A nicht selbst hätte entgegennehmen dürfen, sondern A an V hätte verweisen müssen.

Eine Empfangszuständigkeit der V könnte sich aus § 63 Abs. 1 RPLBauO ergeben. Danach ist zuständig für die Entgegennahme eines Baugesuchs nicht die für die Erteilung der Baugenehmigung oder des Vorbescheids nach § 58 Abs. 1 Nr. 3 Var. 1 RPLBauO zuständige Kreisverwaltung, sondern die Gemeinde-, in Verbandsgemeinden die Verbandsgemeindeverwaltung. Diese Regelung dient der rechtzeitigen Information der Gemeinden über ein Vorhaben, namentlich in den Fällen, in denen ihr Einvernehmen nicht erforderlich ist (§ 36 Abs. 1 Satz 3 BauGB). Eine Missachtung dieser Verfahrensbestimmung könnte daher auch Rechte der V verletzen.

§ 63 Abs. 1 RPLBauO gilt allerdings nur im *Baugenehmigungsverfahren* bzw. im Verfahren zur Ertei-

---

7 BVerwG, NVwZ 2020, 1434 ff., Rn. 16; NVwZ 2020, 1520 f., Rn. 7-10.
8 So zu Recht NWOVG, NWVBl. 2007, 59, 60 f.; aA RPOVG, NuR 2003, 768, 769.
9 SaarlOVG, LKRZ 2014, 510, 512; BayVGH, DVBl. 2015, 314, 315 f.

lung eines *bauaufsichtlichen* Vorbescheids nach § 72 Satz 3 RPLBauO. Hier könnte indes ein anderes Verfahren durchgeführt worden sein, bei dem die Kreisverwaltung zuständig für die Entgegennahme war. In Betracht kommt das immissionsschutzrechtliche Verfahren. In diesem Verfahren ist keine besondere Empfangszuständigkeit für den Antrag vorgesehen. § 63 Abs. 1 RPLBauO ist darauf auch nicht analog anwendbar. Für die Entgegennahme ist vielmehr dieselbe Behörde zuständig wie für die Entscheidung in der Sache. Das gilt auch für immissionsschutzrechtliche Vorbescheide gem. § 9 BImSchG, und zwar sogar dann, wenn diese ausschließlich die baurechtliche Zulässigkeit des Verfahrens betreffen. Vorbescheide nehmen einen Teil der etwaigen späteren Anlagengenehmigung auf verbindliche Weise vorweg. Soweit sie über eine Genehmigungsvoraussetzung endgültig entscheiden, kommt ihnen die gleiche Bindungswirkung zu wie einer Genehmigung.[10]

Windenergieanlagen können nur dann bauaufsichtlich genehmigt werden, wenn sie bis zu 50 m hoch sind. Bei größerer Höhe bedürfen sie, da sie regelmäßig auf einen Betrieb von mehr als zwölf Monaten Dauer am selben Ort angelegt sind, einer immissionsschutzrechtlichen Genehmigung (§ 4 Abs. 1 Satz 3 BImSchG, § 1 Abs. 1 Satz 1 der 4. BImSchV i. V. mit Nr. 1.6. des Anhangs hierzu).[11] Die Windenergieanlagen der A messen insgesamt 97 m und sind daher im immissionsschutzrechtlichen Verfahren zu genehmigen. Die Genehmigung entfaltet Konzentrationswirkung gem. § 13 BImSchG, so dass es neben ihr keiner Baugenehmigung bedarf. Für einen Vorbescheid nach § 72 RPLBauO ist neben demjenigen gem. § 9 BImSchG ebenso wenig Raum.

Zuständig für die Erteilung des Vorbescheids und auch schon für die Entgegennahme des Antrags war daher die immissionsschutzrechtliche Genehmigungsbehörde. Dies war gem. § 1 Abs. 1 RPImSchRZuVO i. V. mit Nr. 1.1.2. Var. 3 und 1.1.1. Ziff. 4 der Anlage hierzu und mit Nr. 1.6. des An-

---

10 BVerwG, NVwZ 2020, 1434 ff., Rn. 23.
11 Zu Übergangsfällen BVerwG, NVwZ 2018, 982 ff.

hangs zur 4. BImSchV die Kreisverwaltung. Dass die Kreisverwaltung den Antrag der A entgegengenommen hat, war mithin bereits kein Verfahrensfehler.

III. Ordnungsgemäße Behördenbeteiligung

Im immissionsschutzrechtlichen Verfahren sind sowohl vor Erteilung einer Genehmigung als auch vor Erteilung eines Vorbescheids die Stellungnahmen derjenigen Behörden einzuholen, deren Aufgabenbereich durch das Vorhaben berührt wird (§ 10 Abs. 5 Satz 1 und Abs. 9 BImSchG). Zu den zu beteiligenden „Behörden" zählen auch die Gemeinden, deren Bauleitplanung das Vorhaben tangiert. Jedoch dient diese Verfahrensvorschrift nicht dem Schutz der beteiligten Verwaltungsträger, sondern der Ermittlung aller entscheidungserheblichen Belange. Ihre Verletzung könnte daher dem Widerspruch der V nicht zum Erfolg verhelfen. Ob sie auch im vereinfachten Verfahren gilt, ob dieses Verfahren hier anzuwenden war und ob das Beteiligungsgebot eingehalten wurde, kann daher offen bleiben.

Liegen die Gemeinden in verschiedenen Ländern, ist das Recht des Standortlandes maßgeblich, zB wenn die nach § 249 Abs. 3 BauGB erlassenen Abstandsvorschriften sich unterscheiden.[12]

IV. Fehlendes Einvernehmen der V?

Das gemeindliche Einvernehmen hingegen sichert die Planungshoheit der zu beteiligenden Gemeinden.[13] Es ist gem. § 36 Abs. 1 Satz 2 BauGB im immissionsschutzrechtlichen Verfahren stets erforderlich, sofern ein Vorhaben betroffen ist, das unter die in § 36 Abs. 1 Satz 1 BauGB genannten materiellen Maßstäbe für die bauplanungsrechtliche Zulässigkeit fällt.[14] Eine Entscheidung „über die Zulässigkeit" des Vorhabens wird auch schon bei der Erteilung eines Vorbescheids getroffen. Denn der Vorbescheid stellt für spätere Genehmigungen bindend die Vereinbarkeit mit bestimmten Genehmigungsvoraussetzungen fest,[15] ggf., so wie hier, die gesamte bauplanungsrechtliche Zulässigkeit des Vorhabens.

---

12 BWVGH, NVwZ-RR 2016, 673, 674; s. auch *Albrecht/Zschiegner*, NVwZ 2015, 1039 ff. und 1254 ff.
13 BVerwGE 122, 13, 17; st. Rspr.
14 NWOVG, DVBl. 2015, 309, 310; BayVGH, NVwZ-RR 2016, 91, 92.
15 RPOVG, LKRZ 2015, 289, 290 f.

Fall 11 Wer Wind sät

Da die Verbandsgemeinde – jedenfalls nach außen hin (wahrnehmungs-) – zuständig für die Flächennutzungsplanung ist, muss zumindest auch sie im Wege des Einvernehmens beteiligt werden. Eine ausdrückliche Erklärung der V über die Erteilung ihres Einvernehmens fehlt im vorliegenden Fall. Das Einvernehmen der V könnte indes gem. § 36 Abs. 2 Satz 2 BauGB als erteilt *gelten*.

Alternativ ist auch die Berechnung der Fristverschiebung nach § 31 Abs. 3 Satz 1 VwVfG vertretbar. Dies würde voraussetzen, dass dieser auch auf gesetzliche Fristen anwendbar ist. Mit dem Wortlaut ist diese Auslegung vereinbar. Im Gegensatz zu § 31 Abs. 2, 5 und 7 VwVfG ist nicht ausdrücklich von einer behördlich gesetzten Frist die Rede. Dagegen spricht aber, dass der Verweis auf § 193 BGB in § 31 Abs. 1 VwVfG obsolet ist, wenn alle Fristen unter Abs. 3 Satz 1 fallen.

Dies setzt voraus, dass es innerhalb von zwei Monaten nach einem Ersuchen der Genehmigungsbehörde nicht verweigert wurde.[16] Der Fristlauf ist nach § 1 Abs. 1 RPVwVfG i. V. mit § 31 Abs. 1 VwVfG, §§ 187 Abs. 1, 188 Abs. 2 Var. 1 und ggf. § 193 BGB zu berechnen.

Voraussetzung des Fristlaufs ist zwar, dass die Gemeinde die an sie ergangene Aufforderung zu Stellungnahmen eindeutig als Ersuchen um ihr Einvernehmen gem. § 36 Abs. 2 BauGB erkennen kann. Bei ihr darf auch nicht der Anschein entstehen, das Einvernehmen werde in einem bauaufsichtlichen Verfahren eingeholt – etwa weil das Wort „Bauantrag" im Betreff steht –, wenn es sich tatsächlich um ein immissionsschutzrechtliches Verfahren handelt.[17] Die Aufforderung vom 25.10.2019 ließ jedoch ihre Zielrichtung auf ein gemeindliches Einvernehmen erkennen, wenngleich sie untechnisch formuliert war. Die Aufforderung war daher ihrer Form nach geeignet, um die Frist auszulösen. Käme es allein auf ein formal ordnungsgemäßes Ersuchen an, so wäre die Frist hier folglich am 27.12.2019 um 24 Uhr abgelaufen.

Die Frist könnte statt durch den Zugang dieser Aufforderung aber auch erst mit dem Zugang der angeforderten Computersimulation am 26.11.2019 in Gang gesetzt worden sein. Hierfür ist entscheidend, ob bereits die Aufforderung vom 25.10.2019 ein inhaltlich vollständiges, dh für die Entscheidung über die Erteilung des Einvernehmens aus rei-

---

16 Vgl. allgemein *Kröninger*, NVwZ 2017, 826, 828.
17 RPOVG, NVwZ-RR 2007, 309 f.

chend substantiiertes Ersuchen war. Damit das Ersuchen in diesem Sinn vollständig ist, können fachtechnische Untersuchungen erforderlich sein, so etwa Computersimulationen vom Anblick der geplanten Anlagen. Das Einvernehmen gilt in einem solchen Fall erst dann als erteilt, wenn die Gemeinde nach dem Zugang eines unvollständigen Ersuchens nicht binnen zwei Monaten eine Ergänzung verlangt.[18]

Ein späterer Zeitpunkt als die beiden vorgenannten kommt hier nicht in Betracht. Namentlich die Sitzungstermine des Verbandsgemeinderates sind Ereignisse des internen Geschäftsgangs, die den Lauf einer Frist gegenüber dritten Stellen nicht berühren. Welches der genannten Ereignisse die Frist ausgelöst hat, kann indes offen bleiben. Selbst wenn man den späteren denkbaren Zeitpunkt zugrunde legt, lief die Frist am Montag, dem 27.1.2020 um 24 Uhr ab. Die einzige Erklärung der V, die allenfalls als (konkludente) Versagung des Einvernehmens zu verstehen sein könnte, ist der Antrag auf Verfahrensaussetzung. Mit der Aussetzung würde die Frist für die Versagung des Einvernehmens gehemmt.[19] Dieser Antrag traf jedoch erst am 6.2.2020 und damit nach dem Fristablauf bei der Kreisverwaltung ein. Das Einvernehmen der V gilt mithin als erteilt. Der Erlass des Vorbescheids verstößt nicht gegen § 36 BauGB.

V. Missachtung des Zurückstellungsantrags der V

Problematisch ist jedoch schließlich auch, ob die Genehmigungsbehörde den Vorbescheid trotz des Antrags der V auf Aussetzung des Verfahrens erteilen durfte, sei es generell oder ab dem Zeitpunkt, zu dem deren Einvernehmen als erteilt galt. Eine allgemeine Regelung über die Aussetzung des Verfahrens gibt es nicht; es kommt daher auf deren Voraussetzungen nach Spezialgesetzen an.

1. Gemeindeschützende, hier anwendbare Rechtsgrundlage

In Betracht kommt dafür § 15 BauGB. Wenn ein Zurückstellungsantrag nach dieser Bestimmung

---

Überblick über die Sicherungen der kommunalen Planungshoheit:

Einvernehmen – §§ 36 Abs. 2, 14 Abs. 2 und 173 Abs. 2 BauGB; zur Ersetzung: § 71 RPLBauO

Veränderungssperre – § 14 Abs. 1 und §§ 16 f. BauGB

Zurückstellungsantrag – § 15 BauGB

---

18 BVerwGE 122, 13, 18 und 21 f.
19 *Kröninger*, NVwZ 2017, 826, 828.

wirksam gestellt ist, darf für die Dauer der beantragten Frist keine „Entscheidung über die Zulässigkeit von Vorhaben" im Bereich des künftigen Flächennutzungsplans gefällt werden. Ein Ermessen räumt § 15 BauGB der Genehmigungsbehörde weder hinsichtlich des Ob der Zurückstellung ein noch soweit es die Dauer der Verfahrensunterbrechung betrifft.[20]

§ 15 BauGB schützt außerdem die Planungshoheit der Gemeinden vor dem Erlass von Genehmigungen und anderen bindenden Entscheidungen, die eine vorgesehene Planung wirkungslos zu machen drohen. Wird gegen § 15 BauGB verstoßen, so sind daher auch Rechte der betroffenen, dh der planenden oder zur Planung berechtigten Gemeinde verletzt. Zwar scheidet hier § 15 Abs. 1 BauGB aus, weil er auf § 14 BauGB verweist und die Voraussetzungen für den Erlass einer Veränderungssperre im vorliegenden Fall nicht erfüllt sind.[21] Doch könnte § 15 Abs. 3 BauGB verletzt sein. Dass die Voraussetzungen einer Veränderungssperre vorliegen, ist in seinem Rahmen nicht nötig.

Allerdings ist diese Vorschrift im vorliegenden Fall nicht unmittelbar anwendbar. Zwar sind Vorbescheide ebenso wie gestattende Vollgenehmigungen Entscheidungen über die „Zulässigkeit von Vorhaben". § 15 BauGB gilt jedoch zunächst nur für die „Zurückstellung von Baugesuchen", wie seine Überschrift angibt, sowie von anderen bauaufsichtlichen Entscheidungen über die Vorhabenzulässigkeit. *Immissionsschutzrechtliche* Genehmigungen und Vorbescheide sind nicht erfasst, da § 15 BauGB nur die „Baugenehmigungsbehörde" anspricht. Das gilt auch, wenn ein immissionsschutzrechtliches Verfahren ausschließlich die bauplanungsrechtliche Zulässigkeit des Vorhabens betrifft.

Doch ist § 15 Abs. 3 BauGB in solchen Verfahren analog anzuwenden. Sein Verbot richtet sich insoweit an die Immissionsschutzbehörde.[22] Dafür

---

20 Zur Verlängerung der Zurückstellung nach § 15 Abs. 3 Satz 4 BauGB NWOVG, NVwZ-RR 2015, 323, 324.
21 Zur Überwindung einer rechtswidrigen Veränderungssperre durch die Genehmigungsbehörde SachsAnhOVG, NVwZ-RR 2020, 957, 959.
22 RPOVG Koblenz, BauR 2007, 520, 521; *Hornmann*, NVwZ 2006, 969, 975; im Ergebnis auch schon RPOVG, BauR 2005, 1897 und NWOVG, BauR 2006, 1124.

spricht, dass inhaltlich jedenfalls dann dieselben Rechtsfragen zu prüfen sind wie im Verfahren der Bauaufsichtsbehörde, wenn ausschließlich die bauplanungsrechtliche Zulässigkeit – wie hier – oder sonstige baurechtliche Bedenken vorab geklärt werden sollen. Die Gemeinden benötigen insoweit den Schutz ihrer Planungshoheit vor Vorhaben, die vollendete Tatsachen schaffen, unabhängig davon, ob diese Vorhaben einer bauaufsichtlichen oder einer immissionsschutzrechtlichen Genehmigung bedürfen.

2. Tatbestandsmerkmale der Rechtsgrundlage

Die sechsmonatige Antragsfrist gem. § 15 Abs. 3 Satz 3 BauGB hat V mit dem Antrag am 6.2.2020 eingehalten, da diese Frist frühestens am 25.4.2020 ablief (vgl. zur Fristberechnung oben IV, nur mit dem Unterschied, dass hier der frühestmögliche Zeitpunkt für den Fristbeginn zugrunde gelegt wird). Einen Aufstellungsbeschluss (§ 15 Abs. 3 Satz 1 Halbs. 2 BauGB) hat V gefasst. Diesem Beschluss hat die von der geplanten Änderung allein betroffene Ortsgemeinde O, wie § 67 Abs. 2 Satz 4 RPGemO dies verlangt, zugestimmt, so dass offen bleiben kann, ob ein Verstoß gegen die Mitwirkungsrechte der Ortsgemeinden beim Aufstellungsbeschluss der Zurückstellung von Vorhaben, die dem künftigen Flächennutzungsplan widersprechen, im Weg stände.

Die vorgesehene Änderung soll auch die Ausschlusswirkung nach § 35 Abs. 3 Satz 3 BauGB herbeiführen.[23] Das Vorhaben der A fällt unter eine der einschlägigen Katalognummern des § 35 Abs. 1 Nr. 2 bis 6 BauGB, nämlich unter Nr. 5. Die Gefahr, dass es die Ausschlusswirkung verhindern oder wesentlich erschweren wird (§ 15 Abs. 3 Satz 1 Halbs. 2 BauGB), besteht, weil die Anlagen der A auf jeden Fall außerhalb der vorgesehenen Konzentrationsflächen lägen, wo auch immer diese letztlich angesiedelt werden. Trotz seiner Offenheit in diesem Punkt ist der Aufstellungsbeschluss hinreichend konkretisiert – dh auf ein positives und

---

23 Zur Ergänzung vorhandener Konzentrationszonen nach § 249 Abs. 1 Satz 1 BauGB *Osing*, NVwZ-RR 2020, 749, 754.

definitives Planungsziel gerichtet[24] –, da V bestimmte Flächen für die Windkraftnutzung in Betracht zieht und sich im Plan auf eine einzelne davon festzulegen beabsichtigt.

Es ist auch nicht abzusehen, dass das Vorhaben trotz der Ausschlusswirkung genehmigungsfähig wäre und daher nicht zurückgestellt werden dürfte. Dies ist nur möglich, wenn ein Vorhaben die planerische Konzeption der Gemeinde nicht in Frage stellt.[25] Die Anlagen der A widersprächen indes dem vorgesehenen Konzept der V, da seine Entstehung gerade erst durch dieses Vorhaben angestoßen wurde.

Die tatbestandlichen Voraussetzungen des § 15 Abs. 3 BauGB liegen damit vor.

3. Wirksamkeit des Antrags

Es ist nicht anzunehmen, dass der Antrag der V aus formalen Gründen unwirksam wäre. Indes könnte er rechtsmissbräuchlich und deshalb analog § 242 BGB unbeachtlich sein.

a) Widersprüchlichkeit?

Dies könnte sich zum einen daraus ergeben, dass die V sich so behandeln lassen muss, als hätte sie ihr Einvernehmen zu dem zurückzustellenden Vorhaben erteilt (oben IV). Ihrem Antrag könnte deshalb der Einwand der Unzulässigkeit widersprüchlichen Verhaltens (venire contra factum proprium) entgegenstehen, sofern die fingierte Erteilung des Einvernehmens bereits schutzwürdiges Vertrauen des dadurch begünstigten Bauherrn – also der A – hätte entstehen lassen.

Dagegen spricht allerdings, dass das Einvernehmen ein „behördeninterner" Vorgang ist, der Vertrauenstatbestände allenfalls im zwischenkörperschaftlichen Bereich, nicht gegenüber den Genehmigungs- oder Vorbescheidsantragstellern entfalten kann. Der Landkreis als Träger der Genehmigungsbehörde andererseits bedarf keines Vertrauensschutzes, da er am Verfahrensausgang nicht interes-

---

[24] Vgl. BVerwGE 120, 138, 148; 122, 109, 114.
[25] BVerwGE 117, 287, 302.

siert ist, sondern als neutrale Stelle darüber zu entscheiden hat.

In einem entsprechenden Fall, in dem der Beschluss zur Aufstellung eines Bebauungsplan gefasst ist, wäre außerdem nicht einmal der Erlass einer Veränderungssperre ausgeschlossen.[26] Die Veränderungssperre ist ein schärferes, aber im Regelfall des § 15 Abs. 1 BauGB auf das gleiche Ziel gerichtetes Sicherungsmittel im Vergleich zum Zurückstellungsantrag. Sie entfaltet als generell-abstrakte Satzung Rechtswirkungen unmittelbar gegenüber jedermann und kann erstmalig bis zu zwei Jahren gelten, während der Zurückstellungsantrag sich nur an die Genehmigungsbehörde richtet, Einzelvorhaben betrifft und auf maximal ein Jahr befristet ist. Steht das Einvernehmen nicht einmal einer Veränderungssperre entgegen, die auch das bereits bewilligte Vorhaben betrifft, so kann es erst recht nicht eine Zurückstellung ausschließen.

b) „Verhinderungsplanung"?

Zu begegnen ist auch dem Einwand, der vorgesehene Flächennutzungsplan könne eine Sicherung seiner faktischen Wirksamkeit nicht rechtfertigen, weil es sich bei ihm um eine unzulässige Verhinderungsplanung handele. Die Gemeinden dürfen die Bauleitplanung nicht gezielt so einsetzen, dass sie damit die Verwirklichung privilegierter Vorhaben, die auf ihrem Gebiet errichtet werden könnten, tatsächlich vereiteln. Eine solche Planung wäre uU bereits nicht erforderlich, jedenfalls aber abwägungsfehlerhaft.[27]

Insbesondere dürfen die Gemeinden nicht unter dem Deckmantel der Darstellung von Konzentrationszonen nach § 35 Abs. 3 Satz 3 BauGB eine restriktive „Windkraftpolitik" betreiben, die die Errichtung von Windenergieanlagen in ihrem Außenbereich komplett ausschließt, obwohl höherrangige Pläne geeignete Flächen im Gemeindegebiet vorsehen. Sie dürfen auch keine reine „Feigenblattplanung" vornehmen, die die Nutzung der Windkraft

---

26 BVerwGE 120, 138, 142 f.
27 Vgl. NWOVG, BauR 2007, 517, 518; zur Abwägungsmethodik grundlegend BVerwGE 145, 231, 235 f.; dazu *Hendler/Kerkmann*, DVBl. 2014, 1369 ff.; *Münkler*, NVwZ 2014, 1482 ff.

auf ungeeignete Flächen beschränkt und damit tatsächlich verhindert. Maßstab dafür, welche Flächen geeignet sind, ist – schon wegen ihrer Rechtswirkungen nach §§ 1 Abs. 4 und 35 Abs. 3 Satz 3 BauGB – die jeweilige Regionalplanung.[28] Andererseits müssen die Gemeinden aber auch nicht die am besten geeigneten Flächen für die Windkraft reservieren, sondern können in der planerischen Abwägung anderen städtebaulichen Belangen an diesen Stellen den Vorzug geben und die Windenergienutzung auf andere geeignete Flächen verweisen. Ein Rechtssatz, wonach privilegierte Vorhaben bei der Bauleitplanung im Außenbereich mit höherem Gewicht in die Abwägung einzubeziehen seien als die Freihaltung der Landschaft, besteht nicht.[29]

Ein Planungsbedürfnis iSd § 1 Abs. 3 BauGB sieht die Kreisverwaltung zu Recht als durch das konkrete Vorhaben der A ausgelöst an. Bei Anwendung der vorstehenden Grundsätze ist auch nicht zu erkennen, dass die vorgesehene Änderung des Flächennutzungsplans von V an Abwägungsfehlern leiden würde, die ihrer Sicherung im Vorfeld entgegenstänften. Zwar will V die am besten geeigneten Vorrangflächen, auf denen die von A erworbenen Grundstücke liegen, nicht als Konzentrationszonen für Windkraft ausweisen. Vielmehr wird die angestrebte Konzentration auf eine andere Fläche es jedenfalls für den Regelfall erschweren, wenn auch nicht völlig ausschließen, dass die Windenergieanlagen der A genehmigt werden. Doch ist es auch der V nicht geboten, die am besten geeigneten Flächen für die Windkraftnutzung einzuplanen.

Des Weiteren will V weder die Windkraftnutzung auf ihrem Gebiet ganz ausschließen, noch will sie sie auf ungeeignete „Feigenblatt"-Flächen beschränken, sondern erwägt, sie auf Potenzialflächen vorzusehen. Solche Flächen weisen hinreichende Windhöffigkeit für die Energiegewinnung auf, und sie ist dort nicht von höherrangigen Plänen ausgeschlossen (§ 1 Abs. 4 BauGB). Für ihre

---

28 BVerwGE 117, 287, 289 f. und 294 f.; 118, 33, 35; 122, 109, 111; 122, 364, 366; RPOVG, NVwZ 2006, 1442, 1444; zusf. *Waechter*, DVBl. 2007, 521, 523.
29 BVerwGE 117, 287, 292 f. und 295.

beabsichtigte Entscheidung gegen die am besten geeigneten Vorrangflächen führt V zudem einen geeigneten Abwägungsbelang an, nämlich den Schutz des Landschaftsbildes. Es wäre zwar nur dann definitiv beeinträchtigt, wenn es sich bei den geplanten Anlagen um einen besonders groben Eingriff in das Landschaftsbild handeln würde oder die Umgebung wegen ihrer Funktion und Schönheit besonders schutzwürdig wäre. Ob dies der Fall ist, lässt der Sachverhalt nicht erkennen. Dies muss im Stadium der Planaufstellung aber auch noch nicht feststehen. Hier genügt es, dass eine Gefahr der Beeinträchtigung nicht offensichtlich ausgeschlossen ist.[30]

Eine Verhinderungsplanung will V nach alledem nicht mit ihrem Zurückstellungsantrag sichern.

c) Zwischenergebnis

Die von V angestrebte Planung ist damit jedenfalls aus der maßgeblichen Sicht ex ante nicht unzulässig und daher auch sicherungsfähig. Ihr Zurückstellungsantrag war daher wirksam und hätte von der Kreisverwaltung nicht übergangen werden dürfen. Der Vorbescheid hätte nicht erteilt werden dürfen, nachdem V die Zurückstellung dieser Entscheidung beantragt hatte. Er ist rechtswidrig und verletzt V in ihrer Planungshoheit, die hinter dem Verfahrensrecht des analog anwendbaren § 15 Abs. 3 BauGB steht.

C. Gesamtergebnis

Wie er weiter zu verfahren hat, war im Rahmen der vorliegenden Fallfrage nicht zu entscheiden.[31]

Der Widerspruch der V ist zulässig und auch begründet. Der KRA sollte den Widerspruchsbescheid daher aufheben.

---

30 Vgl. BVerwGE 120, 138, 145; NWOVG, BauR 2007, 517, 518.
31 Vgl. dazu einerseits RPOVG, DVBl. 2007, 66 f.; andererseits *Hufen*, § 9 Rn. 12.

Stichwortverzeichnis

Die Angaben verweisen auf die Seitenzahlen des Buches.

Abgabengleichheit 157
Abgabenrechtsstreit
- Rechtsweg 154
Abhilfe
- Wegfall der 79, 109
Abweichungen
- von Abstandsflächen 110
Alkoholverbot 61
Allgemeinverfügung 48, 58
Amtshaftung 37
Anhörung
- Nachholung im Widerspruchsverfahren 82
Antrag
- Bestimmtheit 106
Aufenthaltsverbot 62
Aufsichtsklage
- Begründetheit 93
- Zulässigkeit 90
Ausschussbesetzung
- Listenverbindung 150
Außenbereichsvorhaben
- Windkraftanlage 169
Beeinflussung durch Amtsträger
- Abstimmungen 143
Behördenbeteiligung
- Vorbescheid 174
Behördenprinzip 27, 69
Bekanntgabe
- öffentliche 50
Benutzungssatzung
- kommunale 47
Berufsfreiheit 119
Bescheidungsklage 159
Bildaufzeichnung 48
- Voraussetzungen 50

Bürgerbegehren
- Ausschlusstatbestände 141
- Bestimmtheit 137
Demokratische Legitimation
- Kommunalorgane 148
Dringende Gefahr
- bei einer Nachschau 86
Durchsuchung
- polizeiliche 69
- von Wohnungen 85
Eingriffsbefugnisse
- bauaufsichtliche 81
Einstweilige Anordnung
- Normenkontrolle 59
Einvernehmen
- Vorbescheid 174
Entschädigungsansprüche
- polizeirechtliche 35
Ersatzansprüche
- polizeirechtliche 41
Erschließung
- Außenbereichsvorhaben 101
Erstattungsanspruch
- öffentlich-rechtlicher 30, 40
Feigenblattplanung
- Unbeachtlichkeit 180
Fortsetzungsfeststellungsklage 67
Fristverlängerung 107
Gefährderanschreiben 74
Gefahrenabwehrbehörden
- Zuständigkeit 48
Gefahrenabwehrverordnung 48
Gefahrenprognose
- Fußballfans 64
Gefahrverdacht 71

183

Genehmigungsbedürftigkeit
- Außenbereichsvorhaben 95

Genehmigungsfähigkeit
- Außenbereichsvorhaben 96

Genehmigungsfiktion 105
- Rücknahme 108

Geschäftsführung ohne Auftrag
- öffentlich-rechtliche 29, 42
- zivilrechtliche 44

Geschäftsordnung
- Normenkontrolle 128

Innenbereich 111

Jahresfrist
- § 48 Abs. 4 VwVfG 24

Kommunalabgaben 141

Kommunalorgane
- demokratische Legitimation 148

Kommunalverfassungsstreit
- Klageart 132
- Rechtsweg 132

Kommunalverfassungstreit
- Beteiligtenfähigkeit 136

Kreisrechtsausschuss
- Zuständigkeit 94

Normenkontrolle
- Zulässigkeit 119

Öffentlich-rechtliche Erstattungsansprüche
- Verhältnis zum Bereicherungsrecht 20

Öffentliche Belange
- Außenbereichsvorhaben 100, 170

Planungshoheit
- Geltendmachung 167
- Trägerschaft 168

Privilegierung
- Außenbereichsvorhaben 98

Rechtlicher Grund
- Fehlen, Wegfall 22

Rechtsschutz
- vorläufiger 56

Rechtsweg
- Polizeirecht 66
- Staatshaftungsrecht 26

Selbstverwaltungsaufgaben 122

Sitzungsöffentlichkeit
- Kommunalvertretung 123

Spiegelbildlichkeitsprinzip
- Kommunalvertretung 150

Splittersiedlung
- Außenbereichsvorhaben 83

Suspensiveffekt
- Wirkung 22

venire contra factum proprium
- Unbeachtlichkeit 179

Verbandszuständigkeit
- Gemeinde 122

Verböserung
- (reformatio in peius) 156

Verhältnismäßigkeit
- Duldungspflicht von Mitbewohnern 87
- fiktive 51
- im Polizeirecht 72
- Pflicht zur unverzüglichen Befolgung 83

Verhinderungsplanung
- Unbeachtlichkeit 180

Versorgungsbereich
- zentraler 112

Vertrauensschutz
- § 48 Abs. 2 VwVfG 24

Verwaltungsakt
- Regelungswirkung 80

Verwaltungsaktbefugnis
- Actus-contrarius-Lehre 28

Vorbehalt des Gesetzes
- Grundrechtseingriff 125

Widerspruch
- Zulässigkeit 52

Widerspruchsrecht
- gegen Ratsbeschlüsse 147

Wohnungsgrundrecht
- Schutzbereich 62

Zulassungsanspruch
- kommunale öffentliche Einrichtung 160

Zumutbarkeit
- Nachprüfungspflicht 126

Zurückstellung
- Vorbescheid 176

Zuständigkeit
- Vorbescheid 172